종교와 인간

종교와 인간

서광선 지음

이화여자대학교출판부

두 번째 증보판을 내면서

노무현 전 대통령이 청와대에서 임기를 마치고 고향인 봉하마을 초야에 묻혀 살다가 아리송한 권력형 비리에 연루되어 검찰의 조사를 받더니 새로 짓고 입주한 사저의 뒷산 '부엉이바위'에서 투신했다는 놀랍고 충격적인 소식의 한가운데서 이 글을 쓴다. 그는 어려운 환경에서 입신출세한 강인한 정치인이면서 종교인이었다. 시골 고향 마을에 살면서 뒷산에 있는 절을 찾아 주지스님과 불교의 담론을 즐겼고 불서를 탐독하였으며 그의 짧은 유서는 불교의 깨달음으로 삶과 죽음을 말하였다. 그는 천주교의 영세를 받았다고도 한다. 그의 죽음에 대한 해석이 난무한다. 많은 이들이 정치적으로 해석하기도 하고 종교적인 순교로까지 승화시키는 이들도 있다. 그의 생애와 업적과 대통령으로서 정치적 공헌과 이 나라 역사에 기여한 바에 대하여, 역사는 여러 가지 판단을 내릴 것이다. 한 비범한 인간 노무현의 비범한 삶과 죽음 앞에서 종교적인 질문이 깊어진다.

무릇 인간의 삶과 죽음에 대한 질문들이 종교와 신앙의 시작이며 끝이다. 이 책은 그렇게 쓰기 시작했다. 나는 인간의 심각하고 심오한 질문에 대한 각 종교의 답변을 소개하고 설명하면서 그 답변들도 의미가 있지만, 질문들이 더 가슴에 와 닿는 것을 느낀다. 1975년, 이화여대에서 철학과 종교와 신학을 강의하면서 44세의 나이로 이 책의 초판을 찍어 낸 지 어언 34년이란 세월이 흘러갔다. 1993년 첫 번째 증보판을 냈지만 한자들을 모두 한글로 고치고 한 장(지금의 16장)을 덧붙이는 정도였다. 그리고 나서 다시 16년의 세월이 흘렀다. 이화여대출판부 편집팀이 이 책의 증보판을 내야 한다고 강권하는 바람에 다시 읽어 보았다. 다시 읽으면서 다시 쓰고 싶은 마음도 생겼지만, 다시 써 나갈 기력이 없는 것을 통감하였다. 미숙했던 대로, 젊은 종교철학도의 기개와 정열을 간직하고 싶어 그대로 다시 내어 놓는다.

정치인 노무현 전 대통령과 경제인 이명박 대통령의 정권 교체의 소용돌이 속에서 정치와 종교의 문제, 경제와 종교의 문제에 대하여 고민해 보았다. 종교와 정치 권력의 관계에 대하여, 종교마다의 정치 이념이나 사상과 이상이 무엇이었는지, 정치는 어떻게 해야 종교적인지, 종교적인 정치란 것이 가능한지 등에 질문을 던져 보았다. 그리고 뉴욕발 금융 위기와 이른바 신자유주의 경제 체제 몰락의 폭풍 속에서 경제학의 초보적인 지식과 정보로 종교마다의 경제 사상, 개인의 경제 생활에서 국가의 경제 정책에 대한 종교마다의 생각을 살펴보았다. 이 두 번째 증보판에 제17장 '종교와 정치' 그리고 제18장에 '종교와 경제'를 새로 써 넣었다.

종교는 인간의 먹고 사는 문제에서 시작하여 인간 영혼의 구원과 자유와 해방의 문제에 이르기까지, 모든 삶의 구석구석에서 질문을 던지지 않는 부분이 별로 없다는 것을 새삼 깨닫는다. 목숨을 거두고 의식을 상실하는 그 순간까지 인간에 대하여, 사회에 대하여, 우주에 대하여 질문을 던진다. 그리고 이에 대한 여러 가지 해답을 찾다가 정답이 무엇인지 다시 질문을 던지면서 살아간다. 결국 종교는 인간의 궁극적인 질문에 대한 해답이라기보다는 질문 그 자체라고 할 수 있다.

1975년 초판의 머리말에 썼듯이 이 책은 종교와 인간의 궁극적인 질문들에 대하여 관심을 가지고 함께 질문을 던지고 고뇌하는 학생들, 신앙인들과 함께 써 내려간 책이다. 종교와 인생에 대한 그 많은 질문이 모두 다 풀릴 것이라고 장담할 수는 없다. 글 쓴 사람과 함께 질문을 던지고 진지하게 고민하고 해답을 찾아가는 노력이 바로 종교적으로 성숙해지는 것이라고 생각하기 때문이다. 소크라테스가 그랬던가? 질문이 없는 인생은 의미가 없다고. 의미 있는 인생을 찾아나서는 모든 이들에게 이 책이 길잡이가 되기를 간절히 바란다.

2009년 8월

풍성한 가을을 기다리며, 일산에서

서 광 선

증보판을 내면서

이 책을 펴낸 지도 벌써 20년 가까운 세월이 흘렀다. 그 동안 많은 대학에서 이 책을 교재로 사용해 옴으로써 수많은 젊은이들이 이 책을 통하여 종교의 참뜻이 무엇이며 인간이 옛날부터 물어 온 궁극적인 질문들이 무엇인가를 탐색하고 함께 생각해 온 것은 다행한 일이고 감사한 일이다.

이번에 이 책을 개정하고 보완하게 된 것은 한자를 해독하지 못하는 많은 독자들을 위하여 한자를 없애고 한글로 바꾸자는 제의에 따른 것이다. 그러면서 이 책이 제기하는 네 가지 종교적 질문들에 하나를 더 첨가하였다. 인간과 우주의 기원 문제, 신과 인간의 관계, 인간의 본질과 고통의 문제, 그리고 인간의 종교적 구원의 문제 등 네 가지 질문에 더하여 인간의 죽음 뒤의 문제와 역사의 미래와 종말의 문제를 다루어 보았다. 이 책의 골격과 내용은 그대로 두고 한 장(제16장)을 덧붙여 '인간과 역사의 종말'이라는 제목을 붙였다.

이러한 일을 할 수 있도록 연구년을 허락해 주신 대학 당국에 감사를 드리며, 이 책을 새로운 모습으로 거듭나게 해 준 이화여대출판부 여러 분께 감사를 드린다.

1993년 마지막 날, 신촌에서

서 광 선

머리말

이 책은 종교학 입문서이다. 대학에서는 교양 과목의 종교 이해를 위한 한 지침서로, 일반 독자에게는 종교를 가진다는 것의 뜻을 밝혀 보는 데 길잡이가 되어 보려고 엮은 것이다. 되도록이면 전문 용어나 해석을 피하고, 종교의 기초적이며 기본적인 개념들을 이해하고 구사할 수 있도록 써 보았다.

종교를 이해하는 방법은 학문적으로 여러 가지이며 무수한 학파들이 있다. 이 책에서는 그것들을 모두 소개하고 그 역사적 배경을 캐려는 것이 아니다. 교양 있는 사회인으로서 종교의 문제가 무엇이며 종교는 인간과 어떤 관계를 가지고 있는가를 물어 감으로써, 자기 자신에 대한 관심을 높이고 자신에 대하여 물음을 던질 수 있는 계기로 삼았으면 한다. 그래서 이 책의 출발점을 인간학—철학적인 인간학—에 두고, 인간에 대한 인간 스스로의 질문에 종교의 출발점을 두었다.

제I부인 1장에서 5장에 이르는 글에서는 "종교란 무엇인가?" 하는 질문에 대한 답변을 제시하였다. 자기 자신에 대한 물음과 삶의 목표와 의미를 찾는 인간의 궁극적인 질문 안에서 종교는 탄생하였으며, 종교는 그러한 인간의 궁극적 물음에 대한 답변을 모색하는 과정이라는 점을 밝혀 보았다. 그리고 그것이 개인적으로나 사회적으로 어떤 기능을 가지고 있으며, 그 역할이 무엇인가를 살펴봄으로써 종교의 기능을 요약하였다. 6장과 7장은 종교에서 사용하는 말들이 보통 사용하는 말과 어떻게 다른가를 분석하고 종교적 언어의 특수성을 가려내어 다시 한 번 종교를 정의하고 그 기능을 '언어철학적'인 면에서 살펴보았다. 현대 철학의 여러 가지 관점에서 논의하였기 때문에 좀 난해할지 모르겠지만 반드시 극복해야 할 '고비'이다.

이 책의 제II부인 8장 이하는 종교적인 물음에 대한 세계 종교의 답변들을 엮은 것이다. 종교를 인간의 궁극적인 질문에 대한 답변의 시도라고 볼 때 그 질문들은 어떠한 것들인가? 여기서는 크게 네 가지로 나누어 보았다. 그 첫 번째 질문은 "인간과 우주는 어디로부터 와서 어디로 가는 것인가?"(8장) 하는 것이고, 그 두 번째는 "인간은 어떠한 존재와 관계를 가지고 있는가? 신은 인간과 어떤 관계를 가지고 있으며, 신이란 어떻게 이해되어야 할 것인가? 신은 과연 존재하는가?" 하는 '신관(神觀)'의 문제이다. 9장과 10장은 종교마다의 신관을 다루었다. 11장과 12장은 종교의 세 번째 질문—즉 "인간은 무엇인가?"—를 다루었다. 종교의 네 번째 질문은 인간이 겪는 고통의 문제이며 그 궁극적 관심은 인간의 구원일 것이다. 13장과 14장은 종교마다 가지는 구원의 이해를 요약하고 그 중심에 흐르는 정신을 오늘의 인간 구원 문제와 연결시켜(제15장), 현대인과 종교의 문제를 분석해 보았다.

이 책을 계획하고 엮어 내려가면서 필자는 종교를 인간 문제의 중심에 두고자 노력하였다고 말하고 싶다. 종교는 인간 자신에 대한 물음이며 인간의 사회적 위치와 우주에서의 자리를 알고 싶어하는 발돋움이며 인간을 구원하려는 인간 자신의 애씀이며 인간을 위한 모색이자 노력이라는 것이다. 종교에 대하여 많은 것을 알리려는 것보다는 독자 자신이 스스로에게 물어보는 계기로 삼았으면 하는 것이 필자의 희망이다. 종교에 대하여 많은 것을 분명히 알게 되거나 종교를 갖게 된다면 그것대로 이 책의 의의는 있겠지만, 이 책을 통하여 스스로를 살펴보고 자신을 물어보고 인생의 문제를 생각할 수 있는 '종교적 기회'가 되었으면 하고 바라는 것이다.

이 책은 문교부가 이른바 '실험대학' 제도를 개설하여, 대학 교육에서의 교양교육의 질적 향상을 시도하는 노력의 일환으로 대학 교양교육 도서 출판을 위한 연구비를 보조해 줌으로써 가능하였다. 이 어려운 일을 맡기고 격려해 주신 이화여자대학교 문리대학 현영학 학장과 기독교학과 선배 교수들에게 사의(謝意)를 표한다. 이러한 일을 맡긴 데 대하여 사의보다는 오히려 무거운 책임과 부담을 느끼는 것을 감출 수 없다. 이 책이 나오기까지 온갖 실무를 맡아 수고한 이화여대출판부 여러분에게도 감사한다.

1975년 2월, 신촌에서

서 광 선

차례

제II부 | 95

제 I 부

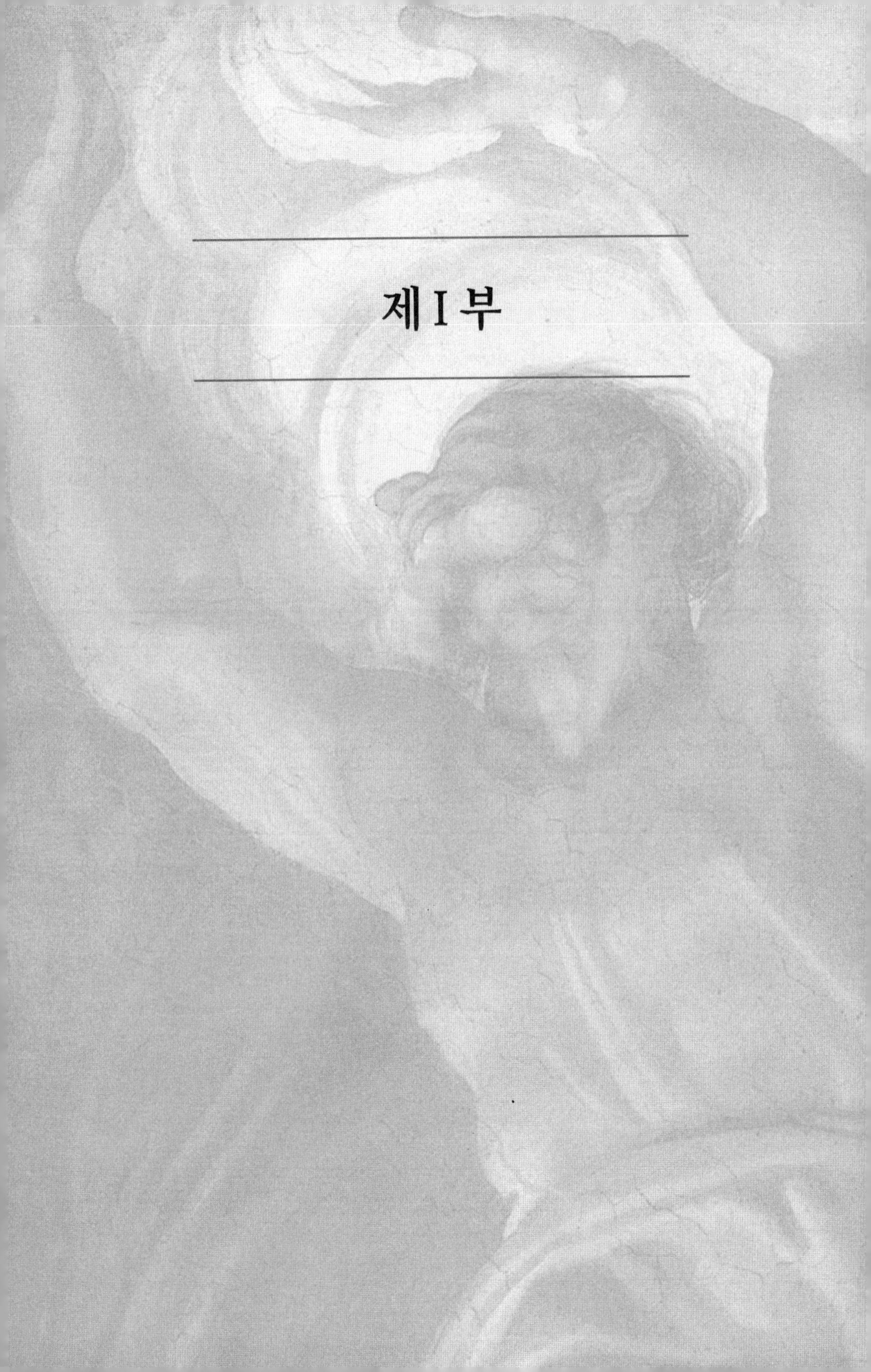

인간의 궁극적 질문 제1장

인간의 관심사

한 인간이 살아가는 데 의식적으로나 무의식적으로 그 하는 일이 다양하며 그 깊이와 차원이 또한 무한하게 다르다고 할 수 있다. 근대에 이르러 인간의 무의식(無意識) 혹은 저의식(底意識)의 발견과 개발은 정신분석학과 심층심리학(深層心理學)의 성공이며 성취라 할 수 있으며, 인간 행동의 형태와 구조, 특히 행동의 원인이라든지 이유를 밝혀내는 데 큰 공헌을 한 것이 분명하다. 그리고 이러한 노력은 역시 인간의 의식적 행동과 생활, 다시 말해 일상적으로 표면적으로 나타나는 인간의 행동과 말과 생각이 왜 그런가를 이해하기 위한 것이라 할 것이다. 즉 이 모든 노력은 인간의 생각과 행동을 전체적으로 이해하려는 또 하나의 인간 특유의 욕심이며 인간만이 가지는 노력인 것 같다. 인간이 많은 말을 하고, 많은 일을 하고, 많은 것을 만들고, 많은 것을 느끼고, 기뻐하고 좋아하고 슬퍼하고 울지만, 그리고 많은 것을 알고 많은 것을 사랑하지만, 인간은 무엇보다도 자기 자신을 사랑하고 자기 자신에 대하여 알고 싶어하고, 자기 자신을 생각하고, 자기 자신에 대하여 말을 하는 동물인 것이다.

인간은 자신이 가지고 있는 지능과 감정과 의지로 바깥 세상, 즉 물질적 세계라든지 인간 사회와 관계를 가지지만, 또한 인간은 자기 자신과도 관계를 가지는 존재이다. 사람은 옆에 있는 사람을 만져 보거나 눈으로 보거나 느낄 뿐만 아니라 말을 하게 되면 언어를 통하여 대화를 함으로써 어떤 관계를 맺는다. 그런데 인간은 다른 사람을 느끼고 의식하고 다른 사람과 대화를 나누듯이, 자기 자신을 느끼고 의식하고 자기 자신과도 대화를 가진다. 인간 사회에 거울이 생기기 이전에도 인간은 스스로를 보고 느끼고 스스로를 의식하고 스스로와 대화를 가지는 존재였다. 인간이 스스로와 관계를 가진다는 것은 유독 인간만이 자기 자신이 하는 일을 보고, 자기 자신의 감정을 느끼고, 자기 스스로가 생각하는 바를 의식한다는 말이다. 내가 한 지난 일을 돌이켜보는 것을 '반성(反省)'이라 하고, 스스로 돌이켜보는 일을 '자성(自省)'이라 하고, 나의 생각을 고찰해 보는 것을 '성찰(省察)'이라고도 하지만, 인간은 자기가 하는 일을 따져 보고 자기의 생각을 스스로 분석해 보는 귀중한 습관을 가지고 있는 존재이다.

인간 사회와 인간 역사에 문화가 생기고 학문과 예술이 발달하게 된 것은 바로 인간이 자기 자신에 대한 관심과 자기 자신과의 관계와 자기 자신과의 성찰에서 온 결과라고 할 수 있다. 나는 도대체 어디로부터 와서 어디로 가는 것인가? 나는 왜 살고 있는 것일까? 뜻있게 산다는 것은 과연 어떤 것일까? 왜 나는 뜻있게 살아야 하는가? 어떻게 하면 뜻있게 살 수 있을까? 나는 행복한가? 행복이란 무엇일까? 나는 왜 이렇게 괴로운가? 내 슬픔의 원인이 어디에 있는가? 나도 죽는 것일까? 죽은 다음에 무엇을 느끼고 알 수 있을까? 등등 인간이 이 세상에 울음 소리와 함께 태어나서 울음 소리와 함께 죽어 가는 동안, 그 일생을 통하여 너무도 많은 것을 묻고, 너무도 많은 것을 알고, 그러면서도 또한 너무나도 많은 것을 모르고 살아간다.

인간은 자연 세계와의 접촉을 통하여 관계를 가짐으로써 자연의 운전(運轉)과 변화의 법칙을 알아내어 자연을 조절하고 길들이고 이용하기에 이르렀다. 그리고 자연의 세계에서 인간은 자신의 위치와 역할을 찾고, 자연의 일부분으로서 자신을 발견한다. 이러한 발견을 우리는 자연과학이라고 일컫는다. 자연과학은 인간이 상대로 하는 객관적 세계뿐만 아니라 인간 자신도 연구 대상으로 취급하고 있다. 인간을 물리학의 관점과 입장에서 논하며, 인간의 생성과 생존과 활동과 운동을 화학적으로 논함으로써 현대 의학의 발달을 보게 된 것이라 하겠다. 또한 인간은 나 이외의 다른 사람, 이웃과의 접촉을 통하여 '인간 사회'를 형성하고 그것이 어떻게 운영되고 있는가를 알아내고 또 새로운 운영 방법을 모색한다. 그리고 그 '인간 사회' 안에서 자기의 위치를 발견하고, 사회의 일부분으로서 인간 자신을 발견한다. 따라서 인간을 논할 때, 즉 내가 나 자신을 이야기할 때, 자연 현상과 사회 현상의 일부분으로서 인간을 논하게 된다. 인간을 자연 현상의 하나로 논할 뿐만 아니라 인간을 자연과 동일시한다는 것이고, 사회적 현상으로서뿐만 아니라 인간과 그 사회를 동일시하기도 한다는 것이다.

그런데 인간을 '자연과학적'으로 말하고 '사회과학적'으로 말하는 것으로 그치지 않는다. 무엇인가—참으로 그것이 무엇인지 모르겠지만—

어떻든 무엇인가 인간에게는 자연이나 사회와 동일시할 수 없는 무엇인가가 더(something more) 있다는 것이다. 잠을 자는 것, 밥을 먹는 것, 그리고 성적(性的) 욕구를 충족시키는 것, 이런 것들을 '자연과학적'으로 설명할 수 있다고 해도, 무엇인가 미흡한 점이 있다는 것이다. 인간을 자연과 사회 속에 넣고 객관화시키는 것만으로 인간을 모두 볼 수 있고 알 수 있는 것이 아니라 인간이 자연의 일부분으로 사회의 일원으로 살아가는, 그 참된 뜻이 무엇인지 알고 싶다는 것이다. 그 뜻 역시 객관적으로 주어진 것들이 있다면, 그것이 무엇인지 알고 싶다는 것이다. 그리고 무엇보다도 인간은 자기 자신에 대하여 알고 싶다는 것이다. 나 자신의 존재의 뜻이 무엇인가 알고 싶다는 것이다. 왜 살아야 하며 어떻게 살아야 하는지 알고 싶다는 것이다. 나는 나 자신에 대하여, 인간에 대하여 알아야겠다는 것이다. 참으로 인간은 그가 살고 있는 환경과 그가 대상으로 해야 하는 자연과 사회에 대하여 끊임없이 물어보고 알고자 하며, '정복'하려고 할 뿐만 아니라 자기 자신에 대하여 깊이 느끼고 생각하고 반성하는 존재인 것이다.

종교란 무엇인가?

종교는 넓은 의미에서 인간이 그가 관계하는 우주—자연과 사회—에 대한 끊임없는 물음에서 비롯하여 그 물음에 답변하는 과정으로써 성장하였다고 할 수 있는데, 그 물음의 깊이에는 인간 스스로에 대한 것이 있다고 할 것이다. 그러니까, 종교는 다름아닌 인간이 자기 자신과 우주에 대하여 질문하는 데서 비롯하여 그 질문에 대한 해답을 모색하는 인간적 노력의 총체라고 할 수 있을 것 같다. 그러므로 인간의 자기 자신과 우주에 관한 뜻있는 물음과 유용한 해답은 모두 종교적인 것이라고 말할 수 있겠고, 종교는 인간적인 물음과 탐구의 전부라는 말이 될 것이다.

"종교란 무엇인가?" 하는 질문을 다루기에 앞서 분간해야 할 것은 먼저 '종교'를 인간 생활과 문화의 한 부분, 혹은 하나의 표현으로서 체제화되고 기구화된 각종 역사적 종교로 생존하고 있는 것으로 이해할 수도 있거니와, 또한 각종 역사적 종교 밑에 깔려 있는 인간 존재의 '종교적' 요소 역시 말하고 있다는 점이다. 우리는 흔히 '종교'라는 말을 사용할 때 외면적으로 나타나 있는 '종교적 현상'을 말한다. 사찰이라든가 교회라는 건물 같은 것으로 대표되는 조직과 체제, 그리고 예배와 수도(修道)의 형식, 그리고 신앙의 대상 등을 종교라는 말로써 표현한다. 물론 이런 것들은 인간이 가지는 종교적 요소, 즉 인간이 우주와 자신에 대하여 묻고 대답한 것이 외면화되고 체계화된 것이라고 할 수 있다. 조직화된 역사적 종교는 인간 존재의 한 부분적 표현이며 또한 중요한 한 부분이다. 역사적 종교는 인간의 종교적 물음의 한 표현이며 역사적 성장의 결실이라고 할 수 있다.

그런데 '종교'라는 것을 '종교적'이라는 뜻으로 생각할 때 종교의 한층 깊은 뜻, 한층 넓은 뜻을 이해할 수 있게 된다. 종교적이라 할 때는 조직화된 종교뿐만 아니라 인간 존재의 전체에 관련된 것을 의미한다. 인간이 자신과 우주에 대하여 궁극적으로 묻고 있는 바로 그 인간 전체의 물음이 종교적이라는 것이며 바로 종교라는 것이다. 종교는 인간 생활과 문화의 전역(全域)에 걸쳐서 표현되는 인간의 물음이며 관심이며 태도이며 자세인 것이다.

그래서 듀이(John Dewey, 1859~1952) 같은 철학자는 '종교'를 다음과 같이 분간하고 있다.

> 한 종교(religion)는 언제든지 특유한 신조와 행동 강령을 가지고, 잘 짜여져 있든지 아니든지 일종의 체제화된 조직을 가지고 있다. 그런데 이와는 달리 '종교'를 형용사로 사용하여 '종교적(religious)'이란 말로 쓸 때는 어떤 체제라는 신앙 체계와 같은 특별한 것을 가리켜 말하지 않는다. 그리고 이 종교 저 종교 하는 역사적 종교나 어떤 교회를 가리켜 말할 때 종교적이란 말을 사용하지도 않는다. 종교적이라고 할 때 종교는 어떤 고립된 유아독존적인 것을 말하지도 않거니와 어떤 특수한 형태의 존재로 조직될 수 있는 것을 가리켜 말하지도 않는다. 여기에서 종교란 인간의 태도이며 인간이 관계하는 모든 대상물을 가리키며, 모든 목적과 이상을 말한다.[1]

서구의 현대 신학자 가운데 틸리히(Paul J. Tillich, 1886~1965) 같은 사람은 '종교'를 개인과 사회를 이해하는 방법의 하나 정도로만 보는데 그치지 않는다. 틸리히는 그의 유명한 '문화 신학(文化神學)'이라는 범주를 통하여 종교를 논하면서 종교는 인간의 궁극적인 자기 이해를 표현하는 것이라고 하였다. 틸리히는 듀이의 입장과 마찬가지로 종교를 인간 생활과 문화의 일부분으로만 보지 않는다. 종교는 인간 존재의 한 차원으로서 인간 존재의 전역에 걸쳐 영향을 주는 것이라고 한다. 종교는 인간 존재의 전체, 삶의 전부와 관계된다는 것이다. 그러므로 예술

1 John Dewey, *A Commmon Faith* (New Haven: Yale University Press, 1934 and 1960), pp. 9-10.

이나 과학 · 윤리 등 인간 문화로서 종교와 관련되지 않는 것은 없거니와, 인간 문화의 가장 깊은 곳에 닿을 때에는 종교적 차원과 맞부딪치게 될 수밖에 없다는 것이다. 그래서 틸리히의 유명한 말 가운데 "종교는 문화의 정수이며 문화는 종교의 표현"[2]이라는 훌륭한 말이 있다. 종교는 인간 생활의 어떤 한 부분으로 생각하거나, 없어도 되는 생활 영역으로 처리할 수 없다는 것이다. 인간 생활의 전체가 '종교적'이라는 것이다.

우리가 여태까지 논의하고 있는 주제는 종교는 인간의 자기 자신의 실존과 우주에 관한 질문과 그 답변의 총화라는 것이다. 이것을 틸리히는 다음과 같이 표현하고 있다.

> …… 종교는 따로 그 몸담을 곳을 찾을 필요가 없다. 왜냐하면 종교는 어디에서나 그 몸담을 곳을 찾을 수 있으며, 인간 정신 생활 전기능(全機能)의 그 깊이에 있기 때문이다. 종교는 인간 정신 생활의 깊이의 차원이기 때문이다. 종교는 인간 정신 전체의 깊이의 양상이기 때문이다. 깊이란 무엇을 의미하는 것인가? 종교적 차원은 인간 정신 생활의 궁극적이며 무한하며 무조건적인 차원을 제시한다는 말이다. 가장 넓은 뜻에서 그리고 가장 근본적으로, 종교는 인간의 궁극적 관심(ultimate concern)이다.[3]

2 Paul J. Tillich, *The Protestant Era* (Chicago: The University of Chicago Press, 1948), p. xvii.

3 Tillich, "Religion as a Dimension in Man's Spiritual Life," *Theology of Culture* (New York: Oxoford University Press, 1964), pp. 7-8.

틸리히에 의하면, 종교는 인간의 궁극적 관심이며 인간의 가장 근본적 혹은 궁극적 가치라는 것이다. 그것이 무엇이든지간에 인간이 가장 깊은 관심을 쏟는 것이 있다면 그것은 종교적 대상이 되며, 그 관심 자체가 종교적 심성이라는 것이다. 그런데 그 관심을 인간의 깊이에 두고 있는 점이 특이하다. 그야말로 인간의 의식 세계를 넘어서 저의식(底意識)의 차원에 이르기까지 인간 정신의 깊은 차원에서 종교를 발견한다. 이러한 깊이의 차원에서 인간은 자기 자신을 묻고 그리고 자기 자신을 발견한다. 그리고 그 발견을 상징적으로 표현한다. 그 표현, 즉 인간 정신의 가장 깊은 것을 표현한 것이 미술 작품이며 시와 소설이라고 할 수 있다. 따라서 인간이 자기 자신의 깊이의 차원과 접촉하고 거기에 참여하기 위해서는 역시 예술을 통한 상징적 방법밖에는 없다는 것이다. 종교와 예술은 인간 생활의 깊은 차원에서 살 수 있으며, 거기에서 비로소 생명력을 얻을 수 있다는 것이다.

종교를 이해하는 데 틸리히가 우리에게 가르쳐 준 가장 귀중한 교훈은 종교를 인간 실존의 질문에 대한 상징적 답변이라고 말한 데 있다고 할 것이다. 이것을 '상관(相關)의 방법(method of correlation)'이라고 부르지만, 종교를 인간 실존에서 우러나오는 질문과 그것을 답변하려는 노력의 상호 연관으로서 이해하는 하나의 종교 이해의 방법이라고 할 것이다. 종교는 인간의 실존적 질문에 대하여 언제 어디에서나 즉각적인 답변을 줄 수 있고 또 주고 있다는 그런 말이 아닌 것 같다. 차라리 인간이 스스로에 대하여 묻고 생각하고 고민하고 이 우주와 사회 안에서의 자신의 위치와 관계를 성찰하는 깊이의 차원에서 실존적 질문과 이에 대한 해답은 '상관적'으로 일어난다는 뜻이다. '상관의 방법'은 어떤 한 인간적 질문에 대하여 금방 대치되는 종교적 해답을 제시하는 방법을 말하지 않는다. 이것은 종교를 이해하는 한 방법으로서, 인간 실존에서 우러나오는 궁극적 질문을 물으면서 종교적 상징들이 어떻게 이러한 실존적 물음을 통하여 형성되었으며 또한 어떻게 이러한 인간 실존의 궁극적 질문에 답변을 줄 수 있는가 하는 것을 이해하는 방법이다. 그러므로 인간 실존에 관한 질문은 바로 그 깊이만큼 이미 그에 대한 답변을 제시하고 있다고 할 것이다.

종교는 인간이 자기 자신에 대하여 깊이 물어보고 따지는 데서 생기는 인간 실존의 사건이며 인간의 궁극적 관심이라는 것이다. 종교는 인간에 대한 물음이다. 그러므로 종교는 인간의 자기 이해와 자기 성찰과 떼어놓을 수 없으며 인간의 문화와 분리시켜서 생각할 수 없다. 인간 자신에 관한 끊임없는, 진지하고 심오한 질문들을 통하여 우리 문화의 정수가 되는 종교가 어떻게 형성되었으며 어떻게 성장하였느냐 하는 것이 이 책을 통하여 종교를 이해하려는 한 과제가 될 것이다.

제2장 인간의 자기 초월

이차원적 존재

제1장에서 우리는 인간과 종교를 논하면서 먼저 인간은 자기 주위와 우주뿐만 아니라 자기 자신에 대하여 끊임없이 질문하는 존재라고 하였다. 가장 넓은 뜻에서 종교는 바로 인간이 묻는 질문들이며 그만큼 우주와 인간 자신에 대한 궁극적인 관심이라고 하였다. 신학자 틸리히의 '상관의 방법'이라는 종교 연구의 한 방법을 소개하면서 종교는 인간이 깊은 관심을 가지고 질문하는 그 속에서 일어나는 답변에 대한 끊임없는 모색이라는 점을 밝혔다. 어떻든 종교는 인간이 스스로에 대하여 물을 수 있고 또 하염없이 묻고 있는 그 안타깝고 끈질긴 물음 속에서 발생하였고 성장해 왔다고 할 수 있다. 종교는 인간의 능력, 즉 스스로에 대하여 물어볼 수 있는 본질적 성품 속에 이미 깃들어 있다는 것이다. 그래서 종교는 인간의 본질이며 종교를 통하여 인간도 자기 자신을 여

지없이 표현하는 것이라고 할 수 있다. 그리고 인간은 스스로에 대한 물음을 통하여 '종교적'이라는 규정을 받는다.

인간이 스스로에 관하여 끊임없이 질문하기 때문에 '인간은 종교적인 존재'라고 한다. 그러므로 자기 자신의 '인생'에 대하여 그 이유도 묻지 않고, 그 의미도 고민하지 않고, 그 목적도 찾으려고 하지 않는 인간은 '종교적'이라고 할 수 없으며 '종교'를 가졌다고도 할 수 없다. 그러한 인간이 있다면 '비종교적'이라고 할 수밖에 없으며, 우리의 논리를 따른다면 그러한 인간은 인간 본질의 중요한 부분을 상실한 '비인간화(非人間化)' 된 인간이라고 할 수밖에 없을 것이다.

그런데 인간이 자기 자신에 대하여 질문을 던진다든가 자기 자신에 대하여 물어보고 고민하고 안타까워한다는 것은, 인간이 자기 자신을 '객관화' 할 수 있기 때문에 가능한 것 같다. 인간은 자기 수위에 '객체'로서 만나는 물건과 마주 보거나 마주 서듯이, 인간은 '주체'인 자기 자신과도 마주 보거나 마주 선다. 인간은 객관적인 외부 세계와 관계를 가질 뿐만 아니라 자기 자신과도 관계를 가진다. 그리고 인간은 외부 세계, 즉 우주와 사회와 대결할 뿐만 아니라 자기 자신과도 대결한다. 이러한 관계는 또한 인간이 다른 사람, 즉 타자(他者)와 대화할 뿐만 아니라 자기 자신과도 대화를 가지는 것으로 나타난다.

내가 나 자신과 관계를 가지고 대결하고 대화를 가진다는 것은, 내가 나 자신을 객관화하고 떼어놓고 타자로 만들 수 있기 때문인 것이다. 내가 나 자신을 다른 사람, 즉 타자처럼 떼어놓고 객관화시킨다는 것은 내가 나 자신으로부터 떨어져 나갈 수 있기 때문이다. 내가 나 자신과 관계를 맺는다는 것도 바로 내가 나 자신으로부터 초월할 수 있다는 말이다. 내가 나 자신에게 말을 걸고, 대화를 나눌 수 있다는 것은, 나는 '주체'인 동시에 '객체'이며 나는 나 자신을 초월할 수 있다는 것이다. 그래서 인간은 스스로와의 관계를 통하여, 자기 자신을 상대로 대결하고 대화하고 묻고 대답함으로써 자기 자신이 초월적인 존재라는 것을 의식하게 한다.

결국 자기 자신을 초월할 수 있다는 것은 인간에게는 '초월적인 차원'이 있다는 것을 말한다. 인간은 하나의 생물학적 존재로서 물질적 차원을 가지고 생명을 유지하며 살아나가는 육체적 차원이 있으며 그것은 참으로 귀중한 차원이지만, 그것이 인생의 전부가 아니라 인생에는 '한층 더한' 차원이 있다는 것이다. 간단히 말해서 사람이 밥을 먹고 잠을 자는 생활의 차원이 있는가 하면, 이 생활을 의식하고 그 이유와 그 의미를 찾는 또 다른 차원이 있다는 것이다. 또는 인생은 먹고 자는 것만이 전부가 아니라 그것들보다 '더한' 무엇이 있을 것이라는 말이다.

인간에게는 또한 '사회적 차원'이 있다. 인간은 홀로 살 수 없는 사회적인 동물이라고 한다. 사회 속에 던짐을 받아 사회와 관계를 가지며 사회의 제약을 받고 사회 속에서 성장하고 사회 속에서 살다가 사회 속으로 죽어 가는 것이 인간이다. 그러나 또 한편 인간은 사회를 대상으로 삼고 사회와 대결하기도 한다. 사회의 가치와 사회의 규범과 제약을 넘어서고, 사회가 가지는 관습과 전통에 도전하며 개혁하려 하기도 한다. 인간은 그가 태어난 사회의 관습과 전통과 가치 이상의 것이라고 외쳐보기도 한다. 인간은 그의 사회적 차원 이상의 것이라고 한다. 그가 성장한 사회보다 '더한 것'이 있다는 것이다. 인간은 그 자신의 사회적 요소를 초월한다는 말이다.

그러면 그 '한층 더한 차원'을 무슨 차원이라고 하는가? 인간이 스스로로부터 탈출하고 초월하는 그 차원이란 무엇인가? 스스로와 다른 입장에 서서 스스로를 객체화하고 스스로를 내려다보고 대결하고 대화하는, 또 다른 인간의 차원을 무엇이라고 하는가? 나에게 조용하게 혹은 충격적으로 말을 건네는 '자'가 누구인가? 가장 넓은 의미에서 이러한 차원을 '종교적 차원'이라 할 수 있을지도 모른다. 신학자들은 '신'이라고 불렀다. 소크라테스(Socrates, 470?~399 B.C.)는 자기에게 항상 조용히 말을 건네는 '자'를 '작은 귀신'이라고 하였다. 어떻든 이러한 차원은 무한대의 차원이며 온전히 알아낼 수 없는 깊은 차원이며, 궁극적으로 신비의 세계인 것 같다. 인간은 자기 자신을 초월함으로써 신의 세계, 종교의 세계, 결국 신비의 세계와 접촉한다. 인간은 자기 자신의 일상적인 일차원적인 세계에 머물러 만족하지 않고 이차원적인 세계, 초월의 세계, 신비의 세계로 비약한다. 인간은 이 비약의 운동을 통하여 종교적이 되는 것이다.

나아가서 인간은 신비의 세계에 도약하고 신비와 접촉함으로써, 자기 자신의 세계가 일차적이며 생물학적인 삶과 사회적 의미만을 가진 것이 아니라 종교적인 의미를 가지고 있다는 것을 의식한다. 이 세계는 속된 세속적인 의미만 있는 것이 아니라 거룩한 신성(神聖)의 의미 역시 가지고 있다는 것을 확신한다. 인간은 자신의 세계를 신비의 세계에서 관찰하고 해석함으로써 질적으로 다른 해석을 내리며 한층 깊은 의미를 부여하게 된다는 말이다. 인간은 신비의 세계로 초월하여 나아갈 뿐만 아니라 신비의 세계를 인간의 세계 안으로 끌어들인다는 말이다. 그리고 인간이 살고 있는 이 구체적인 세계의 '참'뜻을 찾는다는 말이며, 이 세상을 인간답게 살 수 있는 곳으로 승화시킬 수 있다는 말이다.

그러므로 인간의 종교적 차원과 인간의 종교적 자질은 '변증법적'이라 할 수 있겠다. 인간도 자기 자신으로부터 일차원적인 존재로부터 탈피하고 탈출하고 초월함으로써 이차원적 세계, 신비의 무한하고 무지한 세계와 접촉할 뿐만 아니라, 또한 그 신비의 차원을 이 세상으로 끌어들여서 이 세상을 신비스럽고 신성하고 그리고 의미 있고 가치 있는 것으로 승화시키려고 한다. 어느 쪽이나 인간의 종교적인 노력이며, 어느 쪽이나 인간의 종교적 차원에 대한 끊임없는 갈구인 것이다. 인간은 스스로 실존의 깊이에서 스스로를 회의하고 질문함으로써 자기 자신으로부터 도피하여 의미를 찾는다. 그리고 거기서 신비를 발견한다. 그러나 그것으로 끝나는 것이 아니라 그 신비의 카테고리—신비의 범주—로 우주와 사회와 인생을 해석하고 거기에 의미와 질서와 생명을 부여한다.

성(聖)과 속(俗)

종교는 인간의 자기 초월의 차원이며 자기 초월의 과정이라고 할 수 있다. 그리고 종교는 자기 초월의 차원에서 인간과 그의 세계에 의미를 부여하며 질서를 준다고 하겠다. 이런 뜻에서 종교는 인간의 자기 초월이며 자기 이해이며, 또한 인간 세계에 질서를 부여하는 역할을 담당하는 것이라고 할 수 있다. 종교는 인간으로 하여금 신비의 세계를 인간 이상의 세계에서 발견하게 할 뿐만 아니라, 그 신비의 세계를 이 세상에 끌어들인다. 그리고 이 세상을 세속적인 것, 일차원적인 것만이 아닌 신성의 차원, 이차원적인 세계로 승화시킨다. 종교는 '성(聖)'과 '속(俗)'의 변증법적 동적(動的) 관계에서 생동한다고 할 수 있다. 즉 인간은 '속'으로부터 탈출하여 '성'을 발견하고, 다시 그것을 '속'의 세계로 끌어들여 '속'을 '성화(聖化)'하는 데서 종교의 역할을 찾는다는 말이다.

이것을 다른 각도에서 설명한다면 종교적인 관점에서 볼 때, 즉 인간이 종교적이 된다는 것은 자기 자신의 생활과 우주를 오로지 일차원적인 견지에서만 보는 것이 아니라는 의미가 될 것이다. 종교적인 인간은 세상을 '속'된 것으로만 보지 않고, 다른 하나의 차원을 부여하고 '거룩한' 것으로 본다는 것이다. '성'과 '속'이 따로 존재하는 것이 아니라 인간이 세상을 볼 때 그러한 국면과 차원으로 이해하고 해석할 수 있다는 것이며, 그것이 '종교적' 입장이라는 것이다.

저명한 종교학자 엘리아데(Mircea Eliade, 1907~1986) 교수는 세상을 '속'된 것으로만 보는 것은 '세속화'된 현대인에게 생긴 현대적 병(病)이라고 했다. 엘리아데에 의하면, 현대인은 이 세상을 '비신성화(非神聖化)'시켰고 '비신성화된 세계'에 살고 있다고 설파하였다. 현대에 이르러 경험적인 세계만을 인정하는 나머지 일차원적이며 속된(profane) 세계에 살게 되었다는 것이다. 엘리아데는 현대적 서구 사회를 제외한 모든 사회가 그 전통을 따라서 세상의 '성'과 '속'을 인정해 왔으며 이차원적 세계를 믿어 왔다는 것을 분명하게 보여 주고 있다. 인간은 전통적으로 옛날부터 오늘에 이르기까지 '성'과 '속'의 이차원적인 세계에서 살아왔다는 것이다. 다시 말할 것도 없이 '속'된 일차원에서는 인간은 세상의 물건들과 관계를 가지면서 하나의 '물건'으로서 살고 있다. 세상에 있는 물건들은 가끔 대결의 대상이 되어 인간 활동을 방해하는 방해물이 될 수도 있다. 가령 농사를 짓는 데 밭에 가로놓인 바위는 '대결의 대상'이 되어 농사에 방해가 되며 따라서 제거해야 할 물건이 되는 것이다.

현대인은 이 이상의 것을 생각하지 않는다. 그 바위를 제거하는 방법을 강구하며 가장 효율적으로 해치우는 '방법' 이상의 것은 생각지도 않는다. 그러나 전통적 '종교적 인간'은 다른 각도, 다른 관점을 가진다. 대결의 대상인 바윗돌 앞에서 자기가 도저히 통제할 수 없는, 어찌할 바를 모르는 대상으로 알고 그 앞에 무릎을 꿇고, 제거의 대상으로 삼기보다는 놀람과 경이의 대상으로 받는다. 어떻게 할 수 없는 '힘'으로 만난다. 그 '힘'은 나의 힘 '밖에' 있으며 '초월적'인 것으로 숭배한다는 것이다.

'성'과 '속'을 논할 때 조심해야 할 것은 이 두 가지의 세계가 따로 존재한다는 그릇된 생각이다. 그런 것이 아니라 하나의 세계를 보는 두 가지 국면과 두 가지 차원을 말하는 것이다. '성'과 '속'을 다른 두 개의 세계로 본다면 현대에는 인간이 과학과 기술로 자신의 세계를 좀 더 광범위하게 통제하고 조절할 수 있게 되었기 때문에 '성'의 세계란 도대체 발붙일 곳을 잃었다는 말을 하게 될 것이다. 그렇게 되면, '성'의 세계란 미개한 사회의 인간에게만 가능하고 필요한 것이라는 결론이 나오게 된다. 그런 것이 아니라 하나의 세상을 보는데 '성'과 '속'의 두 국면 두 차원이 있으며, '성'은 세상을 참으로 옳게 보고 이해하고 해석하고 승화시키는 역할을 담당하고 있다는 것이다.

'성'이라는 개념을 엘리아데는 '타계(他界)'로 보지 않는다. '성'은 이 세상에서의 경험을 분명하게 하거나 제한하거나 변화시키거나 변형시키는 '초경험적(trans-experiential)' 기능이라고 한다. 인간이 오관(五官)을 통하여 감각하는 것이 바로 경험이라고 할 수 없다. 그 감각하고 있는 것이 무엇인가를 알기 위해서는 감각 이상의 초경험적 기능이 작용해야 한다는 것이다. 새벽 일찍 무슨 소리를 듣고 잠에서 깨어났을 때, 내 잠을 깨운 것이 무엇인지, 무슨 소리를 들었다는 그 감각 경험을 알기 위해서는 우리 인지(認知)의 기능 속에 초경험적 기능이 있어야 한다는 것이다. 일상생활에서 체험하듯이 우리는 잡다하고 무질서한, 체계가 없는 감각의 혼돈 속에 살고 있다. 색채와 음향과 모양과 물건들의 혼잡 속에서 우리의 감각은 복잡다단한 것을 체험한다. 그러나 우리가 감각의 세계에서 물건 하나하나를 가려내고 색채와 음향을 분간할 수 있는 것은 어떻게 가능한가 하는 것이다. 그것은 우리가 의식적으로나 무의식적으로 어떤 감각의 자료는 선택하고 어떤 것들은 무시해 버리기 때문에 그럴 수가 있는 것이다. 이렇게 감각을 취사선택할 수 있는 원칙이나 원리가 없으면 우리는 감각의 혼돈 속에서 무질서하고 비연속적인 감각들만을 느끼게 될 것이다. 이러한 감각의 취사선택을 초감각적인 기능이 담당하여 인간 경험과 인지의 모양과 구조를 갖추게 하고 있다.

엘리아데의 학설에 의하면, 종교는 바로 이 초감각적 기능과 마찬가지로 인간 생활과 인간 문화를 이해하고 해석하게 하는 모양과 구조를 제공한다고 본다. 종교는 '성(聖)'의 구조로써 세계를 옳게 보고 세계에 질서와 의미를 부여하는 기능을 가지고 있다고 본다. 그리고 '속(俗)'의 세계에서 '성'의 국면을 발견한다는 것이다. 성의 국면, 혹은 종교의 차원은 종교적 상징과 신화들로서 인간 생활과 세계의 원형(archetypes)과 모델을 제시함으로써 속세의 인간에게 종교적 차원, 참된 삶의 차원, 질서잡힌 차원을 형성하게 한다. 그리하여 인간의 삶의 스타일은 종교적으로 된다는 것이다. '성'의 세계가 '속'의 세계를 뚫고 들어옴으로써, 즉 신화가 인생을 설명해 주고, 인생이 종교적 상징과 신화를 그의 세계에 받아들임으로써, 인생은 참된 삶의 스타일을 찾게 된다는 것이다. 신화는 바로 거룩한 공간과 거룩한 시간이 속된 공간과 속된 시간을 뚫고 들어온 이야기라는 것이다. "이로써 참된 것과, 넘쳐 흐르는 풍요가 우리 가운데 나타났다는 것이다. 신들이 태초에 한 것처럼 우리도 그렇게 해야 한다"고 인도의 한 경전은 말하고 있다. 그리고 『타이트리야 브라마나*Taittiriya Brahmana*』(1, 5, 9, 4)에는 "신들이 하셨으니 사람도 할지니라"라고 쓰여 있다. 그리하여 "신화의 최고의 기능은 인간의 모든 행위, 즉 먹는 것과 섹스와 노동과 교육, 모든 중요한 생의 궁극적인 모델, 원형을 제정하는 것이다"[1]고 하면서 인간 생활과 문화 전반에 걸친 초월성과 종교성을 논하고 있다. 그러므로 엘리아데는 "참된 인간으로서 생활하고 행동한다는 것은 바로 제신(諸神)들이 원형적 행위를 흉내내는 것이며 제신들의 행위를 되풀이하는 것이다"라고 하였다. 그리고 그것은 육신의 기능에서뿐만 아니라 사회 · 경제 · 문화 · 군사 등 모든 인간 행위에서 그렇게 해야 한다는 것이다.[2]

'성'의 차원을 세속의 세계에 끌어들이는 일, 즉 오늘의 우리의 삶을 신비의 차원과 신화의 모델로써 질서를 잡아 주고 의미를 부여한다는 것은, 변증법적으로 인간성과 세계 속에서 초인간적이며 초세계적인 차원을 발견한다는 것이다. 인간이 이 세계 속에서 참으로 인간되기 위하여 자기 자신과 세계를 초월하고 비약해서, 신화적 조성이나 문화적 영웅이나 제신의 삶을 흉내낸다는 것이다. 자기 자신을 버리고 남이 된다는 것이다. 이러한 자기 초월의 차원에서 인생의 모델인 신화를 발견한다는 것이다. 그래서 엘리아데는 "종교적 인간은 주어지는 것이 아니라 스스로 만든다"[3]고 한다. 종교적 인간은 신화를 통하여 신들의 삶의 스타일, 초월적인 삶의 스타일을 인간 생활 속에 끌어들여 스스로의 삶의

1 Mircea Eliade, *The Sacred and the Profane*(New York : Harper & Row, 1957), p. 98.
2 앞의 책.
3 앞의 책, p. 100.

스타일을 만들고 스스로를 선택한다. "인간이 참으로 인간된다는 것은 신화의 가르침에 따라 제신들을 모방함으로써 가능하다"[4]고 엘리아데는 결론을 내리고 있거니와, 인간은 자기 자신 너머에 있는 신비의 세계에 뛰어들어 갈 때에 참으로 자기의 본질적인 삶과 그 가치를 찾을 수 있다. 종교는 인간이 자기 초월로써 신비의 세계에 도약하는 자세이다. 그리고 변증법적으로, 종교는 그 신비의 무한한 환희와 깊이와 고뇌를 인간 세계에 끌어들인다. 그리하여 인생을 더욱 풍요롭고 뜻있고 값진 것으로 만드는 것이라 할 것이다.

4 앞의 책.

제3장 인간의 욕구 충족

종교의 출발과 그 본질은 인간의 특수한 성격과 성품과 직결되어 있으므로, 종교를 말할 때 인간의 특유한 차원을 논하지 않을 수 없다. 인간은 자기 자신에 대해서뿐만 아니라 인간을 둘러싸고 크게 영향을 미치고 있는 우주에 대하여 끊임없는 질문을 던지고 그것에 대한 해답을 모색하는데, 이러한 인간 실존의 궁극적 물음과 관심이 바로 '종교적 차원'이라고 하였다. 그리고 이러한 인간 실존에 관한 궁극적 물음과 함께 인간은 또한 끊임없이 자기 자신으로부터 이탈하고 탈출하고 초월하려고 하는 존재로서 바로 이러한 초월의 가능성과 그 초월하는 차원에서 인간은 '종교적'이 될 수 있다는 것을 살펴보았다. 인간은 자기 자신 이외의 차원에 설 줄 알며 그 '타자(他者)'의 차원에서 자기 자신을 굽어보고 검토하고 따지고 도전할 뿐만 아니라 그 차원에서 어떤 모델과 원형을 찾아 인간 생활과 문화에 질서를 부여하고 의미를 찾는다고 하였다. 종교의 이러한 변증법적 기능은 역시 인간 특유의 본성에 있다는 것을 알 수가 있었다.

다시 한 번 우리는 종교가 인간의 근본적인 문제들과 직결되어 있다는 것을 좀 더 현실적이며 실용적인 면에서 살펴보고자 한다. 종교의 중요한 국면의 하나는 인간의 근본적인 욕구를 충족시키는 데 이용될 수 있다는 것이다. 종교는 인간이 반드시 충족시켜야 하는 욕구를 의식하는 것과 함께 발생하였으며, 인간 욕구의 충족이라는 근본적 기능을 갖고 있다고 하겠다. 인간이 어떠한 근본적이며 실제적인 욕구를 가지고 있으며, 그 욕구를 충족시키지 않으면 생존조차 할 수 없는 존재라는 것은, 인간이 동물적인 존재이기 때문에만 그런 것이 아니다. 우리가 말하는 인간의 욕구 충족이라는 것은 생리학적인 것만이 아니라 인간 특유의 정신적 욕구를 모두 포함하는 이야기이다.

물론 종교가 인간의 모든 욕구를 충족시켜 왔고 또 모든 욕구를 종교적인 방법으로 충족시킬 수 있다는 이야기는 아니다. 종교 이외의 방법으로 인간 욕구를 충족시키는 노력을 인류는 부단히 해 왔고 또 앞으로도 이러한 노력은 계속될 것이다. 그러나 종교는 인간의 욕구 충족을 위하여 관여해 왔고, 또 인간은 자기 자신의 욕구를 충족시키는 데 종교를 끌어들였던 것이다. 그리고 종교를 끌어들여서 욕구를 충족시켜 오는 동안, 종교 자체뿐만 아니라 인간 욕구의 형태와 내용 역시 변해 왔다는 것도 관찰할 수가 있다. 가령 먹을 양식이라는 '자연적' 욕구와 필요 같은 것도 처음에는 종교적으로 충족시켰던 것이겠지만, 나중에는 음식이라는 자연적 욕구의 충족이 성만찬(聖晩餐)이라든지 감사라는 예배 형식으로 변한 것을 볼 수 있다. 또한 인간은 사회적인 동물이기 때문에 '자연적'인 이웃이 필요하여 친구를 찾고 마음이 통하는 공동체를 만들어 '사회적' 욕구를 충족시키려 하지만, 그 사회적 욕구 충족에는 종교적인 면이 있으며 더욱 종교적인 면으로 승화시키게 되는 예도 들 수 있다. 어떻든, 종교는 인간의 '실존적 물음'에 대한 답변의 역할뿐만 아니라 좀 더 구체적으로 일어나는 인간의 욕구 충족의 역할을 담당해 왔으며, 이로써 종교 자체의 기능이 달라질 수도 있었다는 것을 말하고 싶다.

인간이 계속하여 충족시키려고 하는 욕구에는 여러 가지가 있고 그 목록을 만든다는 것은 흥미있겠지만 끝이 없는 일일 것이다. 여기서는 크게 네 가지로 인간의 근본 욕구를 구분해 보기로 한다. 종교의 기능이 인간 욕구의 충족을 위한 노력으로서 이해하는 데 도움이 되기 위해서이다. 첫째는 육체적 혹은 생리적 욕구의 적절하고 계속적인 충족이라고 할 것이다. 둘째는 개인의 정체성(正體性, identity)과 자아 의식(self-consciousness)의 욕구이며, 셋째는 사회적 욕구, 넷째는 미적(美的) 혹은 지적(知的) 욕구라고 할 수 있다.

육체적 욕구의 충족

육체적 욕구야말로 인간 생존의 근본적인 문제라 할 것이다. 먹어야 하고, 몸을 보호할 곳이 있어야 하고, 성적(性的) 욕구를 충족시켜야 한다. 식욕과 성욕, 의식주(衣食住)의 문제는 인간 생존을 위한 중대한 문제이며, 이것들을 해결하기 위하여 인간은 시간과 정력의 대부분을 소모하고 있다. 현대와 같은 문명 사회에서는 이러한 근본적인 욕구의 충족이 이차적인 문제로 되어 버린 감이 없지 않으며, 따라서 한층 많은 여가가 생겼고 또 근본적 욕구 충족의 방식도 퍽 다채롭고 흥미롭게 된 것이 사실이지만, 인간의 근본 욕구 자체는 아직도 충족되어야 하는 것이다. 어떻든 인간에게는 동서와 고금을 막론하고 육체적 욕구 충족의 문제가 근본적인 문제로서 다루어져 왔으며, 이 문제는 종교의 생성과 발달의 문제와 직결되어 왔다.

원시 인간의 경우를 살펴보면 이러한 관계를 더 절실히 알 수 있다. 원시인들은 그들 노력의 전부가 생존에 있었으며 근본적 욕구 충족을 위한 것이었다. 그리고 원시 인간들은 욕구 충족의 방법에서 현대인들보다 자연과 더욱 밀접한 관계를 가지고 있었다고 할 수 있다. 원시 인간들은 자연의 일부분으로 생존을 영위하면서 자연의 힘을 좀 더 가까이 피부로 느끼며 살았고, 자연의 숨소리를 듣고 그 기분을 알아 가면서 살아야 했다. 원시인들은 자연을 길들여서 인간 마음대로 이용하기보다는 자연의 '기분'과 움직임에 따라야 했고 거기에 적응해야만 하였다. 여름의 열기와 겨울의 혹한으로부터 피할 수 있는 집을 지을 줄도 몰랐고 항상 배고픔과 맹수의 습격과 무서운 질병으로 죽어 가야만 하였다.

천둥치는 소리와 비바람의 엄습에 놀라고 무서워서[1] 공포에 떤 인간이 종교를 가지게 되었다고 하지만, 그보다는 역시 생존하려는 욕구 충족을 위한 행위 전체로서 종교를 가지게 된 것 같다. 그리고 종교는 이러한 인간 생존을 위한 여러 가지 노력과 직결되어 왔다. 원시인에게는 농사라든지 공예라든지 과학이 모두 종교적 행사였던 것이다. 종교는 인간 생존을 위한 매일매일의 노력과 분리시켜서 생각할 수가 없었다.

1 이러한 학설의 대표적 인물로는 브라운(Lewis Browne)을 들 수 있는데, 그는 "태초에 공포심이 있었다. 공포심은 인간의 마음속에 있어서 인간을 지배하였다. 인간이 이 두려움을 없애기 위하여 한 가지 할 수 있다고 믿게 된 것이다. 무슨 마술(魔術)이면 없어진다고 생각하였다. …… 인간은 자기 보존을 위하여 마술을 믿지 않으면 결국 죽는다고 믿었다. 그래서 신상을 가지게 되었고 결국 종교가 발전한 것이다"고 하였다. *This Believing World* (New York: The Macmillan Company, 1926), pp. 27-9.

혹시 종교에 생활과 분리될 수 있는 면이 있었다 해도 마술과 혼동되어 있어서 종교의 영역을 일상생활과 분명히 가려내는 일은 거의 불가능한 것이었다. 종교는 인간 생존의 가장 실제적이며 절실한 문제에 관여하지 않을 수 없었다. 그리고 원시인은 자기들의 가장 절실한 생존의 문제를 해결하는 데 종교의 필요성을 알게 되었고, 종교는 인간의 욕구 충족으로 발전하게 되었던 것이다.

원시인은 사냥과 고기잡이와 농사짓는 일과 싸움터에서 그리고 아이 낳는 일에서 온갖 노력을 다한 끝에 성공을 할 때도 있지만 불안한 것은 매한가지였을 것이다. 사냥터에 짐승이 전멸할 때도 있고, 물고기들이 물길을 따라 이동해 버려 먹을 것을 얻지 못하게도 되고, 수해(水害)와 한해(旱害)로 겨울을 지낼 만한 충분한 곡식을 거두지 못하게도 되고, 전염병이 만연하여 가축과 가족을 몰살시키기도 하면, 원시인은 어찌할 바를 몰랐을 것이다. 무엇인가 인간의 노력만으로는 도저히 어찌할 수 없는 힘이 자연을 지배한다고 믿게 되었다. 인간의 행복, 비록 그것이 생존에 불과한 것이라도, 그것을 방해하는 '악의 힘'이 자연에 깃들어 있거나 인간이 만들어 놓은 마력이 그러한 짓을 저지르는 것이 아니냐고 생각하게 된다. 이러한 '불행'을 막기 위해서나 생존을 위해서도 인간에게는 종교와 마술이 필요하게 된다. 그러나 중요한 것은 원시인은 종교나 마술로써 자신의 생존 문제를 해결하려 들지 않았다는 것이다. 생존을 위한 인간적인 노력 그 자체 속에서 종교의 국면을 찾았을 뿐만 아니라, 인간적 노력이 닿지 못하는 강력한 자연의 세력 앞에서 더욱 종교를 필요로 하였던 것이다. 생존을 위한 인간적 노력 위에 종교와 마술이 필요하였던 것이며, 종교는 생존을 위한 다른 방법을 보충하였던 것이다.

그러니까 종교는 인간의 생사화복(生死禍福)과 직결되어 있었다. 잘 먹고 잘살게 해 주십사 하는 기원은 자연을 다스리는 어떤 힘을 향한 기원이었을 것이다. 곡식을 땅에 심을 때는 토신(土神)에게, 바다에 고기잡이 나갈 때는 해신(海神)과 풍신(風神)에게 인간은 기원을 하였다. 곡식을 얻고 사냥을 하는 것은 모두 인간과 신들의 공동적인 노력이었다고 할 수 있다. 인간과 신들은 함께 자연을 다스리고 거기서 나는 열매를 거두어 함께 행복하였던 것이다. 인간이 신과 공동으로 인간 생존을 위한 노력을 벌였다는 데에 원시종교의 흥미있는 면이 있으며 중요한 시사를 얻게 된다. 즉 인간의 생존을 위한 노력은 신들에게만 맡겨진 것이 아니라는 것이다. 또한 인간의 생존은 인간의 노력으로만 가능하지 않다는 것을 절실히 알았다는 것이었다. 현대인이 가지고 있는 종교적 병의 증세는 한편으로 인간 생사화복의 모든 문제를 마력(魔力)의 문제로 환원시켜서 인간적인 노력이나 과학적 방법의 적용 같은 것을 전적으로 무시하고 귀신에게만 매달리는 전근대적인 '미신적'인 종교를 일삼는 일이 있는가 하면, 또 한편으로는 인간 생활에서 어떠한 초자연적이며 신비적인 힘을 완전히 거세해 버리는 것이라고 할 수 있다. 원시인의 종교적 의식에서 배울 수 있는 것은 근본적으로 인간 생존의 문제 해결에는 이러한 구분이 있을 수 없었다는 것이다.

현대에 이르러서는 인간 생존을 위한 기본적이며 근본적인 문제는 거의 해결되었다고 말함으로써 종교의 문제를 육체적 욕구 충족의 문제에서 분리시켜야 한다고 말할 수도 있겠다. 즉 문제 해결의 기능을 하는 종교는 현대인에게는 불필요하다고 할 수 있을지도 모른다. 그러나 과학의 발달은 바로 원시인들의 마술로부터 시작하였다는 것을 인정하지 않을 수 없고, 더구나 원시인들에게 마술의 기능은 바로 오늘의 과학과 기술의 기능을 다하고 있다고 할 수 있을 것이다. 그리고 과학과 기술이 하는 일이 바로 자연의 힘과 그 힘의 법칙을 알아내어 인간 생존의 더욱 효율적인 방법으로 삼는 일이라고 한다면 원시인들이 생각한 종교와 그 형태와 질적인 면에서 별로 다른 것이 없다고 할 수 있다. 현대 과학의 종교적인 차원은 미래의 인간 생존을 위하여 더욱 논의되어야 하며 제시되어야 하는 중요한 문제라고 생각한다. 특히 인간의 생존은 인간의 노력으로 이룩한 자연의 정복과 마력의 말살로써만 가능한 것이 아니라 자연을 움직이는 힘에 적응하고 그 마력과 '협력'함으로써만 가능하다는 것을 절실히 느끼게 된 오늘날에는 종교의 원형이라고 할 수 있는 원시인들의 종교 의식은 다시 생각할 문제로 등장하였다고 할 수 있다.

사회적 욕구의 충족

인간은 개인의 육체적 혹은 생존 욕구를 충족시키는 데 사회적인 면을 절대로 무시하지 않았다. 인간에게 이웃은 생존의 문제와 직결된다. 인간은 농사를 짓고 사냥을 하는 데도 그렇거니와 종족을 보존하는 데도 자기 이외의 다른 사람과 어울리지 않고는 도저히 살아갈 수 없다는 것을 본능적으로 알고 있다. 가장 작은 단위의 인간 사회인 가족에서 시작하여 인간은 '사회적인 동물'이라는 것을 알고 있다. 그래서 한 인간과 한 인간이 결합하는 경우에, 그것이 성적 욕구의 충족을 위한 것이거나 종족의 보존을 위한 것이거나간에 어떤 사회적 규칙을 가지고 그 규칙 아래서 이루어지고 있는 것을 볼 수 있다. 그리고 이러한 사회적 규칙은 종교적인 테두리를 반드시 가지고 있다. 종교는 남녀의 성적 결합에 대하여, 그리고 가족의 보존에 대하여 철저하게 관계해 왔다. 종교는 남녀의 성적 관계를 소상하게 규제해 왔고, 결혼은 생리적 혹은 사회적인 행사일 뿐만 아니라 종교적 의식으로 인식해 왔던 것을 볼 수 있다. 사춘기는 성인식(成人式)이라는 종교 예식을 통하여 개시되는 것으로 알았고, 종족의 번창은 역시 종교적인 축복으로 인식되어 왔다. 이토록 인간의 가장 기본적인 사회 공동체인 가정의 유지는 종교적인 것과 분리될 수 없었던 것이다.

프랑스 사회학자 뒤르켐(Émile Durkheim, 1858~1917)은 종교야말로 사회의 공동체 의식을 위하여 만들어진 것에 불과하다고 한 바 있다. 뒤르켐은 오스트레일리아 원주민들의 생태를 조사한 결과, 토템(totem)은 바로 사회 공동체 의식의 표징으로 세워진 종교적 상징이라는 결론을 내렸다. 그리고 한 종족의 종교적 숭배의 대상인 토템은 바로 종족 그 자체이며 원시 사회에서의 종교는 자기 종족에 대한 숭배 이상의 아무것도 아니라고 하였다. 따라서 종교는 사회적 기능 이상 아무것도 아니며, 인간이 자기가 속해 있는 종족에 충성을 다하게 하기 위하여 세운 것이 종교적 토템이라는 것이다. 한 종족의 유지를 위한 인간 근본의 욕구를 충족시키기 위하여 종교가 필요했다는 것이다.[2]

뒤르켐의 관찰과 결론은 종교의 사회성을 이해하는 데 크게 도움이 되나, 다만 종교는 사회 공동체의 유지에만 필요한 것이라는 독단은 위험한 것 같다. 종교는 한 민족 사회라든가 공동체의 정신적 유대를 위하여 필요한 것들 가운데 하나라고 할 수 있으나 그것이 전부라고 하는 것은 과장이 아닌가 생각된다. 어떻든 뒤르켐이 종교를 한 사회 공동체의

2 Émile Durkheim, *The Elementary Forms of the Religious Life* (New York: The Macmillan Company, 1926), pp. 206-7.

공동의 '단체적 표현'으로 인식한 것은 유용한 통찰이라고 아니할 수 없다. 종교는 종족의 보존을 위하여 필요할 뿐만 아니라 한 공동체의 표현은 바로 종교성을 띤다는 것이다.

인간 공동체의 유대를 위해서는 그 공동체 유지의 이유를 인간과 인간의 유대에만 두는 것이 아니라 공동체 구성원 공동의 숭배 대상에 두는 수가 많다. 이것을 '공동의 가치'라고도 하며 '공동의 신(神)'이라고 하기도 한다. 어떻든 '초사회적(超社會的)인 존재'로서 그 사회 구성원의 충성을 받아야 하며 그 사회 구성원이 배신할 때 재판자가 되는 그런 존재에 구심점을 둔다. 그러니까 종교적 예배를 중심으로 하여 한 공동체는 그 동일성과 구성원들의 구심점을 찾아 단합할 수 있다. 참으로 진정한 의미에서의 종교 없이 사회 공동체의 총화나 단합은 거의 불가능한 것이다. 그리고 한 사회 공동체가 하나의 견고한 공동체로서 유지되고 보존될 수 있는 구심점이 있다면 바로 그것을 종교라고 해도 과언이 아니다.

종교가 하나의 사회적인 역할을 담당할 때 마력에 의존하는 육체적 욕구 충족의 차원에서 발전한다. 육체적 욕구 해소를 위한 종교는 실용적이며 현실적인 데 반하여, 사회적 욕구의 충족 그 자체가 하나의 종교일 수 있다. 종교는 사회적인 것으로 승화함으로써 비로소 개인의 문제를 초월할 수 있기 때문이다. 종교는 비로소 더욱 넓은 환경에 대하여, 그리고 그 환경의 보존을 위하여 기능하기 때문이고, 그 사회적 기능 자체를 위하여 종교를 필요로 하기 때문이다. 종교를 통하여 개인은 사회 공동체 자체를 위하여 희생할 수 있기 때문이다.

종교가 '사회적'이어야 하는가 혹은 '개인의 문제'인가 하는 문제는 문제를 위한 문제에 불과한 것 같다. 인간이 참으로 인간일 수 있으려면 역시 사회적인 요소를 배제할 수 없다. 종교가 개인적인 문제라고 할 때에 거기에는 종교의 사회적인 요소라든지 역사와 전통의 요소들을 끌어들여서 논의하지 않을 수 없고, 또한 종교가 사회적인 문제라고 할 때에도 사회 구성원인 개인의 구원 문제를 논의하지 않을 수 없다. 개인의 욕구는 사회적 참여 없이 충족시킬 수 없으며 개인의 욕구 충족은 육체적인 욕구만이 아니라 사회적인 욕구의 충족까지도 포함시킬 때 그 전체를 알 수 있다. 더욱이 종교를 인간의 근본적 욕구 충족의 중요한 국면이라고 말하려면 개인과 사회를 별개의 것들인 것처럼 따로 논할 수는 없는 것이라 하겠다.

제4장 인간답게 사는 것

인간의 정체성

"인간이 무엇인가?" 하는 질문은 종교와 철학의 기본적 문제라고 할 수 있다. 따라서 '인간답게' 말하고 행동하고 살아 나간다는 것은 도덕과 종교의 중요한 문제가 아닐 수 없다. 부모들은 흔히 자녀들을 꾸짖으면서 "사람답게 행동하라"고 타이르지만, 그렇게 타이르는 어른들에게 '도대체 사람답게 행동하는 것'은 어떤 것이냐고 반문한다면 노발대발하고 말 것이 틀림없다. 종교는 인간이 인간다워지고 본질을 찾으려는 인간 정신의 안타까운 노력에 응하는 기능을 가지고 있다.

인간이 인간다운 것은 소극적으로 말해서 적어도 다른 동물들과는 다르다는 말일 것이다. 먹고 마시고 자고 성욕을 충족시키는 것이 전부가 아니라는 것이다. 동물적 욕구를 충족시키기 위하여 먹고 마시는 데도 인간이면 다른 동물들과는 좀 다르다는 것이다. 그래서 문화란 것이 인간 사회에 있다는 것이다. 먹어도 그 먹는 방식과 관습이 있으며, 언제 어디서 어떻게 먹는다는 사회적인 규제가 있는 법이다. 인류의 역사를 살펴보면 인간이 인간답게 행동하고 생존해 온 그 문화적 이면에는 거의 반드시 종교적인 규제와 관습이 뒷받침해 왔다는 사실을 빼놓을 수가 없다.

이렇게 문화를 창조하며 또한 스스로 창조한 문화적 전통 안에서 인간적 위치를 찾고 '인간답게' 행세한다는 것은 바로 인간은 다른 동물들과는 별다른 존재라는 것을 말한다. 이러한 말은 또한 인간은 자연이라는 환경에 파묻혀서 생명을 유지하는 '자연의 한 부분'인 동시에 자연과 대립되는 관계를 가짐으로써 '인간다움'을 찾는 존재라는 말도 된다. 인간을 위협하고, 인간을 부정하고 비인간화시키려는 세력의 하나는 바로 물질 세계 혹은 자연의 세력이라 하겠다. 자연은 인간을 삼키려고 한다. 원시인에게 자연의 위협은 가장 무서운 것이었다. 자연은 폭력적 위압이었으며 인간이 스스로 항복하고 무릎을 꿇고 자비를 구할 수밖에 없는 절대적 존재였다. 인간이 자연을 지배하려 든다든지 자연으로부터 탈출하려고 애를 쓰면 쓸수록 자연에 말려들게 마련이며, 자연의 지배에 굴복하지 않을 수 없었다.

종교는 인간이 자연과 적응하는 과정에서만 도움이 된 것이 아니었다. 자연으로부터 탈출하여 자연 이상의 인간다움을 찾는 과정에서 종교는 결정적 역할을 담당하였다. 물론 인간이 자연으로부터 떠나서 자신의 특유한 본질을 찾아 노력한 끝에 획득한 기계와 기술의 문명은 인간을 다른 각도에서 노예화하고 있지만, 기계적인 방법 이외에도 인간을 사로잡고 예속화하는 자연의 힘으로부터 독립하려는 인간적 노력이 있는 것이다. 종교는 인간으로 하여금 인간은 자연의 일부이면서도 또한 자연을 초월하는 독립된 존재임을 인식케 한다. 그리고 종교를 통하여 인간은 자연과 친숙해지며 따라서 인간은 우주의 고아이거나 미아가 아니라 우주를 집으로 삼는 우주의 가족임을 인식한다. 이것은 인간을 하나의 정신적이며 영적 존재로 가르칠 뿐만 아니라 우주 역시 정신적 존재라고 가르침으로써 인간과 우주 사이의 정신적 교제와 교통이 가능하다는 것을 종교는 인정하고 있기 때문이다. 종교를 통하여, 인간은 우주를 '나의 살 곳'으로 믿고, 거기서 친숙하게 살아갈 수 있는 힘을 부여받는다는 것이다.

오늘날 물질문명의 환경에 살고 있는 인간들에게 '인간답게' 산다는 것은 또 다른 중요한 문제로 대두된다. 종교는 인간의 독립성과 우주의 정신적 세계와의 교통과 교제를 가르침으로써 물질 생활의 일차원적 삶으로부터 탈피할 것을 권장한다. 종교는 인간의 자기 초월을 권고함으로써 인간다운 삶, 이차원적 인생을 찾을 것을 촉구하고 있다. 물질 세계를 '나의 살 집'으로 여길 수 없다는 것이다. 물질 세계와 그 속의 일차원적 생활로부터 스스로 소외되는 길만이 현대인의 구원의 길이라고 가르치고 있다. 자연과 물질 세계로부터 소외되어, 우주 전체의 정신과 교통하는 데서만 현대인은 참으로 인간답게 살 수 있다고 강조한다. 어떻든 종교의 역할은 원시인에게나 현대인 모두에게 자연과 물질 세계에 살면서 어떻게 인간다운 삶의 독자성을 찾는가 하는 인간 정신의 근본 문제와 씨름하는 것이라 하겠다.

20세기 실존주의 철학의 거성(巨星) 하이데거(Martin Heidegger, 1889~1976)는 인간 실존의 상황을 묘사하면서 인간은 물질 세계와 관계를 가지는 존재일 뿐만 아니라 다른 사람과 관계를 가지는 '사회적 존재'임을 말하고 있다. 인간은 인간 사회 속에 '던짐을 받은' 존재이므로 인간 사회 안에서의 관계를 통하여 인간성을 형성하며 실현시켜 나갈 수밖에 없다는 것이다. 하이데거의 말을 우리의 말로 바꾸어 본다면 인간에게는 '사회적 욕구'가 깃들어 있어서, 자연스레 이웃을 원하게 되고 다른 사람과 조화스러운 관계를 가지고 싶어한다고 할 것이다. 인간은 홀로 있기를 즐겨하지 않는 존재이다. 사회가 나를 받아들여 주기를 원하고 사회가 나를 칭찬해 주고 나에게 관심을 가져 주기를 원한다. 인간이 자연에 적응하듯 이 사회에도 적응해야 살 수 있다는 것을 본능적으로 알고 있다. 인간이 사회적 인정을 받고 사회적 인물로 아무런 마찰 없이 살려고 하는 것은 자연스러운 욕망이라 하겠다. 이러한 이유 때문에도 종교는 그 사회적 기능을 하고 있다. 즉 사회에 적응한다는 것은 그 사회가 받아들이는 종교적 행사와 종교적 관습과 전통을 받아들이는 것과 통할 수 있기 때문이다. 종교는 한 사회의 유대를 위하여, 그리고 그 사회의 전통과 가치의 보존을 위하여 아주 중요한 역할을 담당해 왔기 때문이다. 그래서 종교는 인간의 사회적 욕구를 충족시키고 인간이 '던져진' 사회의 관습과 전통에 적응하고, 그 사회적 가치를 받아들이고, 그 사회에서 '인간답게' 사는 데 큰 도움이 된다는 것이다.

그러나 한편 인간은 사회의 일원으로 그 '인간다움'을 찾으려고 하는 본능적 욕망이 있는가 하면, 다른 한편 사회로부터 떨어져서 독자성을 찾으려는 의욕 역시 가지고 있다는 것이다. 인간은 자연에 적응하면서도 자연과 대결하고 자연을 지배하려 하듯이, 사회에 대해서도 '나'의 개성과 특수성을 찾아 사회와 대결하려는 욕심도 가지고 있다는 것이다. 인간은 사회와 적응함으로써, 사회와의 정체성(正體性)을 찾음으로써 '인간다움'을 얻을 수 있지만, 또한 사회로부터 독립하고 사회를 초월하여 소외됨으로써 '인간다움'을 얻겠다는 것이다.

원시 사회에서는 인간 소외를 통하여 '인간다움'을 찾는다는 것은 퍽 어려운 일이었다. 사회 공동체의 단합과 총화는 종족의 생존과 직결되어 있었으므로, 물질적으로나 사회적으로 독립된 생활이란 상상조차 할 수 없는 위험한 일이었던 것이다. 그러나 문화의 성장과 발달은 사회에 대한 개인의 의존이 궁극적인 것이 아닐 수 있게 하였다. 문명된 사회에서는 개인이 많은 일을 스스로 처리해 낼 수 있으며, 따라서 사회에 매달리지 않아도 스스로의 생을 영위할 수 있게 되었다. 물론 고도로 발달한 현대 과학 기술 문명에서 개인의 독자성은 새로운 위협을 받고 있다고 할 수도 있다. 인간 생활이 기계화되고 제도화됨에 따라 인간은 '기계적 제도'의 노예가 되어 가고 고도로 발달한 소비 사회의 기교는 인간들의 소비 경향과 경제 생활을 통제함으로써 인간을 경제적 노예로 만들고 있다는 것이다. 현대 사회는 더욱 인간의 '사회화'를 강요하다시피 하고 있다. 그래서 하이데거는 현대 인간을 'Das Mann', 즉 인간의 얼굴을 잃어버린 군상(群像)으로서 표현하고 있다.

오늘의 '얼굴 없는 군상'들은 개성을 가진 인간들이라고 할 수 없고 비인간화된 존재들에 불과하다고 하이데거는 한탄한다. '얼굴 없는 군상들'이 '인간다워'지는 문제는 현대 사회가 직면하는 종교적 문제이다. 그 길은 바로 인간이 스스로 파묻혀 사는 일차원적 세계에서 과감히 탈출하는 것이다. 종교는 인간의 자기 초월의 노력뿐만 아니라 인간으로 하여금 '인간다워'지는 길을 터놓는 일을 맡아야 한다는 것이다. 종교는 자기 세상으로부터 끊임없이 탈출하려는 인간 정신의 갈구에 응답해야 한다는 것이다. 종교는 인간이 물질적이며 사회적인 일차원적인 차원 저 밖의 신비의 세계와 직결되어 있다는 것을 말한다. 인간이 그 세계와 홀로 관계를 가지게 될 때에만 참으로 '인간다운' 삶이 무엇인지 느끼게 되고 또 그렇게 삶을 영위하게 되고, 또한 거기서 삶의 참뜻과 환희를 즐기게 되는 것이다. 이것은 인간이 자신의 유한성을 의식하고 끝없이 영원을 갈망하여 찾아나서는 가장 근본적이며 실존적인 인간의 욕구와 직결된다. 종교는 영원을 희망하는 인간들에 대한 응답이며, 이러한 희망을 통해 '인간답게' 살 수 있다는 것을 가르친다.

틸리히가 깨우쳐 준 대로[1] 인간은 인간 존재의 무의미함과 하잘것없음에 불안해 하고, 또한 죽음을 의식함으로써 인간의 유한성과 무상(無常)을 불안해 할 뿐만 아니라, 항상 죄의식에 사로잡혀 있는 불안한 존재라 하였다. 이러한 존재임에도 불구하고, 인간 생활의 하잘것없음과 인생의 덧없음과 안타까운 죄책감이 우리를 엄습하고 있는데도 불구하고, 용기를 가지고 생을 긍정하고 살아가는 힘은 '인간다운' 인간에게서 찾을 수 있으며 필연 종교적 힘, 즉 인간 정신의 승화에서 찾을 수 있는 힘이 아닌가 한다. 종교는 용기를 가지고 '인간답게' 살아가려는 사람들에게 희망과 사랑으로써 인간의 소중함과 인생의 환희와 아울러 인간은 좀 더 귀중하고 신비와 영원의 세계와 직결되어 있으므로 인간 생명은 거룩한 것이며 영원하다는 것을 강조한다.

인간의 심미적 욕구

인간에게는 유형(有形)의 욕구, 즉 어떤 물건을 가지고 싶다든지 어떤 음식을 먹고 싶다든지 하는 구체적인 욕구가 있는가 하면, 무형(無形)의

1 Paul J. Tillich, *Courage to Be*, 현영학 옮김, 『존재에의 용기』(기독교서회, 1959) 참조.

욕구, 즉 명예라든지 권력 같은 좀 더 추상적인 욕구가 있다. 심미적 욕구는 그 어느 쪽에 속할지 분류하기 어려운 인간 욕구의 하나이다. 얼핏 보기에 추상적인 것 같지만 가장 구체적인 것일 수 있기 때문이다. 음식을 먹을 때, 식욕을 만족시킬 뿐만 아니라 가장 맛나게 가장 친한 친구와 가장 아름다운 환경에서 먹고 싶다고 한다면, '가장'이라는 것들과 또 열거한 조건들은 추상적인 욕구와 구체적인 욕구들을 혼합한 것이기 때문이다. 심미적 욕구의 한 카테고리는 역시 최상을 원하는 것이겠고, 또 하나의 카테고리는 인간이 가지는 '아름다움'의 욕구를 충족시키려는 것일 것이다. 인간은 완전한 것을 추구하는 존재이며, 완전하다는 것은 역시 추상적인 것으로서 욕망의 대상은 될 수 있을지언정 실현시키기에는 어려운 상태를 말하기 때문에 인간 능력 저 너머의 세계와 관계되는 말이라고 할 수 있다. 그렇기에 인간의 완전(完全)을 갈구하는 심미적 욕구는 종교적 욕구와 직결된다고 할 것이다.

그리고 어떤 사람이 운동 선수의 묘기를 보고 "아주 완벽하다"라고 평한다면 그 '완벽하다'는 말에는 '아름답다'는 뜻도 포함되어 있다고 할 수 있다. 여기서 '아름답다'는 뜻은 선수의 기술이 좋았을 뿐만 아니라 기록도 신기록인 데다가 몸의 움직임이 조화가 있고, 생기기도 잘생겼으며 인간적 성품도 나타난다는 뜻일 것이다. 사람을 가리켜 '좋은 사람'이라고 할 때도 그의 덕행이 윤리적으로 선할 뿐만 아니라 그의 성품과 행동이 미적(美的)으로 '아름답다'고 표현하기도 한다. 완전한 것은 아름다운 것이고, 완전한 것을 추구하는 인간의 욕구는 바로 아름다운 것을 찾는 욕망이다.

데카르트(René Descartes, 1596~1650) 같은 철학자는 인간이 완전한 것을 찾는 데는 인간 자신이 불완전하기 때문에 그렇고, 인간이 불완전하다는 것을 아는 것은 완전한 것이 있기 때문에 그렇다고 하면서 '완전자(完全者)'의 존재를 증명한다고 하였지만,[2] 어떻든 인간이 완전한 것과 아름다운 것을 찾는 것은 인간 욕구의 귀중한 부분이 아닐 수 없으며, 종교를 통하여 그 희구를 충족시켜 온 것이 틀림없는 것 같다. 그리고 종교적인 완전, 아름다움은 모든 것의 기준이 되어 왔던 것이다. 예수는 "너희 하느님이 완전한 것처럼, 너희도 완전하라"고 가르쳤다.[3] 이것은 미(美)를 행한 인간적 발돋움의 궁극적 목표와 종교적 기준을 제시한 것이라 할 것이다. 그리고 이러한 미를 향한 인간의 발돋움이 바로 신비와 영원을 향한 인간의 자기 초월의 종교적 심정을 말해 주는 것이라 할 것이다.

인간이 가장 완전한 것과 가장 아름다운 것을 '신의 경지(境地)'와 종교적 신앙에서 찾고 거기에서 궁극적 기준을 발견하고 반복하지만, 또한 동시에 변증법적으로 '신의 경지'와 신비와 영원을 인간의 가장 아름다운 것으로 표현함으로써 인간의 심미적 욕구를 종교적으로 표현한다. 그리하여 종교적 신앙과 인간의 예술은 직결되어 왔다고 할 것이다.

인간은 인간 특유의 상상력을 가지고 초월의 세계, 신비의 경지를 구상하고 그것을 이야기와 신화와 노래와 춤과 그림과 조각으로 표현한다. 인류 역사상 가장 오래된 '옛날 이야기'는 신들에 관한 신화였고, 고대의 가무(歌舞)는 종교 행사와 직결되어 신들과의 교제를 상징하였다. 원시인들이 그린 것으로 알려진 동굴의 벽화들 역시 종교적 신앙의 예술적 표현인 것으로 해석되고 있다. 신들의 세계와 영원과 신비의 세

2 데카르트, 『성찰』, 최명관 옮김 (훈고문화사, 1971)
3 마태복음 5: 48.

계를 인간은 노래로 표현하고 시로 읊는다. 종교의 세계는 인간의 창조적 세계, 상상을 구체화시킨 미적 세계에 군림한다고 하겠다. 그리고 종교적 세계와 인간 예술의 창조적 세계를 동일시한다. 우주를 찬양하는 노래를 부르는 것이 바로 종교이며, 우주의 위대함과 인간의 아름다움을 그린 그림이 바로 종교적 표현이라는 것이다, 시 한 편에서 찾는 아름다움과 영원함은 바로 종교적 세계의 그것을 환기시키며 그 세계와 직통한다는 것이다. 그러므로 심미적 창조적 인간 행위는 바로 완성과 아름다움을 갈구하는 인간의 근본적 욕구를 만족시켜 준다는 것이다.

종교는 인간의 심미적 감성을 갖고 있기 때문에 '더러운 것' '보기 흉한 것' '깨끗하지 않은 것' '불완전한 것'을 경원한다. 그리고 자신의 불완전한 것과 '불미(不美)'한 것을 부끄러워한다. 그래서 종교는 좋은 것과 나쁜 것, 아름다운 것과 이그러진 것, 조화된 것과 아닌 것들을 가려내 주고, 종교적인 인간은 그 차이점에 대하여 민감하다. 종교가 없다는 것은 바로 이러한 차이에 대하여 둔하다고 해도 지나친 판단은 아닐 것이다. 종교를 가지면 당장 그림 한 폭을 잘 그릴 수 있다거나 그 가치를 알아낼 수 있다는 말이 물론 아니다. '종교적'인 인간은 아름다운 것을 보고 가려낼 줄 아는 '심미안(審美眼)'이 있다는 말이며, '아름다운 것'은 그림 한 폭의 예술 작품에만 국한되는 것이 아니라 우주와 인생 모두, 인간이 관계하는 것 전부를 말하고 있는 것이다.

가장 아름다운 것과 가장 완전한 것을 탐구하고, 그것을 표현하려는 인간의 끝없는 희구는 또한 가장 참된 것을 찾는다. 진리의 궁극적인 기준과 내용을 찾는 것은 완전한 것을 찾는 인간적 희구의 한 부분이다. 거짓이 팽배하는 인간 사회에서 '참'을 찾는 것은 가장 인간적인 욕망이라 할 것이다. 인간의 심미적 욕구는 진리를 찾아 가려는 욕구와 직결되어 있다. 가장 참된 것은 가장 아름다우며, 가장 아름다운 것은 역시 참될 수밖에 없겠기 때문이다.

그런데 가장 아름다운 것과 가장 참된 것은 역시 인간 존재에서나 인간 사회에서는 얻을 수 없고 인간 '저 너머' 초월의 세계에서 가능하며, 그 세계에 대한 이해와 지식은 인간 지성의 최고의 성취라고 생각한다. 그래서 이러한 희구는 종교적 희구라고 아니할 수 없는 것이다. 물론 인간 지식, 다시 말해 진리를 탐구하는 인간 지식의 목표는 '종교적'인 목표가 아니며 '과학적'인 호기심에 불과하다고 하겠지만, 우리가 말하려는 것은 진리를 파악하고 사물의 진수(眞髓)를 잡으려는 '과학적'인 노력이야말로 종교적인 노력이었으며 종교적인 욕구에 기인하고 있다는 것이다. 그리고 완벽한 '과학적' 이론은 그 나름대로의 아름다움이 있으며, 미지의 세계에 대한 상징적 표현의 대표적인 것이라고 말할 수 있다. 현대 과학의 언어는 현대의 신화이며, 오늘의 신화는 과학적 언어로써 표현되는 것이다.

물론 종교가 없어도 인간의 욕구들이 충족될 수 있게 되었다. 인간의 심미적 욕구는 예술적 상상력과 창조력에서, 인간의 지적 욕구는 과학적 해답에서, 인간의 육체적 · 사회적 욕구는 구체적인 기술 문명에서 해결될 수 있다. 종교적인 욕구 충족이란 원시인들에게만 필요한 것이 아닌가 하는 것이다. 인간이 인간답게 살 수 있게 하기 위하여 종교 이외의 인간적 노력이 발전해 왔고 많은 일을 성취하였다. 그러나 인간의 문제를 해결하면 할수록, 인간이 많은 것을 설명할 수 있으면 있을수록, 인간에게는 더 많은 문제와 더욱 알 수 없는 많은 일들이 생겨나고 있다. 그리고 그러한 문제들을 해결하려고 안간힘을 쓰고 있다. 그 끊임없는 인간적 노력들이 어떻게 표현이 되고 어떻게 보답되든지간에 그것은 인간 실존에 대한 근본적 물음이며 종교적 발돋움이라 아니할 수 없다. 인간 자신의 실존에 대한 끝없는 질문과 스스로를 초월하려는 인간 정신의 영원한 희구에서 종교는 인간 생활의 새로운 차원을 제시하고 인간 문화는 새로운 역사를 창조해 나간다. 인간 욕구의 끝없는 추구는 종교적 추구이며, 욕구 충족의 인간적 노력은 바로 종교적 노력인 것이다.

올바르고 선한 삶 | 제5장

인간답게 산다는 것

제3장과 제4장에서 종교는 인간의 근본적인 욕구를 충족시키려는 과정에서 형성되었으며 또한 종교는 인간 욕구를 승화시키려는 역할을 하고 있다는 것을 고찰하였다. 인간이 인간답게 산다는 것이 과연 무엇이냐 하는 실존적인 문제와 함께 인간답게 살기 위하여 육체적으로나 사회적으로 어떻게 생활해야만 하는가를 보여 주는 길잡이의 역할을 종교는 담당하고 있다고 하였다. 그리고 인간이 인간답게 살려고 하는 끝없는 인간적인 노력의 중심에 종교적 차원이 있다는 점을 강조하였다. 그리하여 종교는 인간이 참으로 인간답게 사는 것이 무엇인가 하는 '인간생활의 원형(原型)'을 제시할 뿐만 아니라 종교의 궁극적인 목적 역시 인간을 인간답게 살게 하려는 데 있다는 것을 깨닫게 된다. 우리의 논조가 여태껏 그래왔지만 종교는 인간이 자신과 우주에 대한 무한한 관심

과 질문에서 출발하였으며, 결국 인간답게 사는 것이 무엇이냐 하는 것과 어떻게 그렇게 살 것이냐 하는 문제들로 귀착된다고 하겠다. 종교는 인간 없이 불가능하며, 인간을 부정하는 종교는 있을 수 없으며, 인간의 생활과 관계가 없는 종교는 오래 갈 수 없는 법이다. 인간을 망각한 종교는 공허하며, 종교 없는 인간은 맹목적이다.

그런데 인간답게 산다는 것 가운데 아마도 가장 중심이 되는 것은 인간의 도덕적 완성이라고 할 수 있다. 사람답게 행동하며 사람답게 산다는 것은 윤리적이며 도덕적으로 착하고 올바르게 사는 것을 말한다. '착하고 올바르게' 산다는 것이 무엇인가를 종교들은 그 나름대로 가르쳐 왔다. 그리고 종교는 그렇게 살지 않는 사람들을 처벌하는 일까지도 맡았던 때가 있었다. 그래서 인간의 도덕과 윤리는 종교적인 권위를 뒷받침하여 성립되어 왔고, 따라서 종교는 사회의 질서와 윤리적 유대를 위하여 없어서는 안 되는 중대한 위치를 차지해 왔었다. '착하고 올바르게' 산다는 것은 사회의 질서를 위하여 필수의 조건이었으며, '착하고 올바르게' 살아야 한다는 명령은 사회적인 권위뿐만 하니라 종교적 뒷받침을 받아 '하늘의 도리'라든지 '하느님의 명령'으로 내려졌던 것이다. 인간의 도덕적이며 윤리적 생활은 따라서 '하늘의 뜻'이나 '하느님의 명령'에 복종하는 생활이라고 가르쳐 왔다. 그런데 그 '하늘의 뜻'이 종교마다 다르며 사회마다 각각 다른 점을 주목하여야 하겠다. 어떻든 종교마다 그 나름대로의 윤리 생활의 '명령'이나 '지침'이 있는 것을 보아 종교와 윤리와의 밀접한 관계를 알 수 있다.

가치와 행복

무릇 윤리는 선(善)한 것이 무엇이냐, 훌륭한 것 이른바 바람직한 것이 무엇이냐 하는 것과, 선한 사람, 훌륭한 사람, 바람직한 인간이란 어떤 성품을 가졌는가 하는 것을 살펴본다. 선한 것이 따로 있는 것이 아니라 인간이 원하고 희구하는 것이 바로 선한 것이라고 하는 주장이 있는가 하면, 인간이 원하지 않을 뿐 아니라 오히려 인간의 욕망과는 관계없이 객관적으로 선한 것이 따로 있다는 주장도 있다. 그래서 윤리는 인간으로 하여금 바람직한 선을 요구하고 성취하도록 해야 한다는 것을 가르치기도 한다.

그런데 '바람직한 선(善)'이란 과연 무엇일까? 아리스토텔레스(Aristoteles, 384~322 B.C.)는 인간의 모든 행동이 추구하는 어떤 선을 목표로 삼고 있다고 하였지만, 인간이 목표로 하는 것은 바람직하기 때문에 선하다고 하는 이론이 있다.[1] 인간의 추구와 관심이 있는 것이 바로 선한 것이며 가치 있는 것이라고 한다. 인간이 원하는 것이면 무엇이든지 선하고 가치 있는 것이라고 한다면 선과 바람직한 가치는 아주 광범위한 것이 된다. 그래서 그만큼 선과 가치의 폭이 넓어진다. 그리고 사람들의 소원과 희구가 다양한 만큼 선과 가치도 다양해지는 것이다.

인간이 원하는 것이 무엇인가 생각할 때 맨 먼저 떠오르는 것은 역시 '행복'이라고 할 수 있다. 그런데 다만 행복이 무엇인가 하는 질문은 선이 무엇인가 하는 질문과 다름없이 광범위하고 그만큼 모호하다. 쾌락주의자들은 '즐거움' 혹은 '쾌락'이 바로 선한 것이라고 한다. 인간에게

1 이 이론을 '목적론적 이론(teleological theory 혹은 ontological theory)'이라 부른다.

쾌락과 즐거움을 가져다 주는 것이 선하며 인간은 바로 쾌락을 최고의 가치로 삼는다고 주장한다. 이런 사람들에게 악이라는 것은 고통과 괴로움일 것이 당연하다. 그리고 인간은 악을 원치 않으며, 인간이 원하지 않는 것을 악이라고 할 수 있을 것이다. 그런가 하면 행복을 쾌락과 동일시하지 않는 사람들도 있다. 힘 혹은 권력이라든지, 자아 실현이라든지 자아 완성 혹은 지식 따위를 궁극적인 선으로 간주하는 비쾌락주의자들도 있다.

어떠한 행복, 어떠한 선, 어떠한 가치가 참으로 바람직한 것인가? 이러한 질문에 대하여 답변할 수 있는 기준이 어디에 있는가 하는 것은 윤리학의 문제뿐만 아니라 바로 종교의 문제인 것이다. 윤리학에서는 바람직한 가치의 기준을 논하면서 다음의 몇 가지 범주들을 사용하고 있다.[2]

가. 공리적 가치 : 어떤 목적을 위하여 유용하기 때문에 선한 것들.
나. 비본질적 가치 : 선한 것에 대한 수단이기 때문에 선한 것들.
다. 본래적인 가치 : 그것을 감상하는 경험이 좋거나 또는 그 자체가 보람 있는 것.
라. 본질적인 가치 : 그것 자체의 본질적인 속성 때문에 자체가 선한 것들.
마. 공헌적인 가치 : 본질적으로 선한 삶에 공헌한다는 이유에서 선한 것들.
바. 종국적인 가치 : 전체적으로 선한 것들.

2 William K. Frankena, 『윤리』, 박봉배 옮김(기독교서회, 1973), pp. 126-7 참조.

위에서처럼 가치들을 분류해 본다면 어떤 수단으로서이든지 다른 어떤 가치의 한 부분으로서 가치들은 종속적인 것이 아닌가 느껴진다. 아무래도 인간이 희구하는 것은 본질적이며 본래적인 가치로서 또한 전체적으로 선한 것이 아닌가 생각된다. 본질적이며 종국적인 것이 가장 바람직한 가치라고 할 수 있지만, 결국 어떤 것이 그러한 가치의 소유물이냐 하는 것은 또 다른 별개의 문제임이 분명하다. 여기서도 쾌락주의자들은 쾌락을 그 본질적인 가치라고 주장하고 있지만 비쾌락주의자들은 쾌락 이외의 다른 가치들을 제시하고 있다. 즉 어떤 다른 것을 목적하는 수단으로서의 가치도 아니며 또 어떤 가치를 획득함으로써 부산물로 생기는 것도 아닌, 그 나름대로 그 자체에 대하여 만족을 가질 수 있으며, 어떤 다른 가치에 종속되지 않는 가치가 무엇인지 나열해 보면 비쾌락주의적 가치의 범위를 알 수 있을 것이다. 그러한 가치는 직감적으로 알 수 있는 것이거나 자명한 것이어야 한다는 사람도 있지만, 또한 이성(理性)의 고찰에 의하여 결정되는 것이라고 주장하는 사람들도 있다. 본질적이며 궁극적인 가치들은 대부분 '생리적'이라든지 '육체적' '사회적' '정신적' 혹은 '영적(靈的)'이라는 범주에 들 수 있는 것들이다.[3]

생명, 의식, 그리고 활동

건강과 힘

어떤 종류의 또는 전체적인 쾌락과 충일감

행복, 축복, 만족 등등

진리

3 Frankena, 앞의 책, p. 137.

여러 가지 종류의 지식과 참된 의견, 이해, 지혜

미(美), 조화, 사색되는 대상에서의 균형

심미적 경험

도덕적으로 선한 성품 또는 미덕

상호적 애정, 사랑, 우정, 협동

선과 악의 정당한 분배

자기 자신의 삶에서 조화와 균형

권력과 성취의 경험

자기 표현

자유

평화, 안전

모험과 새로운 경험

호평, 명예, 존경 등등

위에 적은 것들은 서로 중복되는 것도 있고 종교에 따라 달리 표현할 수도 있고 더 첨가할 수도 있을 것이다. 어떻든 전통적으로 진리 그 자체와 선 그 자체, 그리고 미 그 자체가 가장 본질적인 가치라고 요약할 수 있다. 종교는 이러한 종국적이며 본질적인 가치를 희구하는 인간들에게 그 나름대로의 해답과 가르침을 제시해 왔다. 그리고 이러한 인간의 가치 추구의 끝없는 노력 속에서 종교는 성장해 왔고 완숙되었던 것이다. '선한 인간'이 되려는 노력은 따라서 윤리적인 노력일 뿐만 아니라 궁극적으로 종교적인 노력이다. 인격의 완성이라 함은 궁극적 가치가 무엇인지 말할 수 있을 뿐만 아니라 그것들을 존중하며 그것들을 이 세상에 만들어 내며 그 가치 기준에 따라서 실제로 살아나갈 수 있는 성품의 완성이라고 할 것이다. 개인의 궁극적인 행복이 무엇인지 부단히 질문하며 그것을 추구하는 노력을 진지하게 계속하는 가운데 인간은 참된 가치의 차원을 발견하며 거기에서 종교적 차원을 터득할 수 있을 것이다.

종교는 선한 윤리적 인간을 양성하는 것을 그 중요한 사명으로 삼고 있다. 이 세상에서 스스로 행복한 삶을 영위하고 만족하게 사는 것이 어떤 것이며, 어떻게 그것을 터득할 수 있는가를 가르치고 훈련한다. 종교는 한 사람 한 사람이 가치 있는 생활을 영위하도록 노력할 뿐만 아니라 사회 공동체 전체의 복지를 생각한다. 한 개인이 지향해야 할 가치가 무엇인가를 모색할 뿐만 아니라 또한 사회 전체가 궁극적으로 획득하여야 할 복지 문제 역시 종교는 모색하는 것이다. 사회적 가치를 모색하는 역할은 종교의 사회적 기능으로서 중요한 국면인 것이다.

종교와 윤리

종교와 윤리는 무엇이 선하며, 무엇이 인간의 궁극적 가치냐 하는 것을 찾을 뿐만 아니라, 좀 더 직접적으로 무엇이 정당하며 정의이며 옳은 행위이냐 하는 질문에 대해서도 씨름한다. "선한 사람이 하는 일은 옳은 행동이다. 그러니까 그렇게 행동하면 틀림없다." 이렇게 말할 수 있지만, 선한 행동은 과연 옳은 행동인가 할 때 그럴 수도 있지만 그렇지 않을 때도 있는 것을 보면 반드시 그렇다고 할 수는 없는 것 같다. 가령 부(富)를 축적하는 일이 나의 희구이며 목적이 될 때 그것은 선한 일이며 하나의 가치로서, 그것을 획득하는 수단은 무엇이든지 옳고 정당한 것이라고 주장할 수 있다.[4] 그러나 그 부의 축적 과정에서 거짓말을 했다든지 근로자들의 노임을 횡령했다든지 했을 때 그 부가 과연 '정당한 부'가 될 수 있겠는가 하는 문제가 있다.

윤리학에서 어떤 행동과 삶이 어떤 행복이나 쾌락이나 다른 가치를 만들어 내기 때문에 있는 것이 아니라, 그런 것들과 관계없이 그 행동이나 삶 자체가 옳아서 그렇거나 양심이나 신이 명령하기 때문이라고 주장하는 이론을 의무론적 이론(deontological theory)이라고 한다. 이 주장에 따르면, 인간의 행동이나 삶이 옳다는 것은 그 행동이 어떤 목적을 성취할 수 있거나 했기 때문에가 아니라 선험적으로 옳다는 것을 분명히 알고 있기 때문이며, 그러한 행동을 인간 본연의 의무로 생각해야 한다는 것이다. 거짓말을 하지 말라는 것은 정직하면 종당에는 부자가 될 수 있으니까 그러는 것이 아니라 거짓말을 하면 안 되니까 그러는 것이라고 한다. 양심대로 하기 때문에, 하느님께서 명령하셨기 때문에 복종할 따름이라는 것이다. 정직하면 손해를 보니까 손해를 안 보기 위해서는 거짓말을 해야 할 때는 해야 된다는 생각이 없어야 한다. 손해를 보거나 이득을 얻거나, 그러한 것과는 관계없이 '덮어놓고' 거짓말을 하지 말라는 명령을 좇아야 한다는 것이 의무론자들의 주장이다.

그런데 목적론자들은 개인의 행복과 사회의 복지를 추구한 것에 반하여 의무론자들은 정당한 것과 정의를 추구하고 있다. 윤리와 종교는 따라서 행복한 삶과 인간 사회의 복지 문제에만 관심이 있는 것이 아니라 행동과 삶의 정당성과 사회의 정의를 고려하게 된다. 많은 사람들이 잘 살 수 있게 하는 문제와 아울러 어떻게 잘살게 하느냐 하는 정당성과 정의의 문제를 종교와 윤리는 그 중요한 관심사로 삼는다는 말이다. 가장

4 공리주의자들의 주장이다.

바람직한 윤리적 이론은 정당하게 행복한 인생과 사회를 위한 것이어야 한다는 말이다. 어느 한쪽이 기울어질 수 없지만 칸트(Immanuel Kant, 1724~1804)의 이론을 좇는다면 행복이 기울어지는 한이 있더라도, 인간이 불행해지는 한이 있더라도, 정의로운 삶이 최선의 삶이라고 할 것이다.

정당한 삶을 살도록 하기 위하여 종교는 윤리적 명령을 주었으며, 그 명령에 무조건 복종하는 것이 바로 정당하고 올바른 삶을 사는 것이라고 가르쳐 왔다. 여기에서 종교와 의무론적 윤리와는 직결된다. 종교는 인간들에게 인간으로서의 의무를 의식하게 하고, 인간들로 하여금 올바르게 살도록 교육하고 훈련하는 교육적 기능을 다하여야 한다고 한다. 사실상 종교는 그러한 윤리 의식의 개발이라는 교육적 사명을 제외하면 아무것도 아니라고 하는 사람도 있다. 종교는 윤리 이상 아무것도 아니라고 하기도 한다. 이렇게 말하는 사람들에게는 인간이 누구나 가지고 있는 양심과 옳고 그른 것을 알아차리는 윤리적 인식의 능력을 보아 인간의 종교적 차원을 알 수 있다고 하기도 한다. 어떻든 인간의 양심의 소리와 '하늘의 음성' '하나님의 음성'을 동일시하여, 인간 양심의 개발은 바로 '하늘의 음성'을 들을 수 있게 하는 것이라고 주장하는 것이다.

종교적인 인간은 어떠한 행복된 삶을 목표로 하기보다는 양심적인 삶, 정당하고 올바른, 부끄럼 없는 생활을 영위하여야 한다는 생각이 지배적인 것 같다. 더욱이 쾌락주의적 행복은 종교적 인간의 삶의 목표가 될 수 없다는 것이 지배적일 수 있다는 것이다. 이러한 생각에서 종교인의 생활에는 '금욕주의'적인 것이 들어오게 되었으며 개인의 구원(救援)은 바로 인간의 쾌락에서부터의 구원으로 생각하기까지에 이르렀는지 모른다. 어떻든 종교적인 인간은 비쾌락적인 행복을 추구하는 데도 역시 양심적이며, 정정당당하고 올바른, 그야말로 부끄러움 없는 생활을 영위하여야 한다는 생각이 칸트 이후의 기독교 청교도들의 지배적인 생각이었으며, 동양에서는 유교의 가르침을 지배하였던 것이다.

종교는 개인의 양심적 생활을 추구하는 것만큼, 또한 사회의 정의 역시 추구한다. 한 사회의 복지 향상을 위하여 공헌하여야 하는 것만큼 종교의 또 하나의 중요한 사명은, 그 사회의 부조리와 부정을 고발하고 시정하는 일이다. 한 사회가 저지르는 부조리와 불의는 개인의 불의와는 질적으로 다른 면이 있다. 사회의 부조리는 사회 체제와 구조의 문제와 직결된다. 그러므로 사회 구성원 한 사람 한 사람의 양심의 문제와는 별도로 사회의 구조와 체제의 문제를 다루어야 한다. 개인은 도덕적일 수 있으나 사회는 부도덕하며, 부도덕한 사회에서 개인의 도덕은 문제가 될 수밖에 없다. 종교가 사회의 정의를 논할 때에는 그 사회의 구조와 체제를 논하는 것이며, 따라서 종교는 벌써 개인의 문제와 함께 사회 전체의 문제와 씨름하게 된다. 종교는 사회의 복지만을 논하지 않고 사회의 정의를 함께 논하여야 하며, 개인의 양심을 논하는 것과 동시에 사회의 구조적인 정의를 논하여야 한다는 것이다. 이렇게 할 때 종교는 그 사회적 사명을 다한다는 말이다. 그리고 종교가 사회의 복지와 그 정의를 말할 때 그 기준은 어디까지나 초월적인 것과 인간 이성의 구조 속에서 찾는다는 것을 덧붙여야 하겠다. 인간 사회의 저 너머에 있는 좀 더 궁극적인 관점에서 인간과 인간 사회를 비판하고 판단하고 '양심'과 '정의'의 비전(vision)을 제시하는 것이 바로 종교의 궁극적인 기능인 것이다.

종교는 인간 윤리 생활의 바람직한 모델을 제시하며 계속 모색하고 있다. 그뿐만 아니라 종교는 신앙 체계를 통하여 인간들에게 그 가치를 받아들이고 그러한 생활에 자기 자신을 맡길 것을 종용한다. 종교는 그러므로 결국 하나의 가치 체계에 대한 언명(言明, commitment)이며, 하나의 삶의 스타일이고 윤리적 행위인 것이다. 한 종교를 가진다고 할 때는 벌써 한 삶의 스타일을 채택하는 것이 된다. 그러므로 종교를 가진다고 하면서 그 종교가 제시하는 행동 원칙이라든지 삶의 스타일을 채택하지도 않고 따르지도 않는다면 결국 거짓말이 되는 것이다. 종교는 생활로써 표현되어야 하며 구체화되어야 한다는 말이다. 그 반면 인간 생활과 관계 없는 종교나 인간의 참된 행복과 사회적 복지와 정의와 질서 있는 사회 생활에 기여할 수 없는 종교는 역시 참된 종교라고 할 수 없다.

또 하나 말하고 싶은 것은, 인간이 불행을 당하고 억울함과 두려움에 사로잡혀 전전긍긍할 때에도 종교는 궁극적인 희망을 던져 준다. 종교를 통하여 나의 불행은 영원한 것이 아니며, 오로지 참된 행복의 획득을 위해 당하는 고통이라고 여겨 참을 수 있다. 정당한 행동과 양심적인 삶이 불행을 가져오는 한이 있더라도, 종교적 신념은 정의(正義)의 궁극적 승리를 믿게 한다. 오늘 정의는 패배하는 것 같지만, 내일 혹은 언젠가는 반드시 승리할 것이라는 신념을 종교적 신앙은 가지게 한다는 것이다. 참 행복은 삶—종교적 삶—으로부터 온다는 신념은 부조리한 사회를 초월하게 하고 미래를 내다보는 비전과 용기를 가지게 한다. 종교는 오늘의 윤리적 부조리를 극복하는 신념과 내일의 삶을 내다보는 비전을 제시한다. 그리고 오늘의 윤리적 삶에 충실하게 살 수 있는 용기를 종교적 차원에서 찾는다.

제6장 종교적 언어의 특수성

여태까지 종교란 무엇인가 하는 질문을 앞에 놓고 여러 각도에서 검토하였다. 특히 종교를 가진 사람이거나 아니거나 한 사람의 인간으로서 자신과 인생에 대하여 막연하게나마 물어보고, 따져 보고, 고민해 보는 계기를 하나의 종교적 계기라고 넓게 생각해 보았다. 그래서 종교를 "인생에 관한 질문에 대한 해답의 모색과 일련의 해답"이라는 정의를 내리고, 그러한 질문이 가지는 특수성이 있다는 것도 고찰해 보았다. '인생에 관한 질문'은 얄팍하고 일상적인 것이기보다는 깊이가 있고 진지하고 그리고 궁극적인 것들이라는 점을 느꼈다. 하찮은 호기심에서 나온 임시적인 것이 아니라 인생을 꿰뚫는, 인생의 밑바닥에 깔려 있는 진수(眞髓)를 파악해 보려는 끊임없는 고민이라는 것이다.

이러한 질문 과정에서 얻어지는 해답은 인간이 처한 역사적 정황에 따라 각기 다른 형태의 종교로서 굳혀져서 '교리(教理)'가 생기고, 그 가르침을 담은 '경전(經典)'이 발전하고, 그 경전을 중심으로 하는 생활과 사회 공동체와 의식(儀式)과 문화가 발생하는 것이다. 이렇게 인생에 대한 물음과 해답이 '종교화(宗教化)' 되어 온 역사적인 과정을 연구하는 것은 흥미로운 일이고, 그러한 것을 연구하는 학문을 '종교사학(宗教史學)'이라고 부르기도 한다. 이제부터 우리가 다루고자 하는 것은 인생에 관한 물음과 그 물음에 대한 종교적인 해답이 어떤 것인가 하는 것을 그 물음의 종류에 따라 세계적 종교들의 해답을 살펴보는 일이다.

이에 앞서 우리가 반드시 살펴야 할 것은 인생의 물음에 대한 질문과 이에 대한 해답을 하는 데 사용하는 언어의 특이한 점들이다. 이 책의 제1장에서부터 여태까지 종교의 기능을 논의해 오면서 사용한 말들 가운데 일상적으로 사용하는 말이 아닌 것들이 많았다. 특히 '초월(超越)'이라는 말, '신비'라는 말들을 스스럼없이 사용하였다. 종교에서 초월이라든지 신비라는 말을 사용할 때 그 뜻을 명확하게 파악할 수 있을까? 그러한 말들의 뜻이 무엇인가? 아는 것 같지만 사실 모를 것 같고, 분명한 것 같으면서도 따지고 보면 모호한 말들을 종교에서는 사용하고 있다. 종교에서 사용하는 언어들이 모호한 이유는 무엇인가? 그보다 먼저 종교적 언어들이 모호하다고 하는 기준이 무엇인가? 종교적 언어가 보통 말보다 특이하다는 이유가 어디 있는가? 이런 문제를 파악하는 것은 종교적 언어의 특수성을 이해하는 것이며, 또한 그것은 바로 종교의 본질을 파악하는 것이 될 수 있다.

종교적 언어의 허구성

종교적 언어를 논할 때 가장 중요한 문제로 논란이 되는 것은 종교적 언어는 객관적 사실을 말하는 것인가 하는 문제이다. 이 문제에 대하여 가장 도전적이며 부정적인 입장을 취하는 철학자들은, 종교적 언어는 객관적 사실을 말하지 않으며, 따라서 의미가 없는 말이라고 단정한다. 그러니까 '신비'라든지 '초월'이라는 말도 역시 어떤 객관적인 사실이나 사건을 묘사하거나 서술한 것이 아니고, 따라서 의미가 없는 난센스라는 것이다. 신비라는 말은 고작해야 '모른다'는 것을 말할 뿐, 신비라는 사실이나 존재를 입증할 수 없는 한 그 말의 값어치가 없다는 것이다.

이러한 부정적인 입장을 취하는 철학자들은 18세기 영국의 흄(David Hume, 1711~1776)을 비롯한 현대의 실증주의 철학자들이다. 실증주의 언어철학자들이 하는 일은 의미 있는 말과 그렇지 못한 무의미한 말을 가려내는 기준을 정하는 것이다. 실증주의자들이 말하는 '의미 있는 언어'의 한계는 인간이 '안다고 주장할 수 있는' 인식과 지식의 한계와 일치한다. 의미 있는 언어는 곧 인간이 안다고 주장할 수 있는 말, 그 한계 안에 있다는 것이다. 그런데 인간이 안다고 주장할 수 있는 지식의 한계는 인간이 경험을 통하여 인식할 수 있는 것으로 정하기 때문에, 결국 실증주의자들에 따르면 경험을 통하여 실증할 수 없는 말은 무의미하다는 것이다.

인간이 경험을 통하여 얻는 지식이라는 것은 인간의 감각 기능을 통하여 인지되는 것을 말한다. 손으로 만져 보고 냄새 맡을 수 있는 것들, 혹은 실험 기구를 통하여 확인할 수 있는 것들 아니고는 확실히 안다고 할 수 없다는 경험론적 인식론이 전제되고 있다. 이러한 전제 아래, 실증될 수 있는 것을 사실이라고 하고, 사실이 아닌 것에 대한 말은 무의미하다는 것이다. 좀 더 전문적인 표현으로, "어떤 발언(statement)의 의미는 그 실증의 방법이다"[1]라는 이른바 의미론의 대원칙을 정한다.

이 밖에도 여러 모양으로 실증주의적 의미론의 원칙을 제시하고, 이것을 놓고 많은 논란을 벌이고 있다. 어떻든 이 원칙에서 주목하여야 할 것은 '실증'이라는 것은 실증의 '가능성'을 말하는 것이며 실증의 결과를 말하는 것이 아니라는 것이다. 실증할 수 있는 조건들이 무엇이냐 하는 것을 제시할 수 있어야 그 발언은 의미가 있다는 것이다.

그러니까 과학적인 실증의 방법을 제시할 수 없는 언어들은 모두 무의미하다는 것이다. 흄과 같은 철학자는 수학이나 논리학에서 사용하는 언어와 경험적으로 실증될 수 있는 언어 이외에는 모두 무의미하다고 하였다. 형이상학에서 쓰는 말들인 '실체', '우주', '영혼', '영원', '초월', '신비', '신' 같은 말은 모두 무의미하며, 그런 말들을 논하는 책들은 모두 불태워 버리라고 할 정도로 극단적이었다.[2] 현대 실증주의자들은 종교적 언어를 단적으로 거부할 뿐만 아니라 윤리학에서 사용하는 말 역시 무의미하다고 주장하기에 이르렀다. 과학적으로 실증할 수 있는 내용의 말들만이 '사실적 의미'를 지니며, 그런 말들을 서술적 언어라고 하고 사실적 의미가 없는 말들, 이른바 무의미한 말들을 가치적 언어라고 한다.

실증주의적 의미론이 지나치게 극단적이라고 하여 약화시켰다고 하는 원칙으로서 '반증(反證)'의 방법이 제시되었다. '반증의 방법'이란 어떤 발언이 의미가 있으려면 그 발언이 반증될 만한 조건을 제시하여야 한다는 원칙이다. 다시 말하면, 의미 있는 발언은 반증이 될 수 있는 방법을 전제로 한 발언이어야 한다는 것이다. 가령, "달나라에서는 물

1 Alfred J. Ayer, *Language, Truth, and Logic* (New York: Dover Publications, 1936), p. 3.

2 David Hume, *An Inquiry Concerning Human Understanding*의 마지막 말.

이 월면(月面) 50미터 밑에서 나온다"라는 말이 의미 있는 말이라면, 우주인이 월면 50미터 밑을 실제로 파 보아도 물이 안 나오면 취소한다는 논리적 약속이 되어 있어야 한다. 이러한 반증의 조건이 제시될 때에만 그 발언은 뜻이 있다는 것이 '반증의 원칙'이다.

이 반증의 방법을 종교적 언어에 적용시킬 때에 어떤 결과를 가져올 것인가? 신에 관한 언어, 특히 신이 존재한다는 발언은 반증될 수 있으며, 따라서 논리적인 근거가 있으며 의미 있는 말인가 하는 근본적인 질문을 플류(Antony Flew) 교수는 옥스퍼드대학교의 철학가(哲學街)에 던졌다.[3] 플류 교수는 케임브리지의 위스덤(John Wisdom) 교수의 흥미있는 비유를 인용하여 종교적 언어의 무의미성을 주장한다.

옛날 탐험가 두 사람이 깊은 산 속에 들어갔는데, 한 고지에 이르렀을 때 숲이 깨끗하게 개간되어 잡초가 하나도 없는 야채밭과 화원을 발견한다. 거기에는 우거진 산림 속에서는 보기 드문 꽃들이 만발하였는가 하면, 신선한 야채도 가꾸어져 있었는데 인가는 물론 일하는 농부도 눈에 띄지 않았다. 두 탐험가 중 한 사람은 이 광경을 보고 농부가 어디엔가 있을 것이라고 주장하는데, 다른 한 사람은 그런 농부는 없다고 반박한다. 서로 논쟁을 벌이다가 그 화원 옆에 천막을 치고 농부의 존재 여부를 밝히기로 하였다. 그러나 농부는커녕 화원을 해치는 야수만 나타나서 가끔 피해를 보는데도 농부의 존재를 믿는 친구는 자신의 신념을 포기하지 않는다.

그래서 농부의 존재를 믿지 않는 친구는 그의 신념을 반증해 보려고,

3 "Theory and Falsification: from the University Discussion," in *New Essays in Philosophical Theology*, ed. Antony Flew and Alassdair MacIntyre (London: SCM Press, 1955), pp. 96ff.

철조망을 화원 둘레에 치고 전기까지 통하게 하고 기다렸는데 아무것도 철조망에 걸리지 않았다. 그래도 농부의 존재를 의심하지 않는 친구는 "그 농부는 눈으로 볼 수도 없고, 전기에도 닿지 않는다"고 우기는 바람에 훈련받은 사냥개까지 동원시켜 그 눈에 보이지 않는 농부의 냄새라도 맡을까 싶어서 화원을 지키게 하였으나 아무 효력이 없었다.

결국 농부의 존재를 끝까지 믿는 친구는 "그 농부는 눈에도 보이지 않을뿐더러, 모양도 없고, 소리도 냄새도 없으며, 전기에도 닿지 않는 신비로운 존재이다"라고 우겨댄다. 농부의 존재를 믿는 그 친구의 신념을 반증하려는 불신자는 어떠한 조건을 제시해도 농부의 존재를 부정하지 않는 그 친구의 말은 난센스이고 '존재'라는 말을 사용할 줄 모른다고 결론을 내린다. 그래서 "그렇다면 눈에 보이지 않는 농부가 존재한다는 말과 그 농부는 존재하지 않는다는 말이 어떻게 다르냐?"고 반문한다. "눈에 보이지 않고, 냄새도 맡을 수 없고, 전기에 닿지도 않는 농부가 존재"한다는 말은 결국 그 농부는 "존재하지 않는다"는 말과 같은 말이며, 농부의 존재에 대하여 반증을 끝까지 허용하지 않는다면 어떠한 농부든지간에 그 농부에 대한 말은 무의미하다는 것이다.

플류 교수는 이러한 비유를 들고 종교적인 언어, 특히 '신'에 관한 언어 역시 어떠한 반증도 허용하지 않는다고 한다. 가령 "신은 인간을 인간의 아버지가 자녀들을 사랑하는 것처럼 사랑한다"는 종교적인 말을 반증하려고 해도 그것은 허용되지 않으며 따라서 불가능하고 무의미하다는 것이다. 암에 걸린 아들을 간호하는 아버지의 사랑은 이해할 수 있지만, 신이 그 아버지만큼 그 아들을 사랑한다는 것은 이해하기 어려운데 그것은 암으로 죽은 아들의 아버지에게 신의 사랑을 반증하려 할 때 신의 사랑을 믿는 아버지는 아들의 죽음을 '반증의 조건'으로 받아들이지 않기 때문이라는 것이다. "무슨 뜻이 있어서……" 하면서 몇 번이라도 신의 사랑의 양상을 '변형'시키고 '확대'시킨다는 것이다. 그래서 결국 "신은 사랑이다"라는 종교적 언어는 사실적 의미가 없어지고 무의미해진다는 것이다.

종교적 언어의 의미

종교적 언어가 특이하다는 것은 바로 사실(事實)을 말하는 언어가 아니라는 데 있다. 실증주의자들에 따르면 사실을 서술하는 말이 아니기 때문에 종교적 언어는 무의미하다는 것이다.

그러나 종교인들 가운데는 종교적 언어는 '사실'을 말하는 것이 아니라는 것을 부정하는 사람들이 있다. 가령 "신이 존재한다"는 발언 역시 실증될 수 있다고 하는 철학자들이 있다. 다만 그 이론이나 실증의 방법이 매우 전문적이고 복잡하다.[4] 또한 '사실'이라는 것을 과학적으로 실증할 수 있는 것만으로 국한한다는 것은 부당하다고 하는 사람도 있다. 사실의 영역을 좀 더 포괄적으로 생각하고, 또한 의미 있는 말의 영역을 넓혀야 한다고 하기도 한다. 이러한 생각도 일리가 없지는 않지만 사실의 한계가 어느 정도 있어야만 진(眞)과 위(僞)를 가려낼 수 있고 참말과 거짓말을 분간할 수 있을 터인데, 그러한 한계를 정하는 기준이 없어지면 곤란한 것이다. 실증주의자들이 정해 놓은 사실의 한계가 너무 좁다면 다른 한계를 제시해야 할 터이지만, 아직 그러한 한계를 분명히 내

4 John Hick, *Philosophy of Religion* (Englewood-Cliffs, N.J.: Prentice Hall, 1963), pp. 98ff.

놓지 못하고 있는 셈이다.

그런데 문제는 '사실'을 서술하는 '과학적 문장'만이 의미가 있다는 데에 있다. '사실'의 한계를 정하는 것과 '의미'의 한계를 정하는 것은 별개의 것일 수 있지 않느냐 하는 이론이 생겨났다. 실증주의자들 가운데 자신들의 협소한 의미론을 비판하고 나선 철학자들이 있다.[5] 이런 철학자들은 발언의 의미를 실증할 수 있느냐 없느냐에만 둘 것이 아니라 그 증언의 용도 혹은 기능에 두어야 한다고 주장한다. 어떠한 말이 사실을 말하느냐 아니냐 하는 것으로 의미가 있다 없다 결정되는 것이 아니라, 그 말이 무슨 기능을 하고 있느냐에 따라 결정된다는 것이다. 그러니까 실증될 수 있는 사실을 말하는 것이 아니더라도, 다른 어떤 기능을 성취하는 것이면 그 나름대로의 의미가 있다는 것이다.

이러한 의미론을 종교적 언어에 적용시켜 보자. 종교적 언어의 특수성 혹은 특이성은 이른바 과학적 사실을 말하는 것이 아니라고 시인을 한다 해도, 종교적 언어가 가지는 독특한 기능으로 해서 그 의미를 주장할 수 있다는 것이다. 간단히 말하면, 종교적 언어가 사실을 말하는 것이 아니라고 해서 결코 무의미하지 않다는 말이다. 다만 종교적 언어가 갖는 특이한 기능이 무엇이며, 종교적 언어의 그 나름대로의 논리적인 구조와 의미를 분석하고 검토하면 된다는 것이다. 종교적 발언의 특이한 기능이 무엇인가? 종교적 발언이 어떤 '과학적 사실'을 말하는 것이 아니라는 것을 전제한다면 그 특이한 점은 어떤 것인가? 앞에서 소개한 옥스퍼드대학교 플류 교수의 실증주의적 도전에 대하여, 같은 대학교의

5 Ludwig Wittgenstein, *Philosophical Investigation* (New York: The Macmillan Company, 1953), pp. 20ff.

유명한 윤리학자 헤어(Richard M. Hare) 교수는 종교적 발언이 어떤 실증될 수 있는 사실을 말하는 것이 아니라는 것을 전제로 하고, 종교적 발언의 특이한 점을 지적한다.

헤어 교수에 의하면 종교적 발언은 블릭(Blik)과 같은 것이라고 한다.[6] 블릭이란 개념은 소개만 되었을 뿐 아직 그 정체를 파악하지 못하고 있다. 헤어는 다음의 예를 들어 블릭의 개념을 설명한다. 그 첫째는, 머리가 좀 이상해진 대학생이 자기 대학의 교수들이 모두 자기를 암살하려는 음모를 꾸미고 있다고 믿는다. 그래서, 아무리 인상 좋고 부드러운 교수를 지적해도 이 대학생은 막무가내다. "그 교수는 겉으로 보기엔 마음이 좋게 보이지만 사실 암살의 흉계를 꾸미고 있는 것은 마찬가지야"라며 자기 소신을 굽히지 않는다. 바로 이러한 소신을 헤어는 '블릭'이라고 부르고 있다. 이 밖에도 블릭의 예를 더 들고 있지만, 헤어가 말하는 블릭의 특징은 다음 몇 가지로 말할 수 있겠다.

첫째, 블릭은 반증을 허용하지 않는다. 암살을 시도하지 않는다는 증거를 아무리 보여 주어도 받아들여지지 않는다. 블릭은 반증을 허용하지 않는 언어로서 사실을 말하는 말이 아니며 따라서 무의미한 것이다.

둘째, 블릭은 세상에 대하여 가지는 개인의 마음가짐 혹은 태도이다. 그리고 이 태도는 인생의 양상을 좌우하는 것이다. "하늘이 무너져도 솟아날 구멍이 있다"는 블릭은 인생을 사는 태도와 방식을 달리한다는 말이다. "하느님이 존재하시며 하느님은 정의의 하느님이다" 하는 말을 블릭이라고 할 때 그것은 인간과 사회에 대하는 태도와 마음가짐을 표

6 헤어는 플류와의 옥스퍼드대학교 토론(Oxford University Discussion)에서 이 말을 만들어 냈다. Flew, *New Essays*, pp. 99ff. 참조.

현하는 것으로 보아야 한다는 것이다.

셋째, 그러므로 블릭의 말은 어떤 객관적인 사실을 말하는 말이 아니라 발언자의 태도와 주관적인 느낌과 삶에 대한 의지를 표명하는 데 쓰이는 말이라는 것이다. 그리고 자기가 하는 말에 대한 결단과 결심, 언명(commitment)을 표시한다는 것이다.

간단히 말해서, 헤어 교수의 블릭 이론에 따르면 종교적인 발언은 말하는 사람의 종교적 감정을 표시하는 것이라는 것이다. 그러니까 종교적 발언은 의미가 없는 것이 아니라 그 나름대로의 값이 있으며, 종교적 발언에서 행해지는 감정의 표현은 말하는 사람뿐만 아니라 듣는 사람의 태도와 행동에 영향을 주는 것만큼 의미가 있다는 것이다. 헤어 교수와 같은 입장에서 종교적 언어의 기능을 사실 서술에 두지 않고 정의적(情意的) 표현에 두고 분석한 사람으로 컬럼비아대학교의 랜달(John H. Randall, Jr.) 교수가 있다. 그는 종교적 발단에는 다음 네 가지 기능이 있다고 한다.[7]

종교적 언어의 첫째 기능은 감정을 불러일으키고 듣는 사람들로 하여금 어떤 행동을 하도록 한다는 것이다. 옳다고 생각하는 소신에 따라 행동할 수 있는 결심과 결단의 표명일 뿐만 아니라 실생활에서 그러한 결단을 불러일으키는 기능을 갖고 있다는 것이다. 둘째 기능은 그 종교적 발언이 행해지는 공동 사회의 단결과 단합을 형성할 수 있으며, 이로써 어떤 사회적인 행동을 가능하게 한다는 것이다. 종교적 언어의 세 번째 특이성은 일상 사용되는 말로써 표현할 수 없는 깊은 차원의 인간 경험

7 John H. Randall, Jr., *The Role of Knowledge in Western Religion* (Boston: Beacon Press, 1958).

을 묘사하고 표현할 수 있으며, 그것을 다른 사람에게 알리고 이해시킬 수 있다는 것이다. 그리고 네 번째로 종교적 언어는 '신비'와 '초월'의 세계라고 불리는 차원을 밝혀 주고 분명히 함으로써 이에 대한 소신을 굳히는 역할을 다한다는 것이다.

랜달 교수가 말하는 종교적 언어의 특수한 기능 네 가지 가운데 첫 번째, 두 번째 기능과 세 번째와 네 번째를 따로 떼어놓고 생각해야 할 것 같다. 첫 번째 기능, 즉 종교적 언어는 종교적 감정과 행동을 불러일으키는 역할을 한다는 점은 앞에서 논의한 헤어 교수의 의견과 비슷한 점이 있다. 랜달 교수나 헤어 교수가 말하는 종교적 언어의 기능은 윤리적 신념과 행동을 자극시킨다는 데 일치점이 있다. 그런데 랜달 교수는 진일보하여 종교적 언어의 사회적 기능을 그 둘째 기능으로 보고 있다. 이 점은 앞 장(제3장)에서 논의한 사회학자 뒤르켐의 종교의 사회적 기능과 일맥 상통하는 점이다. 랜달 교수의 두 가지 기능을 합쳐서 '개인 윤리와 사회 도덕의 기능'으로 보아서 옳을 것 같다.

종교적 언어의 특이성을 윤리적이며 도덕적인 기능에 두고 있는 것은 현대 철학자들이 가지는 아주 중요한 공통점이라고 하겠다. 헤어나 랜달의 생각을 좀 더 명료하게 말하면서 종교적 언어는 도덕적 발언과 같다는 것을 밝힌 사람으로 케임브리지대학교의 브레잇웨이트(R.B. Braithwaite) 교수가 있다. 그는 종교적 언어의 기능은 역시 근본적으로 윤리적 기능을 가지고 있다고 주장한다.[8]

그러면 윤리적 발언이 하는 일은 무엇인가? 윤리적 발언은 말하는 사

8 R.B. Braithwaite, *An Empiricist's View of the Nature of Religious Belief* (Cambridge: Cambridge University Press, 1955).

람의 행동 강령을 표명하는 기능을 가지고 있다는 것이 브레잇웨이트 교수의 주장이다. 윤리적 발언이 표명하는 것은 "……그 발언이 밝히는 바 행동을 수행하겠다는 의도를 말하는 것이며 …… 말하는 사람이 이렇게이렇게 하여야 한다는 것은 그 말을 통하여 가능한 한 말한 대로 행동하겠다는 결심을 선포하는 것"[9]이라고 한다. 그리고 윤리적 발언을 통하여 말하는 사람만 그렇게 하겠다는 것이 아니라 남에게도 같은 결심과 행동을 촉구하는 것이라고 한다. 종교적 발언 역시 인생의 생활 강령이나 행동 정책을 표명하고 권유하는 논리적 기능을 가지고 있다는 것이다. 가령 크리스천이 말하기를 "하느님은 사랑이다"라고 할 때 그 말의 뜻은 "사람다운 생활을 하겠다"는 생활 강령과 그렇게 살려는 의지를 표명하는 것으로 받아들여야 한다는 것이다.[10]

그러므로 브레잇웨이트 교수는 분명하게 종교적 언어를 정의적(情意的)인 표현으로 규정하고 그 윤리적 기능을 명시하고 있다. 종교적 언어는 감정과 태도의 표시뿐만이 아니라, 의도적이며 의지적인 행동 정책에의 결심과 결단을 하는 것이라고 말하고 있다. 그런데 문제는 종교적 언어를 윤리적인 언어로 환원시킬 수 있겠느냐 하는 것이다. 종교적인 언어는 모두 윤리적인 기능을 가지고 있다는 것은 종교적인 언어의 특이성을 잃어버리는 것이 되지 않겠는가 하는 것이 된다. 그리고 어떠한 종교도 모두 같은 것이라는 너무 막연한 말이 되지 않느냐 하는 문제도 있다. 이러한 문제에 대한 브레잇웨이트 교수의 해결책은 종교와 윤리가 다른 점은 종교는 종교마다 다른 '이야기', 각기 특유한 신화와 비유

9 앞의 책, pp. 12-4.
10 앞의 책, p. 18.

가 있다는 것을 지적한다.[11] 결국 이러한 해답은 종교적 언어는 윤리적 기능을 가지고 있지만, 종교적 언어의 특이성은 그 윤리적 기능이 아니라 바로 신화나 비유 같은 '상징적' 이야기라는 점일 것이다.

다음 장에서 종교적 언어는 상징적이라는 특수성을 가졌다는 점을 상세히 검토하겠다. 그러나 여기서 주목해야 할 것은 앞에서 제시한 랜달 교수의 세 번째와 네 번째의 특징이 바로 브레잇웨이트 교수가 제시하는 종교적 언어의 기능 즉 신화적 기능과 일치한다는 점이다. 종교적 언어는 어떤 생활 태도나 행동 강령을 표현하며 사회에 권유하는 기능을 가지지만, 그 결심과 권유의 근거로서 종교적 '상징' '이야기들'이 있다는 것이다. 그리고 그 언어는 사실을 말하는 것이 아니지만 인간의 경험에서 우러나온 것이며, 인간의 일상적인 말로써 표현할 수 없는 것을 표현해 보고 밝혀 보려는 것으로 이해해야 한다는 것이다. 종교적 언어의 특수성을 밝히는 것은 바로 종교적 상징과 신화와 종교적 이야기들의 특징을 밝히는 것이 될 것이다.

11 앞의 책, p. 32.

종교적 상징과 신화 제7장

"인간의 궁극적 관심은 상징적으로 표현할 수밖에 없다. 왜냐하면 상징적 언어만이 궁극적인 것을 표현할 수 있기 때문이다"라고 신학자 틸리히는 말한 바 있다.[1] 바로 앞 장(제6장)에서 종교적 내용을 말하는 이른바 종교적 언어는 그 나름대로의 특이성을 가지고 그 나름대로의 독특한 논리로써 특수한 기능을 수행함으로써 그 의미를 가지고 있다는 것을 밝혀 보았다. 종교적 언어는 '사실(事實)'을 말하는 경험론적이거나 과학적인 언어가 아니라 인간의 종교적 감정을 표현하며 자신과 타인들로 하여금 어떤 행동을 불러일으키는 정의적(情意的) 표현을 하는 기능을 갖고 있다는 것이 현대 경험주의적 실증론자들의 생각이라고 하였다. 그리고 종교적 언어의 특수한 기능으로서는 어떤 윤리적 행동을 불러일으키는 약속 혹은 결심과 결단의 의지를 말하는 언명을 한다고

1 Paul J. Tillich, *Dynamics of Faith* (New York: Harper & Row, 1957), p. 41.

분석한다. 그러나 종교적 언어가 윤리적 언어와 분리되어 종교적 언어의 특수성을 가지는 것은 역시 종교적 언어는 독특한 신화, 이야기 그리고 상징들을 가지고 있다는 것이다.

틸리히는 단적으로 말해서 종교적 언어는 상징적이라고 한다. 이보다 앞서 그는 현대 실증주의자들이 말하는 의미 있는 언어의 한계를 이른바 '실증할 수 있는 사실'을 묘사한 데 둔 것을 비판한다. 종교적 언어 역시 '사실'을 말하고 있다는 것이다. 다만 종교에서 말하는 사실이 실증주의자들이 규정해 놓은 좁은 의미의 사실이 아닐 뿐이라는 것이다. 실증주의자들이 무의미하다고 던져 버리는 말 가운데 인생의 풍요함이 있다는 것을 무시할 수 없다는 것이다. 실증주의의 의미론은 "인생의 대부분을 제외시키고 있다"고 틸리히는 말하면서 "의미론은 논리적 계산을 넘어서 펴져 있는 실재에 대해서도 논할 수 있어야 한다"[2]고 한다. 사실과 실재를 한 가지 차원에서만 볼 것이 아니라 여러 가지 차원에서 볼 수 있다는 것이다. 따라서 사실을 말하는 언어의 차원도 다양하다는 것이다. 종교에서 사용하는 언어의 차원은 신비와 초월의 차원이며 인간의 궁극적 관심사이다.

이 점에 대하여 컬럼비아대학교의 랜달 교수도 동의하고 있다. 즉 그는 종교적 언어의 셋째 기능은 앞 장에서 소개한 대로 일상 사용되는 말로써 표현할 수 없는 깊은 차원의 인간 경험을 묘사하고 표현하고 있으며, 그것을 다른 사람에게 알리고 이해시킬 수 있다는 것이다. 틸리히에 의하면 그러한 일을 수행하는 종교적 언어는 상징적일 수밖에 없으

2 Tillich, "The Nature of Religious Language," *Theology of Culture* (New York: Oxford University Press, 1964), p. 53.

며, 그 차원이 신비의 초월, 궁극적인 인간 차원일 때 이것을 이름하여 신(神)이라고 할 때, 신이라는 말은 하나의 상징적인 언어라는 것이다. 틸리히는 종교적 차원을 '존재 자체(being-itself)'라고 하고 이것을 가리키는 상징으로 '신'이라는 말이 사용된다고 한다. 이것이 랜달 교수가 말하는 종교적 언어의 세 번째 기능이라고 할 것이다. 즉 종교적 언어는 '신비'와 '초월'의 세계라고 불리는 차원, 즉 신을 말하고 그 차원을 밝혀 주고 분명히 함으로써 이에 대한 소신을 굳히는 역할을 한다는 것이다.

상징과 상징적 언어

틸리히 교수는 상징적 언어의 특징을 분석하면서 언어는 모두 상징적이라는 면을 먼저 생각하고, 상징적 언어가 아닌 것들을 일괄하여 '기호(記號)'라고 하는 것 같다. 틸리히에 의하면, 기호와 상징이 가지는 공통점은 기호와 상징이 모두 무엇인가 다른 대상물을 가리키고 있다는 것이다. '연필'이라는 말은 이 말 자체를 넘어서 어떤 물체를 '가리키거나' '두고' 하는 말이다. 신호등의 빨간 빛깔은 자동차가 일시적으로 정지하라는 신호이다. 빨간 빛깔과 자동차의 정지 사이에는 사실 아무런 관계가 없지만, 규칙을 그렇게 정함으로써 관례상 빨간 빛깔은 자동차의 정지를 지시하게 된다는 것이다. 신호등의 빨간 빛깔은 정지의 기호 혹은 신호이다. 빨간 빛깔 자체가 하나의 신호가 될 때 그것은 그 자체를 넘어선 어떤 사물과 사건을 제시하고 지적하고 명령한다.

그러한 역할과 기능은 약속이나 관습이나 관례 혹은 규칙과 법규에 의하여 제정된다. 신호와 상징이 공통되는 점은 그 기능이 그 자체 이외의 것을 제시하거나 가리키거나 머리에 두고 있다는 점이라는 것이다. 그러나 틸리히에 따르면, 신호와 상징이 각기 다른 점은 신호나 기호는 약속이나 관례에 의하여 제정되며 따라서 인위적이고 조작적인 데 반하여, 상징은 그것이 가리키는 것(사건이나 사물)에 '참여한다'는 것이다.

그리하여 상징 혹은 심벌(symbol)의 특징은 첫째 기호와 마찬가지로 상징은 무엇인가 다른 것을 지적하거나 제시하는 역할을 하며, 둘째 상징은 기호와는 달리 상징이 가리키는 그것에 참여한다는 것이다. 가령 국기(國旗)는 그것이 대표하는 국가의 권위와 힘에 참여한다는 것이다. 국기에 대하여 경의를 표시하는 것은 그 국기가 참여하는 국가에 대한 경의라는 것이다. 그리고 국기에 대한 공격은 그 국기가 참여하는 국가의 권위에 대한 도전이며 모독으로 안다. 그러므로 국기는 쉽사리 바뀌지 않는다. 국기로써 상징되는 국가의 존재가 멸망하기까지 국기는 그것이 상징하는 국가에 참여하는 것이다. 그러므로, 상징은 그것이 지적하고 대표하는 것의 일부가 된다는 것이다.

셋째로 틸리히가 제시하는 상징의 특징은 기호나 신호처럼 의도적인 약속이나 관례상 만들어지는 것이 아니라는 것이다. 상징들은 개인과 사회 집단의 저의식(底意識) 혹은 심층 의식(深層意識)에서 발생한다고 한다. 그리고 상징은 인간 실재의 깊은 차원에서 저의식적으로 받아들여지는 것이 아니고서는 그 기능을 다할 수 없다고 한다. 틸리히는 '상징의 출산지'는 어디냐고 묻고, "심벌은 '집단 의식' 혹은 '공동체 의식'이라는 어머니 뱃속에서 키워진다"[3]고 한다.

하나의 사회 집단이 무의식적으로 동의하고 참여하기 전에는 그 심벌

3 Tillich, "The Nature Religious Language," 앞의 책, p. 58.

이 그 의미를 가질 수 없는 것이다. 그러므로 심벌은 마음대로 의도하는 대로 조작될 수 없다는 것이다. 개인의 심층 의식 속에, 그리고 사회 집단의 저변 의식 속에 살아 있는 것이 되어야 한다. 살아 있는 생명체처럼 심벌은 개인과 집단 의식 속에 살다가 죽기도 한다. 어떤 역사적 정황 속에서 하나의 상징은 살아 있다가도 정황이 바뀌면 죽어 버린다. 상징이라는 것은 사람들이 원한다고 해서 만들어지고 성장하는 것이 아니며, 상징이 비과학적이고 비현실적이라고 해서 죽어 버리는 것도 아니라는 것이다. 상징은 사람들이 가지는 참으로 깊은 뜻을 지적해 주고 대표해 줄 때 뜻을 가지고 성장하지만, 사람들이 아무런 반응을 일으키지 않을 때에는 생명을 잃어 버리는 것이다. 그 상징은 아무것도 말하지 못하며 아무것도 지적하지 못한다. 하나의 상징이 생산력을 가지고 있다는 것은 그 상징이 대표하고 참여하는 실재가 살아 있다는 것을 뜻한다. 그리고 그것은 개인과 집단의 깊은 의식 속에서 체험되는 것이며, 따라서 뜻이 있다는 것이다.[4]

틸리히는 상징의 한층 특이하고 적극적인 기능으로서 상징의 창조적 역할을 제시하고 있다. 상징의 기능은 이미 존재하는 어떤 것이나 의미를 지적하고 제시하고 대표할 뿐만이 아니라는 것이다. 상징의 넷째 특징은 "실재의 좀 더 깊은 다른 차원을 개방한다"[5]는 것이다. 우리에게 닫혀 있는 실재의 좀 더 깊은 차원을 심벌이 열어 준다는 것이다. 심벌은 마치 인간의 눈을 뜨게 하여 인생과 우주의 새로운, 좀 더 깊은 차원을 보게 한다는 뜻이다. "모든 예술이 하는 일이란 실재의 차원을 위하

4 Tillich, *Dynamics of Faith*, p. 42 ; "The Nature Religious Language," 앞의 책, p. 58.
5 Tillich, *Dynamics of Faith*, p. 42.

여 심벌을 창작하는 일이다. …… 과학적으로나 보통 방법으로는 미칠 수 없는 실재의 국면을 그림이나 시로 표현하고 드러내 보인다. 창조적인 예술이 아니고서는 우리에게 감추어진 차원에 놓여져 있는 실재와 만날 수 있는 길이 없다."[6] 예술가의 '마음의 눈'은 실재의 깊고 참된 차원을 보고 그것을 표현해 내는 것이 예술가의 작품이며 그 작품은 하나의 상징적인 언어로서 보는 사람으로 하여금 예술가와 함께 실재의 깊은 차원을 보고 느끼게 한다는 것이다.

그리고 상징의 다섯째 기능은 우리 영혼의 깊은 차원과 국면을 열어 놓는다는 것이다.[7] 인간에게는 상징이 아니고서는 도저히 표현할 수 없는 차원이 있기 때문이라는 것이다. 음악에서 멜로디나 리듬으로밖에는 음의 실재를 표현할 수 없듯이, 인간 영혼의 깊은 차원은 예술적인 상징으로 표현할 수밖에 없다는 것이다. 위대한 희곡들은 인생의 여러 차원을 적나라하게 표현함으로써 새로운 이해와 비전을 주지만, 또 한편 일상 속에 묻혀 버린 감추어진 인생의 깊은 국면들을 개방하여 드러내 보이고 느끼게 한다. 인간 영혼의 깊은 차원은 상징적인 언어가 아니고서는 표현할 수 없으며, 사실 인간 영혼의 차원을 비상징적으로 표현했다면 그것은 인간 영혼의 차원 아닌 것을 표현한 것이 될 것이다.

틸리히에 따르면, 인간의 궁극적인 관심을 표현하는 길은 상징적일 수밖에 없다. 그리고 종교적 상징은 위에 열거한 특징과 기능을 가진다. 오히려 종교적 상징들이야말로 모든 상징들의 진수라 할 것이다. 첫째 종교적 상징은 다른 기호나 신호 혹은 상징들과 마찬가지로 자체 이외

6 앞의 책, p. 42.
7 앞의 책, p. 42.

의 어떤 사실이나 실재를 지적하고 대표한다. 그리고 둘째로 종교적 상징 역시 그것이 대표하는 힘에 참여한다. 종교적 상징이 대표하며 또한 참여하는 것이 무엇인가? 틸리히는 곧 인간의 궁극적인 관심을 말한다. 즉 인간의 궁극적 관심은 상징적으로밖에 표현될 수 없다는 것이다. 인간 영혼의 궁극적 관심은 보통 사용하는 말로써는 도저히 표현할 수 없다고 한다.

"우리가 궁극적으로 가지는 것에 대하여 무엇을 말하든지—그것을 신이라고 부르든지 아니든지—그 말은 상징적이다. 그 말은 어떤 다른 차원을 지적하고 있으며 그것이 가리키는 차원의 일부인 것이다. 신앙을 적절히 표현할 수 있는 길은 따로 없다. 신앙의 언어는 상징의 언어이다"[8]라고 틸리히는 말한다. 틸리히는 궁극적인 관심의 대상과 내용을 글자 그대로 비상징적으로 표현될 수 있는 문장은 "신은 존재 그 자체이다(God is being-itself)"라는 것밖에 없으며, 그 밖의 문장은 모두 상징적이라는 것이다. "신은 선하시다" "신은 거룩하시다" "신은 사랑이시다" "신은 우주와 인간을 창조하셨다" 등의 이른바 신학적 발언은 모두 상징적이라는 것이다. 그리고 인간의 궁극적인 관심을 '신'이라고 하든지 혹은 다른 말로 부르든지 그것은 어떤 일시적인 약속이나 관례로 만들어진 것이 아니라 인간의 집단적 역사 속에서 형성되고 성장되어 온 심벌이라는 점에서 종교적 상징은 다른 상징과 같은 특징을 지닌다.

종교적 상징은 또한 다른 상징들과 마찬가지로 인간에게 닫혀진 인생과 우주의 차원을 개방시켜 드러내 보여 준다. 종교적 심벌이 드러내 보여 주는 차원은 실체의 궁극적 차원이다. 실체의 궁극적 차원은 다른 모

8 앞의 책, p. 55.

든 존재와 그 차원의 밑바닥에 깔려 있으며, 그 모든 존재와 차원을 가능하게 하는 근원적 차원이라 하겠다. 근본적이며 저변적이며 그리고 심층적이고 원천적인 차원을 종교적 심벌은 지적하고 드러내어 보여 준다.[9]

종교적 상징이 하나의 상징 역할을 하지 않고 상징이 지적해야 하는 그것 자체가 될 때 이것을 우상화(偶像化)라고 한다. 종교적 상징이 신성한 실체를 상징하지 않고, 종교적 상징 자체가 신성해질 때 그것을 우상이라고 한다는 것이다. 이러한 말은 종교적 상징이 가리키는 궁극적 실체는 모든 상징을 초월하는 것이라는 것을 표현한다. "참으로 궁극적인 것은 제한된 실존의 영역을 무한히 초월한다. 종교적으로 표현한다면, 신은 사실 자신의 이름을 초월한다"[10]고 틸리히는 말한다. 그리고 초월의 영역을 궁극적 관심의 영역으로 보고 신성한 차원으로 생각한다. 따라서 종교적 상징은 신성을 표시한다는 것이다.[11] 종교적 상징은 신성한 차원을 인생과 우주에서 보고 깨닫게 하며, 그 차원을 인생에 적용시키려는 것이 커다란 목적이므로 상징 그 자체가 신성하며 예배의 대상이 될 수 없다는 것이다.

종교적 상징의 모호성

틸리히의 종교적 상징에 대한 분석에서 가장 흥미있고 중요한 대목은 역시 종교적 상징은 인간의 일상적 언어에서 그리고 일상생활에서 만날

9 Tillich, "The Nature of Religious Language," 앞의 책, p. 59.
10 Tillich, *Dynamics of Faith*, p. 59.
11 Tillich, "The Nature of Religious Language," 앞의 책, p. 59.

수 있는 사물들로 구성된다는 것을 인정하고 있다는 점인 것 같다. 우리 인간의 궁극적 관심―인간 자신에 대한 물음, 인간 사회와 우주에 대한 궁극적인 물음―에 관한 답변들을 인간의 언어로 표현할 때 그것들은 상징적이라고 할 수 있지만 그 상징적 언어라는 것은 우리가 일상 사용하는 익숙한 언어에 불과하다. 신에 관하여 무엇이라고 하든, 가령 신은 사랑이다, 신은 자비롭다, 신은 전지전능하며 무소부재(無所不在)하다느니 하는 말들은 우리가 실제 경험한 내용을 신에게 적용시킨 것이다. 틸리히는 "이러한 것들은 글자 그대로 신에게 직접 적용시킬 수 없다"[12]고 함으로써 종교적 언어의 상징성을 다시 강조한다. 일상 용어를 신을 말하는 데 적용시키는 것은 피할 수 없지만 그것이 전부가 아니라는 것이다. 이러한 점을 틸리히는 다음과 같이 표현한다.

> 신에 관한 구체적인 주장들이 상징적일 수밖에 없다는 것은 의심할 여지가 없다. 왜냐하면 신에 관한 구체적인 주장들은 일상생활에서 얻은 경험의 일부이며, 다만 그 경험을 신을 말하는 데 사용하였기 때문이다. 그 주장들은 일상적 경험을 한편 포함하면서도 또 한편 그 부분의 내용을 초월한다. 신에 관해 구체적으로 말하기 위해 사용된 일상적 경험의 부분은 동시에 긍정되고 또 부정된다. 그리하여 그 주장은 상징적인 주장이 된다. 다시 말하면 상징적 표현은 그 상징이 지적하는 것을 충분히 표현하지 못하기 때문에 부정될 수밖에 없으나, 다른 한편 그 상징이 지적하는 것에 의하여 긍정되는 것은 이 긍정적 근거가 있기 때문에 상징적 표현의 정당성을 얻는 것이다.[13]

12 앞의 책, p. 62.

틸리히의 입장은 종교적 상징 언어를 동시에 긍정하며 부정하여야 한다는 양극적인 것이 특징이다. 상징적 언어를 긍정하는 것은 그것이 궁극적인 관심사를 지적하며 또 거기에 '참여'할 때를 말한다. 그러나 부정하는 것은 종교적 언어를 글자 그대로 받아들일 수 없으며 글자 그대로의 뜻을 부여할 수 없다는 것이다. 왜냐하면 상징적인 언어는 바로 인간의 유한한 경험에서 생겨난 것이기 때문이다.

가령 "신이 나를 벌했다"라는 말은 하나의 종교적인 표현이며, 나의 고통을 궁극적으로 질문하여 얻은 하나의 해답이라고 할 수 있다. 그러나 이 표현은 상징적이라는 것이다. 신이 인간에게 어떤 벌을 가한다는 것은 상징적으로 긍정할 수 있는 것이지, 이 말을 글자 그대로 받아들일 수는 없으며 또 받아들여지지 않는다는 것이다. 신학적인 표현을 빌린다면 이러한 종교적 혹은 상징적인 말을 글자 그대로 받아들인다는 것은 미신에 빠지는 것이며, 결국 틸리히의 말대로 우상을 섬기는 격이 된다고 할 것이다. "신이 나를 벌하신다"는 표현은 인간의 경험에서 나온 말이다. 이러한 점에서 종교적 언어가 전혀 사실과 경험에 관계없다는 것은 속단이라 할 수 있다. "신이 나를 벌하신다"는 말은 "아버지가 나를 벌하셨다"는 데서 그 모델을 찾는다. 아버지가 나에게 벌을 주는 그 인간 경험이 없이는 "신이 나를 벌하신다"는 표현은 무의미할 것이다. 아버지가 나에게 벌을 주는 것이 어떤 것인지 알기 때문에 '신의 벌'이 상징하는 바가 무엇인지 알 수 있다는 것이다.

그러나 '신의 벌'은 인간이 주는 벌과 전혀 같다고 할 수 없다. 그리고 신의 벌에 대한 경험에 입각하여 인간의 벌을 말할 수 없다. 신의 벌은

13 Tillich, *Systematic Theology*, I (Chicago University Press, 1951), p. 239.

어디까지나 인간의 벌의 경험과 그 영역을 '확대'시킨 것이며 '초월'시킨 것이라 할 것이다. 사실상 '신께서 주시는 벌'을 상징적인 말이 아닌 말로 표현할 수가 없다. 신의 벌은 마치 한 사람이 다른 사람에게 주는 벌과 유사하다는 것 이상으로 설명할 수 없다. 왜냐하면 신의 벌을 묘사한다는 것은 불가피하게 상징적일 수밖에 없으며, 신의 벌이란 사람들이 벌 받는 것을 볼 수 있는 것처럼 관찰할 수 있는 성격의 것도 아니기 때문이다. 결국 상징적 · 종교적 표현은 그럴 듯한 면이 있으면서 또 동시에 그렇지 않은 양면을 갖고 있다는 것을 알 수가 있다. 이것은 모든 상징적 언어가 지니고 있는 숙명적인 특징이라 하겠다. 종교적 표현 역시 이러한 숙명을 면할 길이 없다는 것을 시인하여야 한다. 그것은 '신의 벌'은 '아버지의 벌'과 비슷하다고 할 때 한편 그렇다고 긍정하면서도 역시 다른 점이 있다고 부정하는 것이다. 또한 신의 벌을 논하는 것은 적절하면서도 또한 신에게 적절하지 않다는 것을 인정하는 것이다.

이러한 점을 틸리히는 "종교적 상징은 모호하다"[14]는 표현으로 종교적 상징의 숙명적 특징을 말한다. 그리하여, 즉 이 숙명성으로 말미암아 "상징은 어떠한 경험론적 비판도 받을 수 없다"[15]고 한다. 경험론적 비판으로부터 독립되어 있다는 것은, 종교적 상징 언어는 경험론적 비판을 받아 반박된다고 하여 그 상징이 의미를 상실하는 것이 아니라는 말이다. 하나의 종교에서 살아 있는 상징은 그것이 자연과학의 반증이나 역사적 연구와 관계없이 살아 있다는 것을 지적한다. 상징이 그 의미를 상실하는 것은 그것이 과학적으로 입증할 수 없기 때문이 아니라 인

14 Tillich, "The Nature of Religious Language," 앞의 책, p. 66.
15 앞의 책, p. 65.

간의 궁극적 관심을 자극시키지 못하게 될 때 그렇게 되는 것이기 때문이다.

상징의 발생 과정은 어디까지나 인간이 자기 자신과 우주에 대하여 끊임없는 질문을 던지고 해답을 시도하는 데서 생겨났다는 것을 잊어서는 안 된다. 그리고 인간의 궁극적 질문을 표현하는 데 사용되는 언어는 언제든지 인간 자신의 깊은 체험과 인간 의식의 깊은 차원을 말하고 제시하고 드러내 놓고 있다. 그러한 언어는 한쪽 '발[足]'은 인간의 일상생활에서 흔히 쓰는 말 속에 두고 있는가 하면 다른 쪽 '발'은 인간 경험과 지식을 초월한 차원에 두고 있다. 하늘의 이야기를 하는 언어는 땅에서 인간들이 쓰는 말에 불과하지만, 그 말은 땅과 인간을 초월하는 차원을 가리키고 있다는 것이다. 땅에서 인간이 쓰는 말을 사용하지만 그것은 땅과 인간을 초월한 차원에 관한 말일 때, 그 말을 종교적 상징 언어라고 하는 것이다. 그러나 땅에서 인간이 쓰는 말로써 하늘의 모든 것을 말할 수는 없다는 것이 '종교적 상징'의 숙명이며, 이 '숙명'을 극복한다는 이유로 종교적 상징이 하늘의 모든 것을 말한다고 주장한다면 그 주장은 독선에 빠지며 미신으로 떨어지게 된다는 것이 틸리히의 예리한 통찰이다.[16]

신화(神話)는 종교적 상징 언어로서 인간과 신들의 만남에 대한 이야기라고 말할 수 있다. 그러므로 신화는 상징적 언어의 특징과 그 숙명적 성격을 면할 길이 없다. 인간의 궁극적인 질문에 대한 종교적인 답변은 신들의 이야기로 전해져 온다. '신'이라는 이름이 붙지 않는 신화도 있다. 그러한 신화도 인간의 궁극적인 질문에 대한 이야기일 때 하나의 신

16 앞의 책, p. 67.

화인 것이다. 신화에 나오는 신들은 인간과 비슷한 개성을 가지고, 남성이기도 하고 여성일 수도 있고, 서로 관계를 가지면서 사랑하고 미워하면서 우주와 인간을 만들어 내고 시간과 공간에서 행동하며 그 나름대로의 역사를 가진다. 신들은 인간의 위대함과 비참함에 참여하며 인간의 창조와 파괴의 역사에 가담한다. 인간에게 문화와 종교적 전통을 부여하며 이러한 것들을 자신의 이름으로 수호한다. 신들은 어떤 인류를 선택하기도 하며 배척하기도 하고 어떤 혈통이나 종족이나 국가는 비호하면서 어떤 족속들은 배척하고 배격하기도 한다. 그리고 때로는 신체(神體)가 인체로 변형되기도 함으로써 종파(宗派)의 기원이 되기도 한다.

모든 신화, 즉 신들의 행위에 대한 역사와 이야기들의 공통점은 근본적으로 인간과 그가 사는 우주, 그리고 그의 역사에 대한 궁극적인 질문에 대한 이야기라는 점이며, 상징적인 표현이라는 것이다. 신들에 대한 이야기는 바로 인간들의 이야기를 상징화한 것이라는 점이 중요하다. 그러나 인간의 이야기를 상징화하여 신의 이야기로 말하는 것은 바로 그것이 인간의 일상적인 관심사가 아니라 궁극적인 것이기 때문에 그런 것이다.

그뿐만 아니라 인간의 실존 의미와 인간 역사의 뜻을 좀 더 깊은 차원에서 설명해 보려는 인간적 노력에 있다는 것을 다시 한 번 강조하고 싶다. 그러므로 종교적 상징과 신화는 인간의 가장 깊은 의식의 차원에 자리잡고 있기 때문에 없애 버릴 수가 없다. '비신화화(非神話化)'는 불가능하다. 적어도 종교에서 하늘과 제신을 말하면서 신화를 배격할 수 없다. 하나의 신화는 다른 또 하나의 신화로 대치할 수밖에 없다. 고대의 신화가 오늘의 우리에게 무의미하다면 우리에게 종교가 무의미하며 궁극적 관심이 없어졌다는 것이 아니라, 우리의 궁극적인 관심사를 표현하는 새로운 상징과 신화가 필요하다는 것이다. 인간이 자신과 우주에 대하여 어떤 뜻을 찾는 동안은 신화를 상실할 수 없다. 신화는 한층 구체적으로 묘사된 인간 자신의 모습이며 인간 사회의 역사라고 할 수 있다. 그러므로 신화는 인간의 이야기일 수밖에 없으며 인간 자신의 실존적 표현일 수밖에 없다는 것이다.

제 II 부

인간과 우주의 기원 | 제8장

앞의 두 장(제6장과 제7장)에서 종교적 언어의 특수성을 살펴보았다. 종교적 언어의 특수성은 인생과 우주에 대한 궁극적인 질문과 관심사를 묘사하는 기능과 함께 종교적 언어의 구조는 상징적일 수밖에 없다는 것을 알았다. 인간은 실증주의자들이 구획하여 놓은 경험론적 사실의 세계에서만 사는 것이 아니라 좀 더 넓은 세계에 살면서 그 세계와 관계를 가진다. 좀 더 넓은 세계와 좀 더 깊은 차원과 관계를 가지며 살아가는 인간은 자신의 경험을 폭넓게 말하고 묘사하고 또 그럼으로써 그 세계를 확대시켜 나가는 것이다. 인간은 또한 자기 자신과 우주에 대한 끝없는 물음을 통하여 자신의 경험 세계를 확장한다. 그 경험의 세계는 사실의 세계만이 아니라 상징의 세계를 포함한다. 인간은 사실 주어진 사실의 세계보다는 세계와의 만남과 관계 속에서 형성한 상징의 세계－언어와 문화와 예술과 종교의 세계－에서 일상생활을 하는 것 같다. 철학적 인간학자인 카시러(Ernst Cassirer, 1874~1945)는 이러한 점을 다음과 같이 표현한다.

> 인간은 이제 단순한 물질 세계 안에만 사는 것이 아니라 상징적 우주 안에 산다. 언어 · 예술 · 종교가 이 상징적 우주를 형성한다. 이러한 것들은 인간 경험이 얽히고설킨 거미줄로 된 상징의 그물을 엮는 실과 같다. 인간의 모든 사상과 체험들은 이 그물을 더욱 세련시키고 강화시킴으로써 발전하였다. 인간은 세상과 직접적으로 대결하지 못하게 되었고, 직접 대면해서 볼 수 없게 되었다. 인간의 상징적 활동이 발전하는 데 따라 물질적 세상은 점점 뒤로 물러서게 되었다. 따라서 인간은 물건 자체와 관계를 가지기보다는 스스로와의 관계를 확대시켰다. 인간은 이제 자신의 언어 구조와 예술적 이미지들과 신화적 상징들과 종교적 의식 안에 들어앉아서, 이러한 문화적 매체 없이는 아무것도 모르게 되었다. 이론상으로만 그렇게 된 것이 아니라 실제 생활에서도 인간은 이제 즉각적인 욕구나 욕망이라는 사실에 따라 살지 않는다. 인간은 상상적 감정, 희망과 절망, 환상과 실망, 그리고 꿈과 그리움 속에 살고 있다. 에픽테토스(Epictetos, 55?~135?)의 말을 빌리자면 인간을 괴롭히는 것은 물건들이 아니라 그것들에 대한 의견과 상상들이다.[1]

그리하여 인간은 '상징적 동물(animal symbolieum)'이며, 인간은 상징적 세계를 창조하고 그 속에서 살면서 자신과 우주를 상징적으로 설명한다는 것이다. 그러므로 인간이 끊임없이 질문하는 궁극적 관심사

1 Ernst Cassirer, *An Essay on Man* (New York: Bantam Books, 1970, first published by Yale, 1944), p. 27.

역시 물질적 외부 세계에 대한 것보다는 자기 자신의 의식 세계일뿐더러, 인간의 궁극적 질문에 대한 답변 역시 상징적일 수밖에 없을 것이다. "나는 어디로부터 와서 어디로 가는 존재인가?" 하고 물을 때 이 질문은 생리학적 사실을 묻는 것이기보다는 차원이 다른, 궁극적인 인생의 문제를 묻고 있는 것이다. 이 질문에서 "어디서부터, 어디로?"라는 질문의 표현 역시 상징적으로 해석하여야 할 것이다. 종교는 이러한 궁극적인 물음에 대하여 오랜 인류의 역사를 통하여 수많은 해답을 시도해 왔다. 그리고 그 수많은 해답에서 지적(知的)인 만족을 찾았을 뿐만 아니라 감정적이며 정신적 만족을 희구해 왔다.

인간의 종교적 물음은 거듭 말해 왔지만 인간 자신의 문제이다. 인간은 어디서부터 왔으며 어디로 가는 존재인가? 인간의 실상은 무엇인가? 인간이 관계하는 궁극적인 대상은 무엇인가? 인간의 고통은 어디서 오며 왜 고통을 당하는가? 그리고 더욱 근본적인 것은 인간이 궁극적으로 바라는 것이 무엇인가? 인간 구원의 내용은 무엇이며 그 방법은 어떤 것인가? 이러한 질문들은 지적 문제일 뿐만 아니라 정의적(情意的) 문제이며 행동과 생활에 직결되는 것들이다. 앞으로 몇 장을 통하여 종교의 궁극적 관심사인 인간 구원의 지적 질문들을 선택하여 세계 종교들의 답변을 검토하고 난 다음, 인간 구원을 위한 종교적 행위의 여러 가지 양태들을 살펴보고자 한다.

종교와 우주론

"인간은 어디에서 어떻게 왔는가?" 이 질문은 종교적이라기보다는 철학적인 질문이라고 할 사람도 있을 것이다. 사실 이러한 질문은 매우 모호하게 발생한 것이고, 이에 대한 답변들 역시 그 범주를 넘어서지 못했기 때문에 그렇게 들릴 수도 있다. 원시 사회에서는 그 물음의 내용은 본질적으로 같은 것이었지만 이렇게 분명하게 던지지 않았기 때문이다. 그리고 모든 인간과 종교가 이 문제를 깊고 명확하게 다룬 것이 아니기 때문에도 그렇다. 인간이 가진 관심의 초점은 이 세상이 어디에서 왔는가 하는 것보다는 역시 이 세상을 어떻게 살 것인가 하는 것이 더 급선무였기 때문이기도 했다. 그러나 어떻든 우주의 본질과 기원을 말하는 '우주론(宇宙論)'은 원시종교의 신화들 속에 잉태되어 인간과 우주를 설명하는 데 사용되어 왔다. 우주론은 종교적 사상의 원시적 산물이라 하겠다.

여기에서 다루려는 우주와 인생의 기원에 대한 종교적 해답은 특징 있는 것으로서 ① 중국의 도교와 유교, ② 인도교의 우주론, ③ 유태교 · 기독교 · 이슬람교가 공통으로 소유하는 창조의 신화들이다.

중국의 우주론

인간과 우주의 기원에 대한 중국인의 사상은 가장 오래된 것들 가운데 하나라고 한다. 공자(孔子)의 시대인 기원전 6세기에도 벌써 '고전적인 견해'라고 불릴 만큼 오래된 것이고 공자 자신의 가르침이 아니라 전통으로 전수된 것이었다. 공자는 우주론의 전통을 글자 그대로 보유했다고 하며 후대의 약간의 수정은 중요한 것이 아니라고 한다. 중국 사상은 옛날부터 추상적인 이론보다는 실제적이고 구체적인 생활의 문제에 치중하였기 때문에 그랬을 것이다.

중국 우주론의 기본 개념은 우주의 본질과 기원은 두 개의 비인격적인 추상적 힘의 동적인 균형에 있다는 것이다. 이 가장 원초적인 두 개의 힘은 우주의 두 가지 요소로서 그 하나는 '기(氣)'이다. 기는 생동력이 있는 '물질적' 요소인데 공기와 증기와 숨으로 나타난다. 또 다른 요소를 '이(理)'라고 하며, 우주 생성의 원칙 혹은 법칙으로 풀이된다. '기'가 우주의 원초적 질료(質料)라면 '이'는 그 형태이며 법칙이라고 할 것이다. 능동적 힘인 '이'가 물리적 요소인 '기'를 작동시킨 것이 우주의 생성이라고 한다. 원리적인 이는 다시 하나의 원(圓)으로 묘사되고 그 원 속에 인간 지식의 전부를 포함시키고 그것을 둘로 나누어 '양(陽)'과 '음(陰)'이라 부른다. 즉 음과 양의 원리적 '이'가 바로 우주의 시작을 가능하게 하였으며 또한 우주 본질을 설명한다는 것이다.

'이'의 양극인 음과 양은 서로 반대되고 상충하면서도 또 한편 서로 보충하는 관계에 있다. 음과 양은 우주의 근원이며 원리로서 신들과 인간을 포함한 모든 피조물에서 찾아볼 수 있다. 양은 하늘의 본성인 빛과 능동적 활동과 남성을 말하며, 음은 땅의 본성인 어두움과 수동성과 여성을 대표한다. 여기서 주목하여야 할 것은 신의 개념이 결여되어 있다는 점이다. 다만 음과 양의 양극적 세력이 동적인 균형을 유지하기도 하고 한쪽으로 기울어지기도 하면서 우주는 생성하고 스스로 유지된다는 것이다. 음과 양의 동적 활동은 세상 어디에나 어떠한 형태로든지 존재한다고 한다. 계절에도 있고 낮과 밤, 자연 현상에서도 볼 수 있으며, 인간의 역사적 사건에서도 찾아볼 수 있다. 음양의 활동은 우주의 다섯 가지 물질과 원소를 창조하였는데, 금(金)·목(木)·화(火)·수(水)·토(土)이다. 인간도 이 다섯 가지 원소의 복합물로서 음양의 산물이며, 따라서 인간 역시 자연 질서의 일부라고 말한다.

'이(理)'의 양극인 음과 양의 동적 활동이 물질 세계를 산출하는 데만 그치지 않는다. 음과 양의 동적 긴장 관계와 동적 이원성(二元性)은 외부와 내부 세계의 모든 차원에 걸쳐 지배한다는 것이다. 우주 안의 모든 밝고 긍정적이며 능동적인 세력은 양의 세력이라고 한다. 하늘과 빛나는 태양, 그리고 따뜻한 계절과 생동하고 밝게 빛나는 것들은 모두 양의 지배 아래 있다는 것이다. 하늘(天)은 우주를 다스리는 힘이며 그 힘은 양의 세력이고 이 힘을 받들어 인간을 다스리는 힘과 인간을 둘러싼 호의의 '신령(神靈)'들 역시 양이라고 했다. 양적(陽的) 성격을 여성보다는 남성에게 붙였고, 인간의 윤리적이며 도덕적인 면 역시 '양적'인 것으로 보았다. 성현과 학자들의 성품은 양적 세력의 소산으로 보았다.

양의 '반대 세력'인 음은 땅과 겨울과 밤과 침통한 것과 추운 것과 악귀로 대표되며, 악인(惡人)은 음의 지배 아래 있는 것으로 생각하였다. 그러나 음을 악의 세력으로서 독립해 있는 것으로 보지 않았다. 그리고 인간은 근본적으로 악한 존재라고 생각하지도 않았다. 암흑의 음의 세력 역시 양의 세력과 함께 우주 창조와 그 생성에 없어서는 안 되는 세력으로 존재한다. 음과 양은 서로 파괴하는 대립 관계에 있는 것이 아니라 동적인 긴장 관계에 있다. 그러므로 음과 양은 상대적으로 모든 것 안에서 그 관계를 유지한다. 가령 남자에게는 음보다는 양의 세력이, 여성에게는 양보다는 음의 세력이 지배적이며, 남성에게는 음의 요소가 전혀 없으며, 여성에게는 양이 완전히 결핍되었다는 것이 아니라 유교의 낙관적 인간관은 악인에게도 양(陽)-선(善)의 씨앗-이 있다고 생각하는 것이 이 음양설(陰陽說)에 의한 것이다.

중국인의 원시 신화에 태초의 첫 번째 남자나 여자에 대한 이야기가 없는 것은 주목할 만하다. 비인격적인 추상적이며 '형이상학적' 세력의 경합으로서 우주와 인간의 생성을 설명하는 것이 중국 사상의 특징이라 하겠다.

한국의 유학자들은 중국의 주자학(朱子學)을 발전시켜 우리 나름의 성리학(性理學)이라는 우주론을 제시하였다. 그 중 이율곡(李栗谷, 1536~1584)은 가장 뛰어난 이론가로서 서화담(徐花潭, 1489~1546)의 유기론적(唯氣論的)인 일원론과 이퇴계(李退溪, 1501~1570)의 이기이원론(理氣二元論)을 종합한 대유학자이다. 율곡의 우주론을 간단히 소개하는 것이 동양적 사고를 이해하는 데 도움이 될 것 같다. 주자학에서 논하는 대로 율곡 역시 우주의 본체는 이와 기로 구성된다고 본다. 그러나 이와 기는 완전히 독립된 둘이 아니라 하나이면서 둘이요 둘이면서 하나인 것으로 이해하여야 한다는 것이 율곡의 입장이다. 율곡에 의하면 이와 기는 시간적으로나 공간적으로 분리할 수 없는 것들로, 둘인즉 하나이며 하나인즉 둘이라는 것이다.

위에서 설명한 이와 기의 관계를 좀 더 전문적으로 말한다면 이는 조리(條理)여서 우주의 체(體)이고, 기는 그 구체화하는 우주의 용(用)이라는 것이다. 퇴계의 뒤를 따라 율곡은 주장하기를 발(發)하는 것은 기(氣)이며 그 발하는 까닭이 이(理)이기 때문에 기가 아니면 능히 발하지 못하고 이가 아니면 발하는 바가 없다고 하였다. 그리고 주자는 태극(太極)을 이라 하고 음양오행을 기라 하여 이기이원론을 주장하였으나 율곡은 이와 기는 불가분리이며 '이기비일비이(異氣非一非二)'라 하여 태극과 음양이 둘이 아니라 둘이면서 하나라고 주장하였다.[2] 그러므로 우주는 두 가지 원칙에서 발생한 것이 아니라 하나의 원칙에서 생성하였다는 것을 주장하면서 그 '변증법적'인 양상을 설명하였다.

2 玄相允, 『朝鮮儒學史』; 金敬琢, 『栗谷의 硏究』 참조.

인도인의 우주론

인도의 고전 베다(Veda)에는 태초의 우주 역사를 이야기하는 신화가 단편적으로 있다. 여기에서는 어떤 최고(最古) 창조주가 있는 것이 아니라 높은 신들 몇이서 우주의 일부분을 맡아 창조하는 식으로 되어 있다. 가령 인드라(Indra)신은 태풍의 신으로 신의 성격이 태풍과 같고 또 태풍을 만든 신이 되었고, 루드라(Rudra)는 산신(山神)으로 나중에 파괴의 신 시바(Siva)가 되고, 비슈뉴(Visnu)는 하늘과 태양의 신, 소마(Soma)는 주신(酒神)이다.

사실 인도인의 우주론은 베다경의 해석서인 우파니샤드경(Upanisad 經)의 일부인 푸라나서(Purana書)에서 그 윤곽이 드러난다. 푸라나서의 연대는 불확실하지만 적어도 A.D. 4, 5세기의 자료가 가미된 것이 아닌가 한다. 그리고 여기에 나타나는 우주론은 후대의 철학적인 이론으로 발전되기 이전의 것으로 대중적인 것이 그 특색이다. 푸라나서의 우주론은 한마디로 우주는 '우주적 알[卵]'에서 생겼다는 '난생설(卵生說)'이다. 우주란(宇宙卵)은 반쪽이 은[天]이고 반쪽이 금[地]인데, 우주란의 흰자위가 산들이 되었고, 노른자위의 물이 바다를 형성하였다는 것이다. 다음 글은 푸라나서의 우주론의 일부인데, 이 글에 나타나는 '그'는 원초적 존재 혹은 정신으로 해석할 수도 있고 브라만신을 말하기도 한다.

> 그는 자신의 몸으로부터 여러 가지 존재들을 만들어 낼 생각으로, 먼저 물을 만들고 그 속에 자기의 씨를 넣었다. 그 씨가 금란(金卵)이 되었는데, 그 광채가 태양과 같이 빛났다. 그 알 속에 그는 브라만으로 탄생하였다. 브라만은 우주 전체의 조상이다. ……

> 그 불멸의 영원한 제일 인자(因子), 실재이며 동시에 부재자인 제일 인자로부터 남성 푸류샤가 생산되어 브라만 밑에 살면서 세상에 유명한 존재가 되었다. 신(브라만)은 그 알 속에 일 년 동안 있다가 그 스스로의 생각으로 두 개로 달걀을 쪼개어 그 두 조각으로 땅과 하늘을 형성하고, 천지 사이에 중간 지역을 만들고 여덟 개의 지평선을 설정하고 영원한 물로 분리하였다.[3]

우주는 수면 위에 걸려 있는 듯 존재하고 그 위에 7층천(七層泉)이 있고 그 아래 칠층의 지옥이 깔려 있다. 이러한 우주 형성의 과정을 거쳐 신들이 생겨나고 경전이 나오며, 태양과 위성들이 차례대로 그 자리를 차지한다. 그리고 난 다음 심리적이며 정신적 자질들이 생겨나면서 쾌락과 고통 등 인간 체험의 양상이 드러난다. 이러한 우주 형성의 과정을 통하여 남성적 푸류샤는 창조적 역량을 과시하고 브라만은 푸류샤적 존재라는 결론을 얻게 한다. 그러나 푸류샤는 비인격적인 영적(靈的) 원리로서 인간의 성품 속에 분명히 나타나는 것 같기도 하다.

어떻든 인도의 첫 번째 인간은 야마 혹은 마누라고 한다. 마누는 마누법경(法經)의 저자로 알려져 있고, 마누는 사후(死後)에 귀신이 되어 지하 세계를 다스렸다고 한다. 인도교에서 말하는 첫째 인간을 이렇게 말하고 있으나 중요한 것은 그 역사성이 아니다. 인도의 인간관은 인간을 영원한 차원에 두고 브라만과 같은 본질을 소유한 존재로 본다. 제신(諸神)보다 조금 낮은 데 위치하기도 하고, 또 어떤 때는 제신보다 높기도

3 "Cosmogony and Cosmology (Indian)," *Hastings Encyclopedia of Religion and Ethics*, Vol. IV, p. 158.

한 것이 인간이며, 브라만의 본성인 창조적 원리인 푸류샤, 신적 실체의 출현이며 성육신(成肉身)한 것이 바로 인간이라고 본 것이 중요하다. 물론 인간이 가지는 신적 요소는 계급과 지위에 따라 등급이 다르다는 것이 인도인의 생각이다. 상급 계급은 푸류샤를 더 많이 소유한 자들이라는 생각인데, 인도의 4계급은 브라만의 입술과 팔과 무릎과 발로부터 차례대로 생겨났기 때문이라는 것이다.

어떻든 인도인의 천지(天地) 기원설은 어떤 인격적인 신에 의하여 천지가 창조되었다는 것이 아니라 비인격적인 물질의 힘이 넘쳐 흘러서 형성된 것이라는 특징을 가지고 있다. 후기의 발전이지만 인도의 여신 시바는 창조와 파괴의 이원적 존재로서 유교나 도교의 이원론을 취하고 있다. 그러나 이 둘은 각각 분리될 수 없는 것이며 하나로 종합되어야 한다는 것이다. 브라만의 세계에서는 모든 양극과 상충과 개체가 하나로 통합된다고 본다. 인도교의 특징은 우주 창조의 과정은 이원론적으로 전개하면서 실체는 단원적(單元的)이며 하나로 통합하는 데 있다.

히브리 사상

기독교와 이슬람교의 모체인 유태 종교의 우주론은 동양의 그것과 다른 특색이 있고, 가장 유명하고 잘 알려져 있는 내용일 것이다. 기독교 성서의 제일 첫 번째 책이 창세기로서 우주 창조의 기원과 인간의 시초를 말해 준다. 히브리 종교의 중심 사상은 인격적 신(야훼 또는 여호와)이 자신의 지혜와 힘으로 결정적인 창조의 행위로 오늘의 우주를 시간 안에 존재하게 했다는 것이다. 신 여호와의 힘으로 시간과 공간 안에 우주를 존재하게 했다는 것이다. 여호와는 말씀으로 존재를 의도적으로 가능하게 했다는 것이다.

창세기에 나오는 우주 창조설은 완전한 것이거나 일관성이 있는 것이 아니다. 창세기의 기록은 몇 개의 전설들을 편집한 것으로 바빌론의 자료에서든지 창세기 편집자가 가지고 있는 자료와 공통된 점을 많이 편입한 것이 아닌가 하는 것이 학자들의 의견이다. 창세기 안에서도 가장 오래된 이야기는 유명한 아담과 이브의 설화로서 창세기 2장 4절에서 3장 24절에 기록되어 있다. 창조 설화의 이 부분은 창세기 제1장에 나오는 부분과 문학적으로 묘하게 연결되어 있으나 아주 특이한 문체와 사상이 담겨져 있다. 창세기 2장과 3장의 창조 설화가 1장의 그것과 특이한 점은 인간의 창조 설화만을 특별히 다루고 있는 점이다. 아담은 여호와와 그의 신들의 합의 아래 흙으로 빚어져 만들어졌고, 코에 여호와의 입김을 불어넣어 생명을 부여받는다. 창조된 첫 번째 인간 아담은 에덴동산에 살면서 만물을 관리하도록 되었으나 다른 동물들 사이에 친구가 없어 외로운 것을 보고, 여호와는 아담을 잠들게 하고 그 갈비뼈로 여자 이브를 창조하여 인간 가족을 형성한다. 아담과 이브는 모든 인류의 조상이 된다.

창세기 1장의 창조 설화는 아담과 이브의 설화를 기초로 하여 구전 설화들을 후대에 다시 엮은 것으로 보인다. 여기 나타나는 설화는 우주의 생성에 관한 것이다. 창세기 1장의 기록은 이렇게 시작한다.

> 태초에 하나님이 천지를 창조하시니라. 땅이 혼돈하고 공허하며 흑암이 깊음 위에 있고 하나님의 신은 수면(水面)에 운행하시니라. (창세기 1: 1-2)

그리고 나서 차례대로 '엿새' 동안에 빛을 내고, 낮과 밤을 가르고, 하늘과 땅을 만들고, 바다와 육지를 분간하고 들짐승과 식물을 비롯하여 땅을 기어다니는 것과 바다의 물고기와 동물과 새들을 창조하고, 그 위에 인간을 창조하고 그 '작품'을 보고 좋다고 하고 '제7일'에는 쉬었다는 이야기이다.

창세기 이외에도 이사야서와 아모스서, 그리고 시편(詩篇)에도 우주 창조에 대한 내용의 발언이 있으나 대부분 시적이며 그 기본 구조는 창세기의 그것과 별 차이가 없다. 기독교 전통의 창세기 설화의 기본 구조의 특징은 다음의 두 가지라고 하겠다.

첫째는 인간 창조에 관한 설화에 나타나는 인간성의 문제이다. 분명하게 인간은 신의 형상대로 창조되었다는 것이다. 그리고 인간을 만물의 영장(靈長)으로 최고 지위에 두고 가장 훌륭하고 가장 고귀한 존재로 삼았다. 또한 인간으로 하여금 만물에게 이름을 붙이고 관장하도록 하였고 그것들을 이용하고 즐기도록 하였을 뿐만 아니라, 신의 위치에 두었다는 것이다. "하느님이 자기 형상 곧 하느님의 형상대로 사람을 창조하시되 남자와 여자를 창조하시고……"(창세기 1:27). 이 신념은 기독교에서 인간을 신의 자녀로 보게 하였고, 이 점은 이슬람교에서도 중요시되고 있다.

둘째로 주목하게 되는 것은 신의 위치이다. 신은 창조주로서 피조물과는 독립된 존재로서 초월성을 가지는 점이 특이하다. 창조주와 피조물은 질적으로 다르다고 생각한다. 물론 신의 능력은 창조를 가능하게 했으며 신은 계속 우주 안에서 활동하지만, 자신이 창조한 우주 안에 내재하지 않는다고 한다. 따라서 유태인들은 자연 안에 신이 있다고 생각하지 않았고 신과 자연을 동일한 것으로 보지도 않았다. 신의 절대적 초월성은 결국 무(無)에서 우주를 창조하였다는 교리를 기독교는 발전시켰다. 창조는 이미 존재하는 어떤 물질의 상태를 재조정하거나 변형시키는 것이 아니라, 절대적 무(無)로부터 유(有)를 가능하게 했다는 것이다. 이것은 중국인들이나 인도인들의 자연으로부터의 '자연 탄생'의 사상과는 특이하게 초월적이며, 비인격적 실체로부터의 우주 형성이 아니라 인격적 신의 의지에 의한 창조라는 것이 중동 지역 종교의 특이한 점이라 하겠다.

종교의 창조 설화

좀 더 많은 종교들이 가지고 있는 흥미로운 우주 창조 설화들이 있지만 대표적인 것들만 추려 간단히 소개하였다. 이들 설화들을 비교해 보면, 첫째 공통된 점이 자연과 우주는 두 가지 다른 요소나 힘이 포함되고 서로 대립하고 대결하고 상충하고 있다고 생각하는 점이다. 두 가지 상충되는 힘은 우주 창조의 과정에서 불가피하고 따라서 우주 자체가 그러한 두 가지 힘을 내포하고 그 힘에 의하여 지탱된다는 것이다. 중국의 음양설(陰陽說)이 그렇고, 인도 여신의 창조와 파괴의 힘이 역시 그런가 하면, 유태교와 기독교의 창조신은 혼돈 안에서 질서를 잡았으며, 선악과(善惡果)를 내어놓고 악의 세력과 인간의 타락을 취급하였다. 이밖의 종교들을 살펴보아도 그리스 로마 사상에서나 조로아스터교 그리고 우리 단군 신화에도 하늘과 땅, 인간과 동물, 빛과 어두움 등 이원론적인 대립이 있으며, 세계는 하나로 통합된 것이 아니라 둘로 분립하고 대립하고 있는 것을 볼 수 있다. 이것을 보더라도 태고부터 인간은 세계 안에 깊이 본질적으로 뿌리박혀 있는 갈등과 불화와 악과 혼돈의 비극을 실존적으로 느끼고 있었음을 알 수 있다.

그런데 문제는 종교마다 이러한 이원론적 세계를 어떻게 해석하고 어떻게 대처하고 있느냐 하는 것이다. 유교와 인도교에서는 우주의 두 가지 세력들은 사실 하나의 부분으로서 둘 중 하나가 없어질 수 없는 것이라고 생각한다. 한쪽이 다른 한쪽보다 악할 수도 있지만, 그것은 이 세상이 그렇게 생긴 것이고 각기 그 기능과 역할이 있다는 것이다. 음양의 양극은 서로 대립하는 이질적인 것이지만 우주 생성의 과정에서 없어서는 안 되는 부분이라고 생각하는 것이 중국의 사상이다. 인도인은 브라만 안에 모든 것이 하나로 귀착하지만 이 세상의 이원론적 대립과 투쟁과 상극은 모두 극복되는 것으로 보았다. 그러나 이러한 동양 종교와는 대조적으로 중동의 종교는 우주의 양극성을 심각하게 다룬다. 조로아스터교를 비롯하여 유태교 · 기독교 · 이슬람교에서는 우주의 이원적 분리를 좀 더 윤리적으로 취급하고 선과 악, 정의와 부정, 신과 마귀를 분명히 갈라 놓는다. 그리고 인간은 어느 하나를 선택하고 거기에 충성을 다하여야 한다고 한다. 물론 선(善)과 정의와 신을 선택하고 결단하여야 한다는 것이다. 인간의 윤리적 투쟁은 우주 그 자체의 과정과 함께 계속된다고 보았다.

둘째로 비교되는 것은 세계의 창조와 시작에서 그 창조의 목적을 어떻게 두고 있느냐 하는 것이다. 각 종교의 우주 창조 설화에 창조의 목적을 논하고 있는가 하는 문제이다. 중동 지역에서 발달한 종교들, 특히 유태교와 기독교에서는 우주 창조의 목적을 뚜렷하게 밝히고 있다. 우주에는 시작이 있는 것처럼 끝이 있으며 창조의 시작 전부터 분명한 계획이 있어서 우주를 창조하였다는 것이다. 그러나 동양 종교—유교, 인도교, 불교—에서는 그렇게 생각하지 않는다. 특히 인도교와 불교에서는 우주의 역사란 커다란 원(圓)과 같아서 돌고 도는 것이므로 시작도

끝도 없는 것이라고 본다. 왜 우주가 창조되었는지 이 세상이 어떻게 될 것인지 문제가 될 수 없다. 다만 어떻게 하면 이 순환하는 세상에서 도피할 수 있겠는가 하는 것이 종교의 궁극적 문제가 된다고 한다. 유교 사상은 우주의 역사는 어떤 목적을 갖고 있어서 어떤 방향으로 진행한다기보다는 개방된 미래를 향한 '과정'으로 본다. 이 과정 속에 어떻게 조화된 생활을 영위하느냐가 문제이며 "왜?"를 물을 수 없는 것이라고 한다.

셋째로 우리의 주목을 끄는 것은 우주의 창조와 함께 인간의 창조에 대한 각 종교의 신화이다. 여러 신화의 공통되는 점은 무엇보다도 인간은 어떤 신적인 요소를 지니고 태어났다는 점이다. 유교에서는 이 점이 그리 두드러진 것 같지 않지만 자연과 동일한 요소—음과 양의 우주적 요소—를 지니고 있다는 것을 주장한다. 그러나 유교에서도 군자나 선인(善人)은 음보다는 양적인 면을 가지고 있다고 하는 것을 보면 인간과 우주와의 관계에서 인간의 위치를 알 수 있을 것 같다. 인간의 위치가 가장 높이 평가되는 것은 역시 기독교와 유태교이다. 비록 흙에서 나서 흙으로 돌아가는 물질적 존재이지만 신의 입김으로 숨을 쉬고 인간의 형상은 신의 형상이라는 것이다. 그리고 히브리 전통에서는 만물의 영장(靈長)이며 만물의 주인공의 위치를 차지하고 있는 점이 두드러진 특징이라 아니할 수 없다.

끝으로 우리가 이러한 신화를 통하여 주목해야 할 것은 이러한 우주와 인생의 기원에 대한 종교적인 물음과 해답의 특징이다. 이러한 신화는 미개인에게만 있었던 것인가? 과학으로 많은 것을 설명할 수 있는 현대 사회에서는 이러한 물음과 신화적 답변은 무의미하며 불필요한 것일까? 그런데 이러한 물음은 미개인의 것만이 아닌 성싶다. 현대인에게도 이러한 물음은 계속되며 과학적으로 설명되는 물질적 지식만 가지고는 불만을 느끼고 좀 더 폭넓게 깊은 차원의 해답을 요구하는 것 같다. 우리의 물음은 궁극적인 곳으로 계속되는 것이다. 그리하여 옛날 사람들의 신화를 다시 읽고 뜻을 되새기고 재해석하며, 그리고 세계를 전체적으로 보고 싶고 설명을 붙이고 의미를 부여하자는 것이다.

우주 창조 신화의 의도는 바로 이 세상에서 어떤 의미를 발견하자는 것이다. 종교적 노력은 이 세상을 하나의 질서 있는 것으로 보는 것이었다. 창조는 바로 질서를 부여하는 것이고 이 세상은 우연히 생겨난 것이 아니라 어떤 위대한 초자연적인 힘과 의지에 의하여 만들어진 것이며 그 나름대로의 이유가 있다는 것이다. 그리고 우주는 아무렇게나 제멋대로 질서도 이유도 없이, 방향도 과정도 없이 움직이는 것이 아니라 우주와 인간에게는 그 어떤 초월적인 요소가 있으며, 그 원초적인 요소 속에는 질서와 의지와 이유와 방향이 설정되어 있다는 것이다. 그리고 그 이유는 정신적인 것이며 윤리적인 것이다. 우주와 인간은 물질적이고 기계적인 질서와 계통을 유지할 뿐 아니라 이성적이며 지적인, 좀 더 정신적인 이유로 유지되며, 뚜렷한 목적과 방향이 있다는 것이다. 그리고 인간이 우주 안에서 완성해야 할 뚜렷한 책임이 있다는 것을 인식한다.

인간은 우주에 대하여 윤리적인 책임이 있으며, 신과 윤리적인 관계를 가져야 한다. 그 책임과 질서를 우주 안에서, 우주의 깊은 차원에서 찾으려는 것이 종교의 노력이다. 여기에서 강조되는 것은 우주와 인간의 관계이며, 인간의 우주 안에서의 정신적 위치의 관계를 묻는 것이며, 인간의 구원 문제 역시 우주의 깊은 차원과의 관계에서 그 해답을 얻을 수 있다는 것이다.

궁극적 관심의 대상 제9장

"인간은 어디에서 와서 어디로 가는 존재인가?" 하는 질문은 종교적인 물음이며, 이 물음에 대한 답변의 모색 역시 종교적인 차원에서 형성된다는 것을 살펴보았다. 우주와 인간의 창조에 대한 몇몇 종교의 신화들과 설화를 소개하면서 그 특징을 알아보는 가운데 이 세상을 존재하게 한 힘은 물리적인 세계나 인간 이외의 어떤 초월적인 힘과 질서라고 믿는 것이 공통적이라는 것을 알았다. 우주와 인생의 기원은 우주와 인생 그 안에 있는 것이 아니라 그 밖에 있으며, 더욱 위대한 힘이나 우주의 법칙에 의한 것이라고 믿는다는 것이다. 우주와 인간을 창조하는 그 힘은 인격적일 수도 있고 비인격적인 추상적인 것일 수도 있다. 음과 양의 상반 세력일 수도 있고 인격적인 야훼 신일 수도 있다.

그런데 인간은 우주와 인생의 기원을 어떤 초월적인 존재나 원리에 존재하고 있다고 설정하고, 그 힘에 어떤 상징적인 이름을 붙이고 그 힘의 창조하는 활동을 신화로 말하는 것으로 그치지 않는다. 인간은 궁극적으로 그 힘과 어떤 관계를 가진다. 우주와 인생을 창조한 그 힘과 나와는 어떤 관계에 있는가? 그 힘의 정체는 무엇인가? 나 자신을 초월하는 나의 종교적 물음의 대상은 무엇이며 혹은 누구인가? 간단히 말해서, 이러한 물음들은 '신'에 관한 물음이라고 할 수 있다. 우주와 인생을 창조한 창조주가 '신'이라면 그 신은 어떤 성품을 갖고 있으며, 나와 어떤 관계를 가지는 존재냐 하는 것은 종교의 아주 중요한 물음이다. 여기서는 이미 신이 존재하는가 하는 질문은 하지 않는다. 초월자 혹은 초월적인 원리의 정체를 파악하자는 것이다. 어떤 종교는 초월자를 분명히 설명하는가 하면 어떤 종교는 끝내 신비의 장막 속에 파묻어 버리기도 한다. 어떤 종교적 전통은 그 힘을 형이상학적으로 발전시키는가 하면, 어떤 종교적 전통에서는 인간적인 것으로 환원시키기도 한다. 원시인들은 그 힘이 다수라고 믿었고 '고등종교'일수록 그 힘이 하나밖에 없다고 한다. 어떤 종교는 그 힘이 세상과 인간을 초월한다고 믿지만, 어떤 종교에서는 그 힘은 세상 안에 내재하는 존재라고 한다. 어떤 종교에서는 그 힘은 세상의 모든 사물이며 그 사물과 함께 그 안에 존재한다고 하는가 하면 또 그 힘은 사실 '무(無)'라고도 한다.

이 장과 다음 장에서는 다신론(多神論)과 범신론(汎神論), 무신론(無神論)과 일신론(一神論) 등의 유형과 그 특징들을 살펴봄으로써 인간의 궁극적 관심의 대상에 대한 인간의 물음과 해답을 밝혀 보기로 하겠다.

무속 신앙의 대상

원시종교에서는 우주 창조의 기원이라든지 그 원초적 구조에 대한 질문이나 해답이 별로 없는 것이 특징이다. 창조의 기원이나 우주의 구조 그 자체에 대하여 따지기보다는 오히려 우리가 살고 있는 세상을 무의식적으로 받아들이고 있는 것 같다. 그리고 원시인들은 세상에 대한 해석과 이해를 그들의 종교적 의식(儀式)과 사회적 관습 안에서 그대로 받아들인다. 한국인의 종교적 의식 구조로서 한국인의 심성과 신앙 형태를 형성하고 있는 무속 신앙 역시 하나의 원시종교로서 이 테두리 안에 든다고 보아야 하겠다. 원시종교에서는 이 세상은 어떤 알 수 없는 신비한 힘으로 가득 차 있다고 믿는다. 인간의 비상한 힘이라든지, 대항할 수 없는 물건이나 동물, 자연의 힘, 혹은 주술(呪術)이나 주법(呪法, magic) 같은 힘 있는 것은 신비한 것이며 '신적(神的)'인 것으로 알았다. 무속 신앙에서는 모든 동물과 식물을 포함한 자연의 물체에 이른바 정령(精靈, anima)이 있다고 믿었고, 그 정령에는 어떤 초인적(超人的)인 힘이 있다고 생각했다. 그런데 그 모든 정령에 대하여 인간은 올바른 관계를 가져야 하지만, 그 중 가장 무서운 힘을 숭배하고 예배하고 그 힘에 복종하여야 한다는 것이다. 인간 숭배의 대상은 어떤 윤리적인 선함 때문이 아니라 인간을 해칠 수 있기 때문이라는 것이다. 숭배의 목적은 그 힘을 인간의 편에 끌어들여서 자연을 달래 가며 편안하게 살자는 실리적인 것이며, 이 힘은 어떤 인격을 가진 것이라기보다는 그 힘의 작용을 의인적(擬人的)으로 말하는 것으로 보아야 할 것이다.

한국의 무속 신앙에서는 인간의 현실 생활에서 대면하는 사물·현상·상황 등 모든 것에 정령이 깃들어 있다고 믿었는데 이것은 범신론적인 데가 있다. 그러면서도 또한 정령의 유리(遊離)와 방황과 운동을 말하는 것을 보면 다신론적인 국면도 있는 것 같다. 가령 인간은 죽음을 계기로 하든지 때로는 꿈이나 잠들었을 때에 영혼이 육체에서 이탈한다고 믿었고, 물건에도 정령이 붙었다 떠나갔다 한다고 믿었다. 그러므로 모든 것에 정령 혹은 신이 깃들어 있다고 믿는 범신론을 주장하는 것과 동시에 천지 사이에는 정령과 혼백이 충만하여 물체와 유리하고 있다는 다신론적인 신앙을 모두 포함하고 있다.

그러면서도 흥미로운 점은, 많은 물건 가운데 신이 붙어 있다고 하고 신의 이름까지 붙이는 것이 따로 있는 것처럼 보인다. 현실 생활에서 자주 경험하고 교섭하게 되는 도수가 많은 것에는 세밀하게 이름을 붙이고 있지만, 그렇지 않은 것에는 신을 설정하지 않는 듯이 보인다.[1] 가령 가옥에 대해서는 터주 · 조왕 · 성주 · 삼신 · 제석 · 수문장 · 굴대장군 · 부출각시 · 문각시 · 업 · 걸립 등 많은 특수 신을 두고 각각의 직능까지 부과하고 있다. 그런데 산에 대해서는 산신 하나만 두고 그 내용인 바위[岩] · 골짜기[谷] · 수목(樹木) · 수금(獸禽) 등에는 특수 신을 설정하지 않고 있으며, 강[河] · 바다[海] · 소(沼) · 연(淵) · 천정(泉井) · 항해(航海) · 어로(漁撈) · 풍랑(風浪) · 물고기[魚] · 조개[貝]는 모두 용왕으로 통하게 하고 있다.

우주 전체의 생성 과정과 그 구조 전체에 대한 관심보다는 '집'에 대한 것이었으며, 따라서 정령의 이름이나 그 소재도 역시 '집안'의 것이 많고 생산적인 것이나 윤리적인 것과는 거리가 먼 것 같다. 이를테면 농업을 생업으로 하는 한국인의 형편에서 농신(農神) · 전답신(田畓神) · 곡신(穀神) 등 농경 생산에 관계되는 사실과 현상에 따르는 신은 결여되어 있는 것을 보아도 알 수 있다. 그리고 더욱이 미(美)의 신, 시(詩)의 신, 사랑과 박애의 신, 평화의 신, 효도 · 충성의 신 등 사회 국가 생활과

1 이 방면의 연구로는 任晳宰, 「韓國巫俗硏究序說」, 『亞細亞女性硏究』(제9집, 1970) 참조.

직결되는 이른바 윤리적 신을 설정하는 데까지 이르지 못하고 있다. 이러한 관찰을 통하여 보면 원시인의 신관(神觀)의 한계는 역시 가옥(家屋) 중심이나 가족 중심으로서 극히 개인적이며 실리 위주로서 가옥의 유지와 핵사회(核社會)로서 가족의 통합을 위한 관심 이상의 것은 추상적이거나 일반적인 것으로 처리하고 있음을 알 수 있다.

무속에서의 신과 가옥과 가족과의 관계는 밀접한 관계가 있다. 가족의 일원으로서 동일 가호(家戶) 안에 속해 있을 때는 동일한 여러 가택신(家宅神)과 관련을 맺고 있지만 그 집에서 분가하여 독립 가정을 이룰 때는 그가 속했던 본가의 여러 가택 신들과의 관련을 끊고 새로운 택신(宅神)들과 관련을 맺는다는 것이다. 그렇기 때문에 임석재(任晳宰)에 의하면, "본가의 가족 성원과 분가의 가족 성원과는 혈연적으로는 연계되어 동일 가족 성원과 같이 관념(觀念)하고 있으면서도 신앙상으로는 전연 별개의 것으로 되어 있다"[2]고 한다. 가령 결혼한 여자는 시집 가는 그날부터 친정의 가택 신들과는 관계가 끊어지고 시집의 가택 신과 관련을 맺게 된다는 것이다. 그러나 남편과 이별 또는 사별하여 시집과의 관계를 끊고 친정에 돌아오면 그날부터 다시 친정의 가택 신 밑에 있게 된다는 것이다. 이러한 것을 미루어 보아 원시종교에서의 관심은 집과 밀접한 관계가 있는 가택 신이었으며, 무엇보다도 가족의 생사화복을 위해서는 그 '신'들과 관계를 맺어야 한다는 생각을 알 수 있다. 그러나 가택 신들은 가족을 보호하는 '울타리'인 집을 보호하며 가족의 생사화복을 다스리지만 가족을 넘어선 어떤 규범으로서 존재하지는 않거니와 그 가족의 최고 이상으로서 가치를 형성하는 윤리적 기능 역시 가지고

2 앞의 논문, p. 89.

있지 않다는 점을 유의해야 한다.

이러한 가족 중심의 원시적 정령 신앙은 가택 신을 중심으로 한 것도 있지만, 조상 숭배의 현상에도 나타나 있다. 우선 원시종교에서 인간은 죽으면 영과 육이 따로 분리되어 영은 자유로이 행동할 수 있다고 생각하고, 망령(亡靈)은 우주 간에 자유롭게 왕래하면서 살아 있는 인간과 어떤 형식으로든지 관련을 맺고 있으며 맺으려 한다고 본다. 그런데 인간의 망령이 신격화(神格化)되어 특별한 숭앙의 대상이 되는 과정은 퍽 다양하다. 가령 비범한 업적을 남긴 사람, 초인적인 능력을 가진 유명한 정치가나 무장(武將)들의 망령은 아무런 혈연 관계가 없는 사람들에게도 신봉의 대상이 된다. 그러나 평범한 일반인의 망령은 혈연 관계가 있는 후손들만 신봉함으로써 조상신(祖上神)이 되는 것이다. 특히 비명횡사한 조상신에 대해서는 더욱 공손한 대접을 하는데, 그 이유는 원초적 우주의 단위인 집 주변에서 떠나지 못하고 있다가 생전의 억울함과 원통함을 후손에게 화풀이하고 해칠 우려가 있다고 생각하기 때문이다.

우리의 무속 신앙을 비롯하여 원시종교의 관심은 세계를 형성하는 그 어떤 신비한 힘—신령의 불가사의한 영력(靈力)—의 도움으로써 현세의 실리를 추구하고 인간의 힘으로 해결할 수 없는 문제들을 해결하는 '문제 해결사'로서 숭배하고 달래는 것이었다. 현세의 길복(吉福) 추구의 신앙 태도의 근거로서는 정령들에게는 주력(呪力, mana)이 있다는 것이다. 정령들에게는 질병과 불행, 기타 현실 생활에서 인간의 힘으로는 해결할 수 없는 문제들을 가져오기도 하고 또 해결하기도 하는 힘이 있다고 믿는다. 태평양제도를 비롯한 원시 사회에서는 농사가 잘 되는 것, 사람의 힘, 날아가는 화살이나 달리는 동물이나 주선(舟船)에도 그러한 '마나' 혹은 주력이 있다고 믿었다. 이러한 주력이 인간의 현실 생활을 지배한다고 믿었으므로, 이 주력을 인간의 행복을 위하여 이용하는 방법으로서의 주술(呪術)은 필연적이며 자연스러운 것이었다. 인간의 실리(實利)를 위하여 주력을 끌어들이는 중매(仲媒) 역할을 하는 자를 샤먼(shaman: 무당)이라고 하였으며, 샤먼은 정령과 직접 교통하여 영계(靈界)를 접지(接知)하고 주력을 끌어들이는 영능(靈能)을 행사할 수 있어서 제의(祭儀)와 주술 등으로 재액을 없애며 복을 가져온다고 믿었다. 무당은 제사를 통하여 신통(神通)할 뿐만 아니라 인간을 위하여 봉사하며, 또한 제령(諸靈)의 주력을 수행하는 능력을 가진 주사(呪師)이며 무의(巫醫)였다. 그러므로 주술 여하에 따라서 주력이 인간의 이익을 위하여 이용될 수도 있고 악용될 수도 있다고 생각하였다. 주력은 이론적으로나 성격상 중립적이다. 무속에는 선신(善神)과 악신(惡神)이 따로 있거나 신령들을 자비의 신이나 격노의 신이나 횡포의 신 따위로 구분하지 않는다. 무속에서는 제신은 몰윤리적(沒倫理的)이며 무성격(無性格)하다. 다만 어떠한 신이거나 예배의 정성과 주술 여하에 따라 선신도 되고 악신도 될 수 있다는 것이다. 일견 악신으로만 보이는 역신(疫神)인 손님이나 사신(死神)인 명부왕(冥府王)과 그 사자(使者)도 잘 모시기만 하면 선심을 쓰는 것으로 알았다. 선신으로 보이는 귀신도 소홀히 다루거나 천대하면 화가 미친다고 생각했다.[3]

원시종교의 신관(神觀)에는 다음의 몇 가지 특징이 두드러지게 나타난다. 첫 번째 특징은 앞에서도 언급했지만 신령마다 그 직능을 맡고 있

3 이 점에 대하여는 任晳宰의 앞의 논문이 가장 흥미있고 분명하다. 특히 앞의 논문, p. 85 참조.

다는 것이다. 일신(日神)·월신(月神)·성신(星神)·풍신(風神)·해신(海神)·뇌신(雷神), 즉 그런 것들을 움직이게 하고 일으키게 하고 멈추게 하는 역할을 하는 신령들이 있는가 하면, 생각을 맡은 남신(男神)과 여신(女神), 농경신(農耕神), 창고를 지키는 창고 귀신들이 있고, 사냥과 운동 경기와 전쟁을 관장하는 신들도 있다. 이러한 신령의 명단은 얼마든지 길어질 수 있다. 특히 그리스 로마 사람들의 명단은 다양하며 '하늘의 일'을 하는 데도 '조직적'이라 하겠다.

원시적 신령들의 두 번째 특징은 대개가 의인적(擬人的)이라는 것이다. 귀신들이 사람처럼 생겼고 사람처럼 생각하고 사람처럼 행동한다는 것이다. 다신론적 종교에서는 신령들이 단순한 자연의 힘만으로 끝나지 않는다. 그리고 자연을 지배하는 힘으로만 불리지 않는다. 신령들이 사람처럼 생각하고 사람과 같은 성품을 가지고 있다고 생각했다. 바꾸어 말해서 원시인들은 초인적인 신령을 묘사할 때 인간의 입장에서 인간의 생활과 성품에 비추어서 시적으로 문학적으로 표현했다는 것이다. 특히 그리스 신화에 나오는 신들은 '인간적'이었다. 불카누스(Vulcanus)는 다리를 절었고, 아폴로신은 금빛이었고, 아테네는 회색 눈과 무장을 하고 있었으며, 제우스는 올림픽 신들의 가장(家長)이었다. 신들의 성격 역시 인간 같아서 사랑하고 미워하고, 투기하고 질투하고, 싸우고 문란해지고…… 인간 편에 서서 싸우기도 하고 인간 여성을 좇아다니기도 한다.

원시 신들의 세 번째 특징은 신령들이 우주 안에 있고 인간들과 함께 살면서 인간처럼 놀기도 하지만, 그 주력(呪力)은 초인적이고 위대하며 무섭다는 것이다. 그리고 근본적으로 불가사의한 신비의 세력으로 본다. 신령들이 한번 분노하면 전율할 수밖에 없으며, 그들의 싸움은 실로 우주적이다. 그들은 거대한 자연의 힘 자체이며, 자연의 변화와 이해할 수 없는 변덕을 도맡아 가지고 있다. 우주의 '변덕'은 신령들의 사랑과 미움과 분노와 함께 설명할 수 없는 창조와 파괴의 힘 때문에 그렇다는 것이다. 그래서 이 초인적인 신령을 인간처럼 설명하면서도 또한 초인간적인 자연의 힘으로 설명한다. 인도교의 시바(Siva)신이나 칼리(Kali)신 역시 인간적이면서도 초인간적으로 묘사되며, 이집트에서는 신령을 동물과 인간과 우주적인 것을 합친 복합체로 묘사하기도 하였다.

다신적 원시종교의 네 번째 특징은 우주의 힘이 다양하고 신비롭기 때문에 오는 무질서라고 할 것이다. 자연과 우주는 여러 가지 힘을 가진 신령들로 가득 차 있고 그들의 움직임으로 자연이 운행된다고 하겠지만, 그것은 우주의 혼란과 모순과 불가사의를 말해 줄 뿐, 우주를 통합하는 중심 세력을 설정하지 못한다. 신령들의 세계에는 통합도 없고 따라서 질서도 체계도 없다. 결국 다신적 원시종교는 우주를 뒷받침하고 있는 체계와 이유를 충분히 설명하지 못하고 만다. 따라서 앞에서도 말한 대로 인간의 입장에서는 이 신령 저 신령과 다양한 관계를 가질 수밖에 없다. 한 신령을 잘 모시는 것만으로는 실리를 거둘 수 없기 때문에 많은 신령의 선심을 얻어야 한다. 결국 좀 더 강력한, 좀 더 효험 있는 주력에 매달리게 된다. 그러므로 이러한 종교적 방황은 인간의 궁극적 관심의 방향을 잃어버리게 한다. 무속 신앙의 특징이 그것이다. 어떤 한 신—한 궁극적인 힘—에 대한 충성이나 정성이 아니라 실리적이며 의타적인 행위에 그치게 된다는 것이다. 그러한 관심은 인간의 궁극적인 관심이 될 수 없기 때문이다. 결국 인간은 궁극적인 관심의 대상을 찾을 수 없으며, 따라서 하나의 종교로서 승화하기 어렵다.

특히 원시종교의 신령들이 몰가치적이며 때로는 비윤리적일 때, 그 신령들이 인간 사회를 유지하며 인간 사회의 윤리적 질서를 잡아 주는 가치 체계로 승화하기는 더욱 어렵다. 다신적 원시종교는 인간 사회의 산물이면서도, 인간 사회의 운영과 체계의 가치 체계로서는 발전하지 못하였다. 사회를 하나로 묶는 가치의 제공자로서가 아니라 인간이 자연 안에서 살아가는 데 필요한 하나의 방법으로서 원시종교의 의식과 주술과 관습이 발생한 것이라고 할 것이다.

인도인의 신관

인도교에 대해서는 다신론이라고 할 수 있고 또 유일신론이라고도 할 수 있다. 그리고 인도교는 유일신적이라고 해야 정확할지 또는 일원론적 형이상학을 가지고 있다고 해야 할지 논란의 여지가 많다. 일반적으로 말해서 서민들의 신앙은 '다신적(多神的)'이라고 할 수 있지만, 믿는 사람의 입장에서는 많은 신 가운데 한 대상만을 택하여 신봉하며 그 신은 많은 신들 가운데 가장 고상하고 위대하다고 믿기 때문에 한마디로 한번에 많은 신을 동등하게 대하는 것과는 다르다. 그리고 인도교는 종교로서는 신론(神論)을 인격적으로 말할 수 있으나 하나의 철학으로서는 비인격적인 일원론이 아닌가 생각할 수 있다. 그러므로 인도인들이 숭상하는 종교의 대상이나 우주의 실체를 말할 때 단순하게 그것이 하나뿐이라든지 많다든지, 인격적이라든지 비인격적이라고 규정하기 어렵다.

'고전적' 인도교 혹은 인도 철학에서 제시하는 '실체론(實體論)'은 그들의 우주론을 살핌으로써 한층 더 분명하게 드러날 수 있다. 앞 장(제8장)에서 우주의 시작을 인도교에서는 '우주란(宇宙卵)'이라고 하였지만 우주란의 구조 혹은 우주의 구조는 14층으로 되어 있다고 한다. 우주의 중간 지역 혹은 중간대(中間帶)가 바로 지상(地上)이라고 하는데 지표 하부에는 파라타스라는 7층의 하부 지역이 있다. 그러나 이 하부 지역은 지옥이 아니라 아주 살기 좋은 곳으로 이른바 '지하신(地下神)'들의 거처이며 거기에는 뱀신이나 생산신들이 산다고 한다. 물론 지옥은 역시 이 하부 지역에 붙어 있다.

인도의 신화는 상부 지역에 해당하는 8층 세계에 대하여 더 흥미가 있게 진술하고 있다. 제8층 지표에는 인간과 동물들 그리고 식물들과 군사 귀신들이 산다. 우주의 9층 상부 지역 즉 지상과 태양 사이의 지대를 '중천(中天)' 혹은 조상들의 지역이라고 한다. 이 중천에는 사별한 조상들과 군소 귀신들이 산다. 그리고 바로 그 윗부분인 우주의 10층 지대를 인드라신이 지배하는 인드라 로카(Indra-loka) 혹은 스바르가라고 하며, 이 지대는 태양과 북극성 사이에 있다고 한다. 이 8 · 9 · 10층을 '3층천(三層天)'이라고 하며 '중천'과 '인드라 로카'는 천국이라고 하는데, 거기에는 먹을 것과 마실 것이 충분하며 성행위의 규제가 없다고 한다. 그 중 인드라 로카는 특히 무인(武人)들의 천국으로 주연(酒宴)이 그치지 않는다는 것이다.

우주의 최상층인 11 · 12 · 13 · 14층은 보이지 않는 하늘들로 알려져 있다. 11층은 성현(聖賢)의 지역, 12층은 브라마의 아들들, 13층은 브라마 신의 친구들의 지역, 그리고 최상천은 브라마신의 하늘로 되어 있다. 최상천은 브라마 로카(Bramā-loka) 혹은 사티아 로카(Satya-loka: 진리의 영역)라고 불린다. 이 최고(最高) 4층천에서는 성(性)의 차이도 없고 음식도 필요없다고 한다. 여기에 사는 사람들—성현 · 도사(道士) · 제신(諸神)들—은 명상으로 시간을 보낸다고 한다.

그런데 우주는 이러한 14층의 지대를 가지는 단 하나의 우주가 아니라 이런 우주가 무한히 있다는 것이다. 우주는 거품같이 무수한 14층짜리 세계로 가득 차 있다는 것이다. 그러니까 이 우주는 무한한 수의 브라마신이 있고, 브라마신마다 하나의 세계를 지배하고 있다는 것이다. 이 무수한 우주를 모두 합쳐서 마야(Maya) 혹은 프라크리티(Prakriti)라고 부른다. 마야는 14층 세계 하나만을 말하는 것이 아니라 그런 세계가 무한히 있는 우주 전체를 일컫는 말이다. 마야는 물리적 세계만이 아니라 정신적 세계이며 천당과 지옥과 제신(諸神)과 제귀(諸鬼)들이 모두 포함되는 우주이다. 인간의 육체는 마야의 일부분이며 마야에 속하는 인간 영혼을 지바(Jiva)라고 한다.

마야 세계에 속해 있는 인간의 운명에 대하여 인도교는 영혼 재래설과 윤회설을 제시한다. 이것을 삼사라(samsara)라고 부르는데, 이 가르침에 따르면 인간의 영적 요소인 지바는 육체로부터 분리되어 마야의 상부 지대나 하부 지대로 이동한다. 딴 곳으로 이동한 영혼은 다른 종류의 육체와 합쳐져서 하나의 초자연적인 존재로 재생한다고 한다. 상천이나 중천에 가게 되면 조상신이 된다든지 하나의 데바(deva)－제신의 하나－로 재생하든가, 상부 지역에 재생하여 아수라(阿修羅, asura)나 곤욕을 겪는 혼이 되기도 한다. 그러다가 인간 지바는 다시 다른 지역에 재생하여 윤회의 과정이 계속된다. 인간은 마야의 각계각층에 재생하여 마야의 돌고 도는 수레바퀴에서 '영원히' 살고 죽고 다시 살고 죽고 한다는 것이다. 이것을 '삼사라'라고 한다.

이로부터 시작하여 인도의 인생 철학을 계속 말할 수 있겠지만, 인도인에게 마야의 세계는 사실상 궁극적인 우주의 본체도 아니며 인간의 궁극적인 관심의 대상이 될 수도 없다는 것이다. 여기에서 다른 또 하나의 인도인의 형이상학 혹은 고전 종교가 발전되었다. 인도의 신론은 브라만과 아트만(ātman)의 개념이 그 중심이 된다. 브라만은 마야 세계 뒤에 있는 실체이다. 브라만은 마야의 근거이며 마야의 근원이라고 할 수 있다. 그러나 브라만은 마야를 초월한다. 마야는 변화하지만 브라만은 불변한다. 마야의 세계는 정욕과 욕심과 이해 관계로 얽힌 '인간 세계'이지만 브라만은 그 모든 것을 초월한다. 브라만은 불변의 근원이며 영원한 자존자(自存者)이다.

브라만에 대해서는 우파니샤드(Upanisads)경(經)에서 논의되고, 여러 가지 비유로 설명되고 있지만 한마디로 브라만은 설명할 수 없다고 한다. 오로지 특별한 신비적 경험에 의하여 실지로 경험하는 길밖에 없다는 것이다. 우파니샤드경의 한 책에는 다음과 같은 글이 있다.

> 깊은 명상을 거쳐서 인과(因果)의 세계를 초월한 경험에 의하여 나타난 자는 최고의 브라만이라고 경전에 적혀 있다. 그는 실체이며 그 이외의 모든 것은 그림자와 같다. 그는 불멸한다. 브라만을 아는 자는 모두 현상 세계를 뒷받침하는 유일의 실체로 안다. 그래서 그들은 브라만을 섬긴다. 그리고 브라만에 파묻혀서 생과 사와 재생의 수레바퀴로부터 해방된다(쉬에타쉬바타라경에서).

인간의 명상을 거쳐서 우주의 실체인 브라만을 파악하고 체험하는 것이 바로 윤회의 마야 세계에서 해방되는 것이며 또한 그것이 인간 구원이라는 것이다. 그런데 이 브라만을 '그'라고 표현할 때 어떤 인격을 부여하는 인상을 준다. 그러나 여기에 대하여 브라만을 인격적으로 부르는 것은 옳지 않다고 하는 입장이 있다. 어떻든 브라만을 신으로 생각하느냐, 아니면 하나의 형이상학적 실재로 보느냐 하는 것은 아직 결정을 볼 수 없는 것 같다. 다만 신비주의적인 입장에서 볼 때 브라만은 세계와 우주를 초월하는 존재이며, 객관적인 실체인 동시에 인간의 내면에 내재되는 존재로서 주관적인 실체라는 것이 중요하다. 주관적인 실체로서 브라만을 인도인은 아트만이라고 부른다. 인간 영혼 지바의 근거로서 브라만이 곧 아트만이라는 것이다.

따라서 브라만은 이른바 외부 세계의 중심 혹은 근거로서 존재할 뿐만 아니라 인간 영혼의 초월적 차원—가장 깊은 차원—에 존재한다는 것이다. 우파니샤드경에 "우리 안에 있는 것은 또한 우리 밖에 있다. 우리 밖에 있는 것은 우리 안에도 있다. 우리 밖에 있는 것과 우리 안에 있는 것이 다르다고 하는 자는 영원히 죽음에서 죽음으로 돌아다닐 것이다"라고 쓰여 있다. 그리고 아트만을 이렇게 묘사한다. "그것은 엄지손가락만한 고기밖에 안 되는데 우리 가슴 한가운데 박혀 있다. 그는 과거와 미래에 걸쳐 영원한 주(主)이시다. 그것을 찾은 자는 두려울 것이 없다. 참으로 그는 영원한 자아이다" (카타[Katha]에서).

인도교의 신비주의는 인간의 궁극적 관심을 이 세상에 두지 않고 초월적인 곳에 두고 있으며, 그 초월적 관심은 결국 자아의 깊은 차원—아트만의 차원—에 둔 것이다. 그리고 인간의 구원은 바로 마야 세계로부터의 해방이며 그 해방은 또한 자아—자아 의식의 깊은 차원—의 발견인 것이다. 우주의 실재는 결국 하나로 환원된다. 그것은 다름 아닌 자아이며 인간 의식의 가장 깊은 차원이다. 사고 없는 순수한 생각, 객체 없는 순수한 주체—가장 인격적이면서 개성을 잃어버리고 우주 전체에 환원해 버린 통합의 상태이다. 이 상태는 가장 신비로운 종교적 체험에서 경험할 수 있으며 인식할 수 있다는 것이다. 이것을 인도 종교철학자

라다크리슈난(Sarvepalli Radhakrishnan, 1888~1975)은 이렇게 묘사한다. “그것은 불가시적(不可視的)이며, 초월적이며, 불가사의하며, 불가인지(不可認知)하며, 묘사할 수 없는 자아 의식의 본질이며, 세계의 완성이며, 영원한 평화이며, 축복이다.”[4]

인도 종교의 특징은 다신론적이면서도 그 속에 어떤 통일된 질서가 보이며, 여러 가지 신들을 초월하는 자존적 실체를 가지는 데서 원시종교의 테두리를 벗어나 있다고 할 수 있다. 브라만의 실체에서 모든 신들을 통합시킬 수 있으며, 브라만은 모든 신을 초월하고 있다. 그리고 브라만은 인간의 궁극적 관심에서 구원의 목적이 된다.

또 하나의 특징은 이 브라만은 초인격적이면서도 또한 인격적인 점이다. 우주와 인간 영혼의 기반이면서 또한 숭배의 대상이 된다. 그리고 모든 것은 인간의 깊은 의식의 차원에 하나로 합일된다. 브라만 아드만은 객체와 주체를 모두 초월하면서도 결국 인간의 궁극적 관심과 인간의 가장 깊은 차원에 있는 것이고 그 자체이다. 그러나 그것은 나 한 사람의 차원이 아니다. 나 개인의 차원이 아니라 우주 전체라는 것이고 모든 것이라는 것이다.

인도 신비종교의 두드러진 특징은 그 실재-그 차원-를 인간은 체험할 수 있다는 것이다. 나와 자신이 일치할 때, 즉 나와 온 우주가 하나가 될 때 그 깊은 차원을 체험할 수 있다는 것이다. 그것은 궁극적인 자기 초월의 과정, 자아 부정의 과정에서 이루어질 수 있다는 것이다. 원시종교의 실리적인 수단이 아니라 인간의 정신적 완성이라는 목적으로서 종

4 S. Radhakrishnan, *Indian Philosophy* (New York: Allen & Unwin, 1927), Vol. I, p. 140.

교는 승화되는 것이다. 결국 자아 완성과 자아 발견의 종교로서 인도의 신비철학은 그 높은 위치를 차지하게 된 것이다.

초월적 존재의 이름 | 제10장

인간의 궁극적인 관심으로서의 종교가 그 관심의 대상을 무엇으로 생각하고 있는가 하는 것이 우리의 과제이다. 인간의 종교적 관심은 이 세상을 궁극적으로 뒷받침하고 있는 실재가 있다면 그것은 무엇이며 어떠한 기능을 갖고 있는가 하는 것이다. 그 궁극적인 존재와 인간은 어떤 관계에 있는가 하는 것이다. 원시종교인 무속 신앙은 우주의 여러 가지 현상에 초인적인 정령(精靈)을 설정하고 거기에 주력(呪力)이 있다고 믿었고, 인간은 그것들과 실리적 관계를 맺어야 한다고 생각하였다. 다신론적 우주 이해는 우주와 인간 생활에 어떤 통합된 구심점을 주지 못하여 그 우주관(宇宙觀)과 구원관(救援觀)은 산만하기만 하다. 그러나 인도교의 종교적 발전에서 다신론으로부터 유일신론 혹은 일원론의 변동을 보았다. 인도의 고전적 종교철학은 현상 세계를 다스리는 신들과 초자연적이며 초인간적인 존재를 구분하였다. 그리고 인도 신비주의는 그 초월적 존재를 객관화시키지 않고 인간 자아 의식의 깊은 차원 안으로 끌어들여 주관화시켰다. 주체와 객체가 하나가 되는 차원에서 궁극적 관심을 발견하고 거기에 도달한다. 인간의 종교적 관심은 브라만-아트만의 일치이며 자아 발견으로 환원하는 것이다. 이로써 인간은 궁극적으로 자기 자신과 우주로부터 탈출하며 초월한다. 그리고 그 상황은 우주의 진리를 파악한 구원의 상태이며 실체를 발견한 신비적 경험의 상태이다.

이 장에서는 인도의 신비주의를 더욱 발전시킨 불교의 우주관과 그 허무주의적 실재론(實在論)과 이와는 아주 대조적인 유태-기독교적 신관(神觀)을 살펴보려고 한다. 우주의 실재를 가장 초인격적으로 보면서도 허무주의적인 불교와 우주의 창조주를 가장 인격적이며 활동적으로 보는 유태-기독교의 신관을 비교하는 것은 퍽 흥미있는 일이라 하겠다. 여기서 논하는 불교는 철학적인 점이 많으며 실재론에 국한하기로 하고 그 인생 철학은 다음 장(제12장)으로 미루기로 한다. 기독교의 신관 역시 그 발전의 전모를 부언할 수는 없고 다만 그 중심 사상을 살펴볼 수 있을 뿐이라는 것을 미리 말해 두어야 하겠다.

불교의 네 가지 진리: 사성체

엄격하게 말하면 불교에서는 이론적이며 형이상학적인 우주론이 없다. 특히 초기 불교에서 그렇다고 할 수 있다. 경전에는 불타 자신이 형이상학적 질문을 기피하거나 쓸모없는 것으로 말하고 있는 것을 볼 수 있다. 불타의 궁극적 관심은 우주의 실재라든가 존재론적 문제가 아니라 인간 구원의 문제였기 때문이다. 특히 인생의 고통으로부터의 궁극적 해방이 그의 관심사였기 때문이다. 마지히마-니카야경(수타 63)에 보면 세존(世尊)의 제자가 말하기를 "세존께서는 다음의 이론들은 반발하거나 취급하지 않으셨다—세계는 영원하다. 세계는 영원하지 않다. 세계는 유한하다. 무한하다. 영혼은 육체와 같다든지 두 가지는 전혀 다르다든지, 성인(聖人)은 사후(死後)에도 생존한다든지 안 한다든지 이런 것들은 설명하지 않으셨다." 그리고 이러한 형이상학적인 질문이 인간의 구원 문제와 아무런 관계가 없다는 것을 다음과 같은 우화로 일러주고 있다.

> 한 사람이 독이 잔뜩 묻은 화살을 맞고 쓰러졌다. 그래서 친구들과 친척들이 의사를 불러 그 화살을 뽑아 내기로 하였다. 그런데 화살 맞은 사람이 나를 쏜 사람이 군인 출신인지 아닌지 브라만 출신인지 농공(農工) 출신인지 알기 전에는 이 화살을 빼내지 않겠소 하고 떠들었다. 그리고 또 나를 쏜 사람의 이름이 무엇이고 어느 동리 사람인지 알기 전에는 절대로 화살을 뽑지 마시오, 그러면서 계속 말하기를 나를 쏜 사람이 키가 큰지 작은지 깜둥인지 노란 얼굴을 하고 있는 사람인지 보기 전에는 이 화살을 뽑지 마시오 하였다. …… 물론 그런 것들을 다 알기 전에 그 사람은 화살 독에 죽어 갔다.
>
> 마찬가지로 이 세상이 영원한지 아닌지 …… 성인은 죽은 다음에도 계속 살 것인지 아닌지 알기 전에는 세존의 가르침을 따라 종교 생활을 할 수 없소 하다가는 결국 죽고마는 것이다. 결국 종교와 인생은 그러한 교리나 형이상학적 이론에 따르는 것이 아니라는 것이다.

여기에서 불교의 종교적 질문은 지적(知的) 호기심에서 나오는 질문이 아니라는 점을 분명히 하고 있는 것 같다. 인간의 궁극적 관심은 초월의 실재를 따지거나 그것에 이름을 붙이고 그 성격을 규명하는 지성적 활동이 아니라는 것이다. 불교의 종교적 관심은 한마디로 비지성적이라고 해도 과언이 아니다. 불교의 궁극적 관심은 고통으로부터의 해방이기 때문이다. 이러한 비지성적이며 몰형이상학적인 태도에서부터 불가지론적 태도까지 가지고 있다. 형이상학적 질문은 논의할 필요가 없을 뿐만 아니라 또 알 수도 없다는 것이다. 그리고 이러한 불가지론(不可知論)은 더욱 비약하여 허무주의로 발전한다. 우주의 실재는 무상(無常)이라는 종교적 패러독스이다.

불교에서는 '실재는 무상'이라는 생각을 인과(因果) 혹은 연기(緣起)의 개념으로 풀이한다. '연기'라는 말은 '……으로 말미암아 일어난다'는 뜻을 가지고 있으며, 이 세상의 모든 일은 서로 의존하고 따라서 서로 원인이 되고 결과가 된다는 생각이다. 즉 연기 혹은 인과는 존재의 법이며 따라서 불교의 존재론을 말하는 술어이다. 이 연기를 설명하기 위하여 불타의 10대 제자의 한 사람으로 지혜가 많았던 사리푸트라(Sāriputra, 舍利弗)는 비유로 말한다.

> 이를테면 여기에 두 개의 갈대 단[束]이 있다고 하자. 이 두 개의 갈대 단은, 서로 의지하고 있을 때 서 있을 수가 있다. 그것과 마찬가지로, 이것이 있으니까 저것이 있는 것이며 저것이 있으니까 이것이 있는 것이다. 그러나 만약에 그 두 개의 갈대 단에서 어느 하나를 떼어 낸다면 다른 한쪽도 넘어질 수밖에 없으리라. 그것과 마찬가지로 이것이 없으면

1 相應部經典, 12, 67, 갈대단. 增谷文雄 저, 李元燮 옮김, 『佛敎槪論』(玄岩社, 1974), pp. 93-4 참조.

저것도 없고 저것이 없으면 이것도 없을 수밖에 없는 것이다.[1]

이것을 한마디로 표현하면 "만일 이것이 있으면 곧 저것이 있고, 만일 이것이 생하면 저것이 생한다. 만일 이것이 없으면 저것이 없고, 만일 이것이 멸하면 저것이 멸한다"라고 할 수 있다.[2] 즉 현상 세계의 모든 것이 공간적으로 동시에 병존하는 '상의상자(相議相資)'의 연관성을 가지고 있다는 말과, 또한 시간적으로 보아 사건과 사건은 모두 어떤 인과법칙이란 관계를 가지고 생겨난다는 것이다.

이러한 연기의 개념으로 세상을 설명하면서 그것이 어떻게 인생과 관계를 가지는가에 대하여 열두 가지 인과의 쇠사슬을 제시한다.

> 때에 세존께서는 그날 밤 초저녁에 이르러 연기(緣起)를 순역(順逆)으로 생각하시었다. 무명(無明)에 말미암아 행(行), 행에 말미암아 식(識), 식에 말미암아 명색(名色), 명색에 말미암아 육처(六處), 육처에 말미암아 촉(觸), 촉에 말미암아 수(受), 수에 말미암아 애(愛), 애에 말미암아 취(取), 취에 말미암아 유(有), 유에 말미암아 생(生), 생에 말미암아 노(老)·사(死)·수(愁)·비(悲)·고(苦)·우(憂)·뇌(惱)가 생긴다. 이 모든 고온(苦蘊)이 생긴다고.[3]

이 말을 풀어 본다면 인생이라는 것은 열두 가지 혼미(昏迷)의 연쇄작용으로서 하나는 또 하나를 낳고 다른 또 하나는 또 다른 혼미를 계속

2 相應部經典, 2, 96.
3 율장대품, 1. 增谷, 앞의 책, p. 94.

시킨다는 것이다. 즉 '무명'은 혼미의 근본인 무지이며, 이 무지는 '행' 즉 동작을 낳고, 그 동작은 '식' 즉 의미 작용을 일으키고, 이것은 또한 이름만 있을 뿐 형태가 없는 마음과 형체 없는 물질 즉 '명색'을 낳고, 명색은 또한 눈 · 귀 · 코 · 혀 · 피부 · 의식의 육처를 통하여 접촉하고 감각을 얻어 '애' 즉 즐거움을 사랑하고 추구하게 되어 욕정에 따라 물건을 취하고 일이 생기고[有], 거기에서 생명이 태어나고[生], 그것은 결국 늙어서[老] 죽게[死] 되는 것이다. 이 모든 생사의 한계와 사건들은 결국 고뇌의 연속이라고 할 수 있다.

'연기'의 존재론은 첫째, 모든 존재는 상호의존적이며 상대적이어서 절대적 존재란 하나도 없다는 것이다. 우주의 생성유전(生成流轉)—생겼다 없어지고 흘러가는 것—은 그럴 만한 조건이 있어서 생겨난 것이며, 그것들은 또한 그럴 만한 조건이 없어지면 그 존재도 있을 수 없으며, 따라서 절대적인 것, 영원한 것, 무조건적인 것을 용납할 수 없다. 이 세상에는 조건 없이 존재하는 것, 제약받음이 없이 존재하는 자존자(自存者) 혹은 독존자(獨存者)는 없다는 것이다. 둘째, 사상은 모든 것을 인과의 연쇄 작용으로 보기 때문에 인생은 그 인과의 쇠사슬에 매어 있으며 그 전체 과정은 고뇌에 불과하다는 것이다. 인생은 고뇌의 연쇄 관계뿐이라는 생각이다.

'연기'의 이러한 사상은 '무상'이라는 불교의 가르침을 유도한다. 무상 아니카(anicca)라는 말은 상, 즉 니카(nicca)를 부정하는 말로 이 세상에는 영구적이며 불변하는 존재란 하나도 없다는 뜻이다. 이 세상의 모든 존재가 상대적이라는 말은 이 세상은 독자적인 실체를 가지고 있지 않다는 것이다. 연기의 세계는 따라서 무실체(無實體)이며 공허하다는 것이다. 여기에서 불타의 이른바 '제행무상인(諸行無常印)'의 가르침이 풀이된다. 제행이라 함은 제법(諸法), 모든 것, 객관적인 모든 존재와 주관적인 정신의 여러 상태를 말하는 것이다. 즉 세상의 모든 것, 현상계(現象界)의 모든 것이 변하므로 일시적이며 허무하다는 것이다.

그렇기 때문에 이 세상은 '고(苦)'라는 것이다. 영구성이 없는 항시 변하는 세상에 발 붙일 수 없으니까 그것은 '고'일 수밖에 없다. 불타의 깨달음은 '무상한 것은 고(苦)다' 하는 것이었다. 나타(羅陀)라는 비구는 "대덕(大德)이시여, 고(苦)다 고다 합니다만 어떤 것을 고라고 하나이까" 하고 물었다. 불타의 답변은 "색(色: 물질적 요소)은 고요, 수(受: 감각)는 고요, 상(象)은 고요, 행(行: 意志)은 고요, 식(識)은 고다"라고 하였다. 결국 인간을 구성하는 다섯 가지 요소, 즉 색(色)·수(受)·상(想)·행(行)·식(識)은 모두 무상하며, 그것들은 모두 고(苦)의 원인이라는 것이다.[4] 이 무상한 존재 속에, 인간은 또한 그 존재의 일부로서 무상의 운명 속에 놓여 있다. 인간이 아무리 원한다 해도 언제까지나 젊고 건강하게 살아갈 수는 없다는 것이다. '고'는 바로 인생은 유한하며 무상하고 무의미하고 허무하다는 것이다.

불타가 제자들에게 가르친 것은 바로 이 허무주의로 요약되며 그의 종교는 여기서 출발한다 하겠다. 우주와 인생의 연기(緣起)와 무상(無常)을 터득하는 것이 바로 구원의 시작이며 진리를 파악하는 첫 출발이라는 것이다. 그리하여 '무상은 고(苦)'라는 진리가 이른바 '사체설(四諦說)'의 제일체 즉 제일 진리라고 한다. "이는 고성체(苦聖諦)다. 생(生)도 고(苦)요, 노(老)도 고며, 병(病)도 고요, 사(死)도 고다. 원수와 만나는 것도 고요, 사랑하는 자와 이별하는 것도 고며, 구하는 것을 얻

4 相應部經典, 23, 15, 苦 1. 增谷, 앞의 책, p. 108.

지 못하는 것도 고요, 요약하여 말하자면 오취음(五取陰)이 고이니라"[5] 고 한다. 이 제일체에서 출발하여 둘째 진리는 이 고의 원인이다.

> 비구들이여, 고의 발생의 성체(聖諦)란 이것이다. 후유(後有)를 일으키고, 기쁨과 탐욕을 수반하고, 무엇에나 집착하는 갈애(渴愛)가 그것이다. 그것에는 욕애(慾愛)와 유애(有愛)와 무유애(無有愛)가 있다.

즉 고의 원인은 인간의 하잘것없는 욕망으로서 성욕과 개체 존속의 욕망과 명예와 권세욕 때문에 결국 '후존(後存)' 즉 생과 사 사이를 윤회하게 된다는 것이다. 제이체를 집체(集諦)라고 하며 무상한 인생과 세상에 욕심으로 집착하고 애착하기 때문에 고민과 번뇌가 생긴다는 것이다.

제삼의 진리는 멸체(滅諦)이다.

> 비구들이여, 고(苦)의 소멸의 성체란 이것이다. 이 갈애를 남김없이 멸하고 버리고 떠나고 벗어나서 더 이상 집착함이 없기에 이르는 일이다.[6]

인간 고뇌의 원인인 욕정을 멸하고 단념하고 일체의 집착을 버리고 해탈하는 것이다. 제사체는 도체(道諦)라고 한다. 이것은 '팔정도(八正道)'라고도 하지만 정견(正見) · 정사(正思) · 정어(正語) · 정업(正業) ·

5 南傳藏, 大品第一. 金東華, 『一佛敎倫理學』(文湖社, 1971), p. 103.
6 "여래소설." 增谷, 앞의 책, p. 136.

정명(正命)·정정진(正精進)·정념(正念)·정정(正定)의 여덟 가지 선행(善行)을 말하며, 도덕적 규준을 설정한 것이다.

인도교에서 말하는 마야의 세계를 불타는 무상하다고 보았고 그의 제자 용수(龍樹: 나가르주나)는 공(空)으로 보았다. 그리고 무상은 고(苦)로서 인식하였고, 그 고의 원인을 인간의 욕망에 두었다. 이 욕망을 소멸하는 길이 공(空)과 무상과 허무로부터의 해탈이다. 이 해탈을 '열반(涅槃: nibbāna 혹은 nirvana)'이라고 한다. 사리푸트라는 열반을 한 친구에게 이렇게 설명한다. "벗이여, 무릇 탐욕의 소멸, 노여움의 소멸, 어리석음의 소멸, 이것을 일컬어 열반이라 한다"[7]고. 열반은 공(空)을 공으로 인식하고 무상을 무상으로 인식하며 거기에 집착하지 않고 더욱 적극적으로는 거기에 애착을 느끼는 욕망을 단절하는 것이다. 니르바나 혹은 열반의 뜻은 '멸도(滅度)', '적멸(寂滅)' 또는 간단하게 '멸(滅)'이라고 한다. 좀 더 상징적으로 '불이 꺼진 상태' '연소(燃燒)의 소멸(消滅)'을 뜻한다고 한다.[8] 공(空)을 공으로 받아들이지 않고 유(有)로 만들려는 욕심을 없애는 데 해탈이 있고 열반이 있다는 것이다.

이러한 생각들을 정리해 보면 불교의 허무주의는 이 세상과 인생이 무상하다는 뜻으로만이 아니라, 인간이 목표로 하는 구원의 상태 역시 무(無)이며 공(空)이며 허무하다는 말이 될 것이다. 인생의 참뜻은 이 허무를 인식하고 깨닫는 데 있다는 역설이 된다. 무상한 세상을 그대로 받아들이지 않는 욕망으로 가득 찬 인생은 뜻이 없으며 고뇌와 번뇌의 연속에 불과하다는 것이다. 실체는 열반을 통하여 다시 한 번 허무하다

7 相應部經典 38, 1, 열반. 增谷, 앞의 책, p. 142.

8 앞의 책, p. 143.

는 것을 드러낸다. 그러므로 궁극적으로 실체는 무이며, 인간의 궁극적인 관심 역시 무가 아니냐는 말이다. 여기에 불교의 비상한 허무주의가 성립되는 것 같다.

그런데도 그 무는 적극적인 가치가 있다. 왜냐하면 거기에는 구원이 있으며, 그것이 인간의 궁극적 관심이며 목적이며 끊임없이 물음의 대상이 되기 때문이다. 또한 이 무는 인도교에서처럼 신비적으로 체험하는 것이다. 무는 어떤 객체도 아니며 도달하는 종점도 아니라 궁극적 상태이며 체험이다. 열반의 의미를 적극적으로 이해하기 위하여 무의 체험을 자아 발견으로 해석하기도 한다. 자아가 무상의 세계와 욕망으로부터 해탈할 때 비로소 우주적 '대아(大我)'—무(無)—로 빠져 들어간다는 것이다. 해탈과 열반은 '연기'의 세계에 빠졌던 '소아(小我)'가 '대아(大我)'와 일치되는 상태를 말한다. 그러므로 '무'는 '우주적 대아'를 말하며 실체를 말하는 것이 될 수 있다. '무'는 형이상학적 존재인가 하는 문제는 깊은 변증법적 철학의 문제인 것 같다. 다만 '무'와 '공'에로의 돌입을 인간의 궁극적 관심인 구원으로 볼 수는 있지만, 그것을 '신'이라는 이름으로 부르고 숭배의 대상으로 할 수 없는 것은 분명하다 하겠다. 무는 단순한 부정이 아니다. 이것은 또 다른 차원으로의 비약이며 깨달음이며 '꿈에서 깨어나는 것'이다. 새로운 비전을 가지는 체험으로서 긍정적인 것이다. 다만 그 깨달음과 비전과 그 차원에 이름이 없을 뿐이다.

야훼 하느님

유태교와 기독교 그리고 이슬람교는 초월적 차원에 이름을 붙였을 뿐만 아니라 가장 뚜렷하게 인격적인 대상으로 삼아 왔다. 이 초월자와 인간의 관계는 뚜렷한 인격적인 관계이다. 추상적이고 형이상학적인 대상이 아니라 구체적이며 역사적인 존재로서 우주와 역사의 주인공을 이해하였다. 인간의 궁극적인 관심은 이 우주의 일인자, 창조주에게 집중되며 우주의 궁극적인 실재는 근본적으로 인격적이다. 그리고 우주는 의식적인 목적을 가지고 운행되며 역사 역시 어떤 방향을 가지고 진행된다고 믿는다. 이 창조주는 야훼 신이며, 생각하고 의지하며 인간들처럼 느끼고 행동한다는 것이다.

유태교와 기독교 그리고 이슬람교의 신관을 하나로 묶어서 다루는 이유는 이들 종교는 역사적으로 밀접한 관계가 있기 때문이다. 세 종교가 모두 중동 지역에서 발생하고 성장했으며, 시작부터 셈족의 종교로서 많은 공통점을 갖고 있다. 기독교는 오늘에 이르러 많이 달라졌지만 유태교의 소산이며, 이슬람교는 유태교와 기독교의 양자(養子)나 다름없다. 예수 역시 유태인이었으며 예수의 처음 제자들도 유태인들이었고, 기독교는 '새 이스라엘'로서 그 근원을 유태인의 조상인 아브라함이라고 한다. 예수는 유태인의 메시야로 믿어졌다. 이슬람 역시 유태 족장들을 성인으로 알고 예수를 선지자로 알았으며, 성서를 신의 말씀으로 삼고 예루살렘을 메카와 메디나 다음 가는 성시(聖市)로 받든다. 이 세 종교의 신관의 공통된 점만을 여기서 다루려는 것은 또한 각 종교가 가지는 역사적 변천과 신관의 발전을 모두 다룰 수 없는 제약 때문이다.

이 세 종교가 가지는 가장 두드러진 신관의 공통점은 신은 유일한 존재라는 것이며 근본적으로 인격적인 존재라는 것이다. 이 세 종교는 동양 종교인 인도교나 불교와 다르게 일관성 있게 처음부터 인격적 유일신론을 주장해 왔다. 여기에서 반드시 알아 두어야 할 것은 '인격적'이란 말을 사용할 때 동양 종교와 중동 종교에는 근본적인 차이가 있다는 점이다. 인도교와 불교에서 말하는 인격 혹은 자아는 이미 개성을 제거하였거나 상실한 '무(無)' 혹은 해탈의 상태를 말하거나 그야말로 가장 초인격적인 상태를 인격적이라고 한다는 신비주의적 의미를 갖고 있다. 가장 순수한 인격적 자아는 초월적이고 초인적이며 우주적 '대아(大我)'—'공(空)'—그 자체에 흡수된 것을 말한다. 그래서 인도교와 불교에서는 우주와 자아의 실체를 초인격적이라고 하면서도 또한 가장 인격적이라고 한다. 초인격적인 것과 인격적인 것을 분간할 수 없는 것은, 나의 '소아'가 우주 안에 혹은 나 자신의 가장 깊은 자아에 흡수되었을 때의 자아는 객관적인 실체와 구별될 수 없기 때문이다.

그러나 중동 종교의 경우는 다르다. 여기에서 '인격적'이라고 할 때는 유명한 자아가 아니라 두드러지게 분명한 개인을 말한다. 인격은 경험과 활동의 개별적 중심이다. 그는 욕구하며 의지하고 생각하며 느끼는 통합된 존재이다. 인격의 중심과 본질은 있지만, 그것을 실현시키는 것 자체가 목적이 되지 않는다. 인격은 모든 구체적이며 특정한 개인의 성격을 가지고 있으며 육체적 및 정신적 활동을 한다. 인격은 구체적인 생(生)의 중심이라는 것으로 그 특징을 요약할 수 있겠다. 유태교와 기독교 그리고 이슬람교에서 신을 인격적이라고 할 때는 위의 개념들을 모두 포함한 구체적인 것으로 말한다.

이제 이 세 종교가 공통적으로 가지는 신관을 구약성서를 중심으로 살펴보기로 한다. 한마디로 요약한다면 야훼 신은 유일한 존재로서 우주를 창조하였으며 인간 역사에 개입하며 그 방향과 운행을 지배하고 인간에게 도덕적 명령을 내리는 도덕적 신이다. 야훼는 우주를 창조하였을 때 이미 인간 역사의 섭리자이며 지배자로서 군림한다. 인간의 역사 안에 목적과 방향을 제시하고 그 목적을 향하여 역사의 사건들이 진행되도록 의지(意志)하며 행동한다. 그리고 그 행동은 인간의 역사를 좌우하며 영향을 준다.

먼저 신은 창조주로서 자연 세계를 존재하게 하였고 그 속에 법과 질서를 부여함으로써 자연의 지배자로서 군림한다. 그리하여 야훼 신은 자연 현상 속에 나타나기도 하고 그것과 동일시될 때도 있다. 그리고 자연의 힘을 통하여 인간을 축복하기도 하고 벌을 주기도 한다. 야훼 신은 불과 물로 인간을 벌하고 태풍과 질병으로 징계하였다. 야훼 신은 태풍 속에서 말하고 불타지 않는 불꽃 속에서 말하며 구름 속에서 말한다. 그러나 자연 현상이 곧 신이라고 생각하지는 않는다. 자연과는 완전히 독립된 자존자(自存者)로서 자연을 지배하며 운행하는 지배자이다.

야훼 신은 에덴동산에서 인간을 창조한 이후 끝없이 인간과 관계를 가진다. 인간과 대화를 하고 인간과 약속을 하며 선악과를 따먹지 말라는 명령도 내리며 그것을 어겼을 때 신은 준엄한 벌을 내린다. 그리고 인간이 그 지은 죄를 회개하고 애통하는 마음으로 신에게 돌아올 때 용서하고 다시 새로운 관계를 맺는다. 히브리 민족은 자기네들의 역사를 하나님과의 '계약'의 역사로 보고 이런 것들이 되풀이된다고 생각하였다. 히브리 민족의 역사 안에 행동하는 야훼로 보았다. 야훼를 히브리 민족의 구체적인 역사 안에서 행동하는 역사적 신으로 믿었던 것이다. 야훼 신의 인간 역사 안에서 사업은 인간을 구원하는 사업이며 그 구원의 사업은 이스라엘 민족을 역사적인 민족으로 해방시키며 독립시키는 것으로 인식하였다. 야훼 신은 모세를 통하여 이집트에서 노예로 고생하는 히브리 민족을 해방시켜 팔레스타인의 가나안 복지로 이끌어 내었다. 다윗왕과 솔로몬왕의 왕조는 신정(神政)이었으며 그것은 야훼의 통치나 다름이 없었다. 서기전 8세기에 이스라엘 남북 왕조가 멸망하여 바벨론제국의 포로가 된 것도 야훼의 뜻이며 징벌이었고, 바벨론 제왕 키루스(Cyrus)의 해방으로 인한 귀국과 민족 부흥도 바로 신의 역사 참여로 믿었던 것이다. 이스라엘의 종교적 관심은 히브리 공동체의 역사적 구원에 있었다. 그러므로 그들의 신은 공동체의 역사적 희망 속에 살아 있었다. 야훼는 이스라엘 공동체의 역사 의식과 직결되어 있었다.

이스라엘 공동체의 역사 의식은 이스라엘 민족으로 하여금 철저한 선민사상(選民思想)을 가지게 하였으며, 어떤 사회나 정치적 도탄에 빠지더라도 신(神)의 구호와 구원이 반드시 따른다는 메시야 신념을 버리지 않는다. 선민사상은 히브리 종교의 초기에는 편협한 점이 없지 않았다. 야훼는 히브리 민족만을 구원하는 히브리 민족만의 신으로 알았으나, 이른바 이방 국가들이 이스라엘 왕국을 침략하고 히브리 민족이 비참한 역사를 겪어야 하는 상황에서 달라지기 시작하였다. 야훼는 히브리 민족만의 신이 아니라 모든 나라의 신이라는 보편적 개념을 가지게 되었다. 이것은 다른 민족들과의 접촉에서 얻은 종교적 우월감에서 온 것만이 아니었다. 히브리 민족이 다른 민족에게 패배하고 그 민족의 노예가 되는 것은 야훼가 히브리 민족 공동체의 죄를 벌하기 위한 것이라는 해석을 하게 된 것이다. 야훼는 모든 나라와 모든 민족의 신이므로, 외국의 세력을 이용하여 히브리 민족을 벌할 수 있다는 것이다. 야훼는 민족주의적 신으로서, '국제적' 신으로서 인간의 구체적 정치 · 사회 사건에 뛰어들어 '정치'를 하며 '국제 외교'를 통하여 문제를 해결해 나간다는 것이다. 이러한 사상은 이사야 · 예레미야 · 아모스 등 선지자들의 종교사상이었는데 그들은 야훼의 절대성과 역사성을 강조하면서 이스라엘의 선민사상을 한층 높은 차원으로 올려놓았던 것이다.

그러나 이보다 더 중요한 것은 선지자들의 윤리적 공헌이라 할 수 있다. 히브리 종교는 야훼와 인간의 관계를 처음부터 도덕적 관계로 보았다. 모세의 십계명은 그 역사적 신빙성은 희박하지만 히브리 민족의 신관이 도덕적이었다는 것은 충분히 말해 준다. 인간 사회의 도덕적 질서는 야훼 신이 제정한 것이며 인간은 야훼의 명령에 복종할 것을 약속함으로써 인간과 신의 관계는 성립된 것으로 알았다. 선지자들은 이스라엘의 역사적 파탄은 바로 이러한 도덕적 관계의 파탄에서 오는 것으로 보았다. 신과 인간의 도덕적 관계는 인간 개인에 관한 것만이 아니라 사회 공동체 전반에 관한 것이었다. 사회의 정치와 경제 체제의 도덕적 기준을 제공하며, 그 파탄을 구조적인 것으로 파악했고 공동체의 문제로 고발하였던 것이다. 선지자들의 도덕적 의식은 야훼를 정의(正義)의 신으로 알았다는 것이다. 야훼는 정의의 기준이며, 정의로써 이스라엘을 다스리며, 정의를 구현하기 위하여 행동하며 불의를 다스린다는 것이다. 그리고 그것은 사회의 정의—구조적 정의—를 말하며, 정치 · 경제적인 구체적 정의를 말하는 것이었다. 선지자 아모스는 이렇게 외친다.

> 무리가 성문(城門)에서 책망하는 자를 미워하며, 정직하게 말하는 자를 싫어하는도다. 너희가 가난한 자를 밟고 저희에게서 밀의 부당한 세를 취하였은즉 너희가 비록 다듬은 돌로 집을 건축하였으나 거기 거하지 못할 것이요, 아름다운 포도원을 가꾸었으나 그 포도주를 마시지 못하리라. 너희의 허물이 많고 죄악이 중함을 내가 아노라. 너희는 의인(義人)을 학대하며 뇌물을 받고 성문에서 궁핍한 자를 억울하게 하는 자로다.[9]

9 아모스서 5: 10-12.

이것은 당시의 정치 · 경제 체제의 부정과 부패를 고발하는 야훼 신의 말씀이었다. 야훼 신이 참으로 원하는 것은 히브리 종교의 의식과 예배와 제사가 아니라 "오직 공법(公法)을 물같이 정의를 하수(河水)같이 흐르도록" 하는 것이라고 한다.[10] 야훼는 종교적 신뿐만이 아니라 사회적 신으로서 정의의 구현을 의지(意志)하는 윤리적 존재로서 나타난다.

유태교와 기독교 사상의 근본적인 흐름을 살펴보았으나 몇 가지로 요약한다면 다음의 서너 가지 특징을 말할 수 있겠다. 가장 강조해야 할 것은 이 우주와 인간의 역사는 인격적 의지에 의하여 운영된다는 것이다. 따라서 유태교와 기독교 그리고 이슬람 교도들의 신관의 첫째 특징은 범신론적이거나 형이상학적 일원론이 아니라는 점이다. 자아 의식을 소유한 인격으로서의 신은 우주의 자연 현상 안에 아무데나 기생할 수 없으며 그 사물들과 동일시할 수도 없다. 그리고 히브리인의 신은 형이상학적 실재로서 '그것'이라고 부를 수 없다는 점이다. 그것은 철학적 개념일 수는 있으나 종교적 숭배의 대상이 될 수 없으며, 더욱이 인간의 궁극적 관심의 대상이 될 수 없다는 것이다. 신은 창조주이며 시간 없는 영원한 본질이 아니며, 우주를 뒷받침하며 질서를 부여하는 섭리자이며 우주 그 자체는 아니라는 것이다. 신이 손수 만든 물건과 신은 동일시될 수 없다. 피조물들로부터 독립된 절대 타자로서 우주와 자연을 초월하여 자존한다.

둘째 특징은 신비주의자들처럼 신에 대하여 말하는 것을 꺼리지 않는다. 인간이 만들어 낼 수 있는 '상징'으로서 의인적(擬人的)으로 신을 묘사하고 신의 성품과 행동을 말한다. 이 말은 유태교나 기독교 혹은 이

10 아모스서 5: 24.

슬람교에서 신을 우상화한다는 말이 아니다. 특히 유태교와 이슬람교에서는 신을 어떤 물질적인 것으로 그 상(像)을 세우지도 않으며 그리지도 않으며 연극으로 연출하지도 못하게 한다. 그러나 신을 통치자로 재판관으로 혹은 자비로운 아버지로 비유하면서 특정한 윤리적 · 정신적 성품이 있는 것으로 말한다.

기독교에서 신을 말하는 특징은 크게 세 가지로 나눌 수 있는데, 그 하나는 위에 말한 대로 도덕적 특성을 가진 존재로 어떤 인간의 직능에 비유하여 말하는 것과, 둘째로는 부정적으로 표현하는 것과, 셋째는 하나의 궁극적 '모델'로서 표현하는 것이라고 할 수 있다.[11] 둘째의 부정적인 표현은 신을 말할 때 '무한하다'고 하며 '무소부재(無所不在)'하며 '불가사의'하며 절대타자라고 한다. 이것은 모두 인간의 능력을 초월하였다는 것을 인간을 기준으로 부정식으로 말하는 것이다. 인간처럼 유한하지 '않고' 인간은 알 수 '없으며', 인간의 능력으로는 말도 할 수 '없고' 묘사할 수도 '없다'는 식으로 표현한다. 셋째 표현의 방식은 '완성'으로 말하는 것이다. '절대' 선하며 '가장' 완전하며 '지고선(至高善)'이라고 한다. 중세의 기독교 철학자 안셀무스(Anselmus, 1033~1109)는 신을 정의하기를 "더 이상 완전한 것을 생각할 수 없는 가장 완전한 존재"[12]라고 함으로써, 위의 둘째 표현 방식과 셋째 방식을 모두 합쳤다고 할 수 있다. 그러나 궁극적으로 유태교에서는 신을 정의의 신으로 말했고, 기독교는 사랑으로, 그리고 모슬렘교는 '자비로운, 인자하신' 알라라고 하였다. 어떻든 신을 묘사하는 데 인격적인 형용사가 붙었던 것이다.

11 Ian Ramsey, *Religious Language* (New York: Macmillian, 1957), pp. 55-102.
12 *Proslogium*, 1-2.

이들 종교가 가지는 신관의 셋째 특징은 신과 인간의 관계는 인격적이며 윤리적이라는 것을 강조하고 싶다. 신을 예배한다는 것은 신과 화목하고 친구되기 위한 것이며 신비적인 일치나 흡수를 말하는 것이 아니다. 신과 인간과는 '나와 그것(I-It)'의 관계가 아니다. '나와 너(I-Thou)'의 인격적 관계라는 것이다. 이 관계에는 섬김과 사랑과 충성이 따르며, 이 관계는 책임의 관계로서, 신뢰와 정의와 충성과 자비로써 보답하여야 한다는 것이다. 신은 우주와 역사의 지배자로서 인간의 복종을 명하고 기대하고, 재판관으로서 정의를 요구하며, 구원의 주(主)로서 자기 백성을 고통과 죄악으로부터 구원할 뿐만 아니라 인생의 동반자이며 본거지라는 것이다.

마지막으로, 신은 인간의 역사에 관여하여 심판하고 참여한다는 신 중심의 역사 의식이다. 세상을 창조하였을 뿐만 아니라 다스리며 인간에게 자유를 허락한다. 그리고 이 세계를 가치 있는 참세상으로 알고 인간의 역사를 진지하게 취급한다. 이 세계는 환상이 아니며 인간의 역사를 무상한 곤욕의 연속으로만 보지 않는다. 그렇다고 이 우주는 영원하며 무한하다고도 보지 않는다. 그러나 이 세계 안에서 이루어진 일들은 그 역사의 테두리 안에서 중요한 것이며 문제되는 일이라고 생각한다. 따라서 신의 역사 참여는 인간으로 하여금 신과 함께 역사에 동참하여 책임을 느끼고 역사 속의 신의 뜻이 무엇인가를 계속 묻게 한다. 신의 뜻을 인간의 역사 속에 구현하는 것은 신과 인간의 공동 책임이며 신의 명령으로 인식하기 때문이다. "하늘나라가 임하옵시며, 뜻이 하늘에서 이룬 것같이 땅에서도 이루어지게" 해달라고 기도하면서 이 역사 안에 신의 왕국이 구현되기 위하여 신의 뜻에 따라 행동한다는 것이다. 신은 역사적이며 따라서 인간과 한 민족의 역사 의식 속에 궁극적 관심으로

부각되는 것이다. 그 신은 과거의 역사를 형성한 전통의 신만이 아니라 현재와 미래의 역사를 창조해 나가는 희망의 신이라는 것이다. 그리고 그 희망은 초역사적인 것이 아니라 "역사 안에서 이루어질 구체적이며 현실적인 역사적 사건"인 것이다.

제11장 인간의 본질과 운명

"인생이 무엇이기에"

> 인생이 무엇이기에 주께서 저를 생각하시고,
> 사람이 무엇이기에 주께서 저를 돌보시옵니까.[1]

이것은 구약성서 시편 작가의 물음이었다. 우리는 이 책의 첫머리부터 종교를 정의하면서 인간이 자기 자신에 대하여 물으면서 자신과 사회 그리고 자신과 우주와의 관계를 궁극적으로 묻게 되는 바로 그 물음들 속에 종교적 관심이 생겨난다고 하였다. 인간이 자기 스스로에 대하여 생각하고 물어봄으로써 자기 자신의 위치와 사회와 우주와의 관계를 설정할 뿐만 아니라, 자기 자신에 대하여 물어볼 수 있는 자아 의식이

1 詩篇 8: 4.

있다는 사실을 알 수 있으며, 또한 바로 그 의식 속에 인간의 자기 초월과 함께 인간 밖의 궁극적인 것을 찾을 수 있는 능력이 있다고 하였다. 이 능력을 우리는 인간의 '종교심' 혹은 '종교적 능력'이라고 하였다. 한마디로 종교는 인간의 궁극적인 물음과 그에 대한 답변의 과정이라 하였다.

그런데 세계의 철학사나 종교사를 살펴보면 인간의 관심은 먼저 자기의 환경에 대하여 쏠렸던 것 같다. 나를 둘러싸고 있는 자연 환경에 대한 놀라움과 두려움에 마주쳐서 그것의 모습과 실체를 파악하고 그것과 나와의 관계를 설정하는 일이 급선무였을 것이다. 이러한 일들은 바로 나 자신을 우주의 테두리 안에서 발견하는 것이기 때문이다. 그리하여 그리스의 철인(哲人)들은 자연 현상에 대하여 그 기원과 생성 과정을 탐색하였고, 자연의 변화와 유동에 대하여 설명을 붙이고 이론을 세운 것이 이른바 그리스의 '자연철학'이었다. 자연 현상 뒤에 깔려 있는 자연의 법칙을 이해함으로써 자연을 조정하려 하기보다는 어떻게 하면 이 거대한 자연과 조화하면서 인생을 유지할 수 있을까 하는 실질적인 요구에서였을 것이다. 인간은 자연의 힘을 느꼈고 그 힘과의 관계 속에서 인생을 영위하려는 것이 종교의 시작이었다. 그리하여 원시종교는 다신론적 생각을 내세우고 자연과 관계를 맺었으며 인도교와 불교나 유태교는 앞 장(제9장, 10장)에서 논의한 대로 나름대로의 우주관이 있고 그 우주관에 따라 초월적 존재와 그 힘의 소재와 기능을 내세웠던 것이다.

자연과 우주에 대한 인간의 물음은 그 자체의 본질과 원리에 대한 지적 호기심에서만 생겨난 것이 아니라, 좀 더 인간을 중심으로 한, 인간의 생존을 위한 실질적인 물음이었던 것 같다. 이러한 의미에서 각종 종교들이 가지는 우주관은 인간 중심의 물음이었으며 인간의 생존과 구원과 복지와 직결되는 실질적이며 궁극적인 물음이었다. 그래서 종교인들의 우주에 관한 물음에는 반드시 우주와 인간의 관계를 묻고 있는 것을 볼 수 있었다. 유태-기독교의 창세기는 우주의 창조와 인간의 창조를 동시에 다루고 있으며, 인도교의 우주 중심에는 인간 세상이 놓여 있었고 인생을 마야의 일부로 보고 있었다. 그리고 이 우주를 지배하는 힘과의 관계를 설정하고 있다.

우주와 자연에 둘러싸인 인간은 자신과 우주와의 관계를 규명하면서 인간의 본성과 인간의 기원과 그 운명을 우주의 테두리 안에서 물었다. 이 물음은 우주, 즉 외부 세계와 인간의 관계를 설정하는 데 필요한 것이었다. 인간은 자기 자신을 외부 세계와의 관계라는 테두리 안에서 발견하였으며, 또 한편 우주 역시 인간과의 관계와 접촉의 테두리 안에서 이해하였던 것이다. 인간에 대한 관심은 '하늘'이라든지 '우주'라든지 하는 커다란 테두리 안에서 논의되어 왔으며, 그랬기 때문에 인간의 위치 역시 그러한 '하늘'이라든지 '우주'라는 기준에 비추어 그 귀중함도 비천함도 말하게 이르른 것이다. 많이 논의되고 있는 '인간 생명의 귀중함'이라든지 '인권(人權)'의 이야기도 역시 인간 자체에 대한 관심에서 유래하였다기보다는 '하느님의 자녀'라든지 신의 피조물이라든지 우주의 중요한 한 부분이라고 하는 우주적 혹은 초월적인 테두리 안에서 발전된 말인 것이다. 인간이 특별한 가치를 가지고 있다는 것은 한 개인을 보아서나 어떤 물리적이며 물질적인 '값'의 기준에 의하여 말하는 것이 아니라 인간이 본래부터 모두 가지고 있는 '하늘'과 '우주'와의 관계에서 말할 수 있게 되었다는 것이다. 그러므로 종교에서 인간을 말할 때는 생리학이나 심리학에서 하는 경험론적인 방법으로써가 아니라 어떤 초월적 차원을 기준으로 하여 논한다는 점이 특이하다고 할 것이다. 전체 우주의 테두리 안에서 인간은 무엇인가? 우주와 인생의 궁극적 관계는 무엇인가? 인간의 궁극적인 값어치는 무엇인가? 인간의 생명 이상이며, 한 사회의 일원이라는 것 이상으로 더 위대하다는 것이 있는가? 있다면 어떤 것인가? 이러한 질문들이 바로 인간 자신에 대한 종교적인 물음이다.

"인간이 무엇인가?" 하는 질문은 인간의 위치와 가치에 대한 질문인 동시에 그 운명과 목적에 대한 질문이다. "인간이 무엇인가?" 하는 질문은 "그 운명은 무엇인가?" 하는 질문과 연결된다. 왜냐하면 인간의 운명은 인간과 우주와의 관계에서 설정되는 것이기 때문이다. 운명에 대한 질문은 바로 이 우주가 인간들로 하여금 어떠한 장래를 가지게 하며 가질 수 있게 하느냐 하는 질문과 연결되기 때문이다. 인간의 운명과 궁극적 목적을 아는 것이 또한 인간이 어떤 존재냐 하는 것을 아는 것이기 때문이다. 그리고 인간의 운명은 우주의 본질과 인간성을 연결시킴으로써 결정되는 것이다. 종교가 특수하다는 점은 인간의 운명을 우주와 직결시켜 본다는 점이다. 종교는 궁극적으로 우주와 인간을 통합하려는 데 종교의 특수한 점이 있다는 말이 된다. 즉 인간을 인간 이상의 초월적인 차원에 비추어 보고 또 그것과 하나가 되려는 노력이 바로 인간 구원을 향한 인간의 궁극적 노력이라는 것이다.

우리의 이야기를 제8장에서 논의된 우주와 인간의 기원으로 되돌려서 시작한다면 여러 종류의 공통된 이야기가 인간을 창조된 우주의 정상에 두고 창조주와 그 힘과 특별한 관계에 있다는 것이었다. 그런데 인간과 우주와의 관계에서 여러 종교는 공통적으로 우주와 인간은 이원적인 면, 혹은 양극적인 면을 말하고 있는 것을 발견한다. 인간을 이원적이라고 생각하는 것은 바로 우주의 이원적인 본성에서 유래한 것이라고 종교는 말한다. 이러한 점은 우리가 여태까지 말하고 있는 인간의 특성, 즉 자기 자신에 대하여 의식할 수 있고 자기 자신을 초월하는 '전혀 다른 차원'을 의식하는, 이른바 '종교적 능력'에서 온 것이라는 것을 상기시키고 싶다.

인간을 이원론적으로 생각한다는 것은 두 가지 이질적인 것이 각각 그 특성을 유지하면서 통합을 이루고 있다는 점을 말한다. 인간을 이렇게 보는 데는 대체로 두 가지 방향이 있다고 하겠다. 그 첫째는 인간을 영혼과 육체로 분리하는 생각이다. 인간은 외면에 나타나는 대로 육체적인 혹은 물질적인 존재이며 또한 내면적으로 초물질적(超物質的)이며 초육체적(超肉體的)인 존재라는 말이다. 이 문제는 아주 간단하고 자명한 문제 같지만 가장 복잡하고 쉽게 풀리지 않는 철학적 수수께끼이다.

그러나 어떻든 인간을 두 가지로 생각하게 된 것은 우주 자체가 두 개의 극(極)으로 형성되었다는 생각에서 온 것 같다. 물질을 벗어난 인간의 초월적인 차원을 가리켜 '영혼'이라고 한다. 인간의 이 초월적인 차원, 한마디로 영혼은 지적(知的) 능력이 있으며 의지와 도덕적 성품과 정신적이며 비물질적인 요소를 가지고 있다고 한다. 종교적 경전으로서 '영혼'이라든지 이것과 상당하는 뜻을 가진 말을 쓰지 않는 것이 거의 없다. 가령 이집트 종교에서도 인간은 육체와 카 혹은 바, 즉 원동력으로 구성되었다고 하며, 이러한 영과 육의 분간은 그리스 사람들의 특징이었다. 그리스 사람들은 육체는 영혼의 감옥이며, 죽음에 이르러 영혼은 육체의 감옥으로부터 해방되거나 수도(修道)를 통하여 육체의 힘을 약화시킬 수 있다고 하였다. 기독교는 그리스의 영향을 크게 받아서 육체를 '더럽고' 천한 것으로 비하시켜 왔으며, 육체를 억누르고 정복하는 힘을 수양(修養)을 통하여 영혼 안에 길러야 한다고 가르쳤다. 기독교 신비주의는 금욕 생활을 강조하였을 뿐 아니라 '영혼의 세계'를 '볼' 수 있는 초월적인 능력을 희구하였다. 인간의 구원은 영혼만의 문제라고 하여 비현실적인 혹은 '타계주의적(他界主義的)'인 극단에 흐르기도 한다. 이것은 모든 종교가 인간을 영과 육으로 분리시키는 이원적 생각에 그 원인이 있다고 하겠다.

인간을 이원적으로 말하는 둘째 방향은 인간을 말할 때 '높고' '낮은' 등급을 두고 말하는 것이다. 앞에서 잠깐 말했지만 인간 자아를 둘로 나누어 물질적 혹은 동물적인 육체를 '낮게' 보고 영적 부분을 '높게' 등급을 매기고 본다. 인간의 영적 차원은 정신적이고 도덕적 힘이 있으며, 육체적 차원은 인간을 타락케 하며 욕정의 중심이라고 생각한다. 따라서 인간 자아의 이원적 분리는 발전하여 도덕적 등급을 갖게 된다. 선과 악이라는 가치의 등급을 인간 자아의 두 가지 차원에 매겨, 영적 차원은 선하고 육체적 차원은 악하다고 규정한다. 이러한 생각은 그리스 사상에서 특히 강한 것을 찾아볼 수 있다. 인도교나 불교에서는 인간 자아의 영적 차원을 넘어서서 좀 더 깊은, 혹은 좀 더 높은 차원이 있으며 그 차원을 '대아(大我)'라고 하지만, 그것은 역시 영적 차원의 최고점을 말하는 것이다. 그런데 이러한 도덕적 이원론은 종교의 궁극적 목적인 구원의 방향을 제시하고 있다고 하겠다. 결국 인간은 자기의 참된 자아, 즉 초월적 차원으로부터 소외되고 이탈되어 있다는 것이며, 인간의 구원은 바로 인간의 참된 자아를 되찾고 초월적 차원에 귀의하는 것이며 우주와 하나가 되는 것이다. 인간의 상태, 인간의 이원성, 우주의 이원적 요소는 모두 자기 자신과 우주와의 부조화와 소외와 충돌을 말하는 것이기 때문에, 인간의 구원은 자신과 하나가 되며 자신과 하나가 될 때 우주와 하나가 되는 것을 말한다.

이러한 도덕적이며 실존적인 부조화를 종교마다 특이하게 설명하고 있다. 일반적으로 볼 때 서양 종교의 특징은 인간의 자기 소외 혹은 이원론적 자기 이탈을 죄로 설명한다. 한마디로 인간을 죄인으로 본다는 것이다. 인간은 창조주 신을 반항함으로써, 신으로부터 이탈함으로써 원천적인 혹은 본질적인 죄[原罪]를 저질렀으며, 그렇기 때문에 인간은 또한 신의 의지를 계속 거역하면서 죄를 짓게 된다고 한다. 동양 종교의 특징은 인간이 이 뜬 마야의 세상을 참세상으로 보는 데에 인간의 문제가 있다고 본다. 이 세상 자체가 무상하고 '악'하기 때문에 인간 자아를 이 세상에 맡겨 버리고 이 세상에 욕심을 갖게 되면 그 결과는 고통밖에 없다는 것이다. '무상(無常)의 고(苦)'에서 해탈하는 길은 바로 인간의 참자아를 우주의 대아에 귀일(歸一)시키는 것이라고 한다. 서양 종교는 인간 의지의 변화와 회개를 통한 죄악의 용서로써 신과의 화해를 말하지만, 동양 종교에서는 인간 자아의 신비적 깨달음을 통한 환상적 세상으로 해탈하여 우주와 하나가 되는 것을 구원이라고 가르친다.

인간의 구원 문제는 우주와 인생의 이원적 구조 때문이라는 형이상학적 문제이며 또한 인간의 실존적 상황 때문이라고 말할 수 있다. 인간 구원의 문제가 형이상학적이라고 하는 것은 인간은 우주의 궁극적 실재로부터 이탈하여 있을 뿐만 아니라 그 원리를 배반하고 충돌하기 때문에 제기된다는 것이다. 인간은 우주의 법칙과 원리를 파악하고 그것을 파악할 뿐만 아니라 복종하며 조화하는 방향으로 노력을 하여야 한다. 이러한 형이상학적 화해와 복종이 바로 인간의 구원이라는 것이다. 유교의 말을 빌리면 하늘의 뜻에 복종하는 것이 곧 순리(順理)이며 옳게 사는 길이라는 것이다. 인간의 실존적 상황은 틸리히와 같은 현대 실존주의 철학가들이 말하는 바 불안의 상황이다. 인간의 실존적 불안은 심리적인 불행과 갈등과 고민을 말하는 것이 아니라 인간의 본성 안에 박혀 있는, 인간으로서는 어쩔 수 없는 그리고 인간이기 때문에 지녀야 하는 불안이라는 것이다. 불교에서 말하는 고(苦)와 같은 것이다. 틸리히는 인간의 실존적 불안을 세 가지로 말하는데 인간이 무의미하다는 것, 죽음의 제약을 받는다는 것, 그리고 끊임없는 죄책감에 사로잡혀 있다는 것으로 풀이한다. 인간의 구원은 이 불안을 극복하는 것이며, 인간의 실존적 불안을 극복하는 길은 인간의 가장 깊은 차원—본연의 차원—을 찾아 그것과 하나가 되는 노력에서 찾을 수 있다고 한다. 동양의 신비종교에서는 이 노력을 인간 수양의 길이라고 하고, 기독교에서 특히 틸리히와 같은 신학자들은 그 어떤 힘의 '은총'에 의하여 이루어진다고 생각한다.

종교의 궁극적인 관심은 인간의 이원론적 구조의 분석에 그치지 않는다. 인간에 대한 종교의 관심은 구원의 문제에 있다. 종교로 인간이 구원될 수 있다고 믿고 그 구원의 방법을 제시한다. 인간의 운명에 관한 질문에 대하여 종교는 궁극적인 구원을 내놓는다. 인간이 둘로 분리된 존재라면 인간의 '높은' 차원에서 아니면 우주의 좀 더 훌륭한 차원에서 구원의 가능성을 찾는다. 어떻게 해서든, 인간은 궁극적으로 구원을 얻는다는 것이다. 인간은 자기 영혼의 차원에서든지 혹은 우주의 차원에서 구원받을 수 있는 '이중적' 보장이 되어 있다는 것이다. 인간은 더럽고 치사하고 추한 점도 없지는 않지만 사실 신적인 근거가 있으며, 그래서 깨끗할 수 있고 훌륭할 수도 있다는 것이다. 인도교는 인간 자아의 깊은 차원을 아트만으로 보고 그것을 우주의 실체 브라만과 하나라고 본다. 불교는 니르바나에 해탈할 수 있는 능력을 인간이 가지고 있다고 가르친다. 유태교와 기독교에서는 인간을 하느님의 아들 딸로 보며 하느님의 형상을 지니고 태어났다고 본다. 하느님을 배반한 죄인이라도 결국은 회개하고 용서를 받을 수 있다고 믿는다.

인간 자신에게만 구원의 능력이 있는 것이 아니라 인간을 구원할 수 있는 능력과 의지를 가지는 우주 안에 인간은 살고 있다. 모든 종교가 이 우주를 구원의 집으로 보고 있다. 동양 종교는 이 구원의 집으로 돌아가는 길을 가르치고 있다. 우주와 하나가 되는 길만이 구원의 길이라고 가르친다. 기독교에서는 사랑의 하느님을 믿는다. 방황하는 인간을 찾아서 구원의 희망을 안겨 주는 하느님의 사랑으로써 모든 인간은 구원을 얻을 수 있다고 믿는다. 다만 인간의 의지에 달려 있다는 것이다. 구원을 얻기 위하여 결단하는 자는 하느님의 사랑을 받을 수 있으며, 우주와 일치하는 끝없는 노력을 계속할 수 있다. 인간의 구원은 깨달음과 결단에 있다는 말이다.

하느님의 형상대로

유태교와 기독교만큼 인간을 신의 피조물로 보고 신과의 관계 속에 인간을 보고 있는 종교도 없다. 구약성서에 있는 창세기의 창조 설화만큼 명료하게 그리고 아름답게 인간의 본질을 말하는 종교적 문학도 보기 드물다.

> 하느님이 가라사대 우리의 형상을 따라 우리의 모양대로 우리가 사람을 만들고 그로 바다의 고기와 공중의 새와 육축(六畜)과 온 땅과 땅에 기는 모든 것을 다스리게 하자 하시고, 하느님이 자기 형상 곧 하느님의

형상대로 사람을 창조하시되, 남자와 여자를 창조하시고, 하느님이 그들에게 복을 주시며, 그들에게 이르시되 생육하고 번성하여 땅에 충만하라. 땅을 정복하라. 바다의 고기와 공중의 새와 땅에 움직이는 모든 생물을 다스리라 하시니라. 하느님이 가라사대 내가 온 지면의 씨 맺는 모든 채소와 씨 가진 열매 맺은 모든 나무를 너희에게 주나니 너의 식물이 되리라. 또 땅의 모든 짐승과 공중의 모든 새와 생명이 있어 땅에 기는 모든 것에게는 내가 모든 푸른 풀을 식물로 주노라 하시니 그대로 되니라. 하느님이 그 지으신 모든 것을 보시니 보시기에 심히 좋았더라. …… (창세기 1: 26-31)

인용이 좀 길게 느껴질지도 모르지만 새겨서 읽을수록 흥미있는 문학이다. 여기서 주목하고 싶은 것은 무엇보다 인간도 신의 피조물이며 신의 형상대로 지음을 받았다는 점이다. 그리고 인간으로 하여금 이 세상의 모든 것을 다스리게 하였다는 것이다. 모든 피조물 위에 인간을 두고, 인간으로 하여금 그것들을 관장하는 '관리자'의 역할을 부여하였다는 것은 주목하여야 할 것이다. 특히 현대 문명은 인간이 만물의 영장이며, 만물 위에 서 있다는 것만으로 자기 욕심만 생각하고 만물을 살게 하고 만물을 지혜롭게 절제 있게 다스리지 못하고 있는, 자연의 위기에 처하여 있는 오늘날 조용히 음미해 볼 만한 이야기이다. 인간은 창조주인 신과의 관계 안에서 스스로를 발견하고 이해하고 있을 뿐만 아니라, 피조물인 우주와 자연의 관계 안에서 스스로의 책임을 자각하고 있다는 것이다. 인간은 자연의 한 부분일 뿐만 아니라 자연의 주인공으로서 자연과 함께 그 운명을 같이하고 있다는 것은 '생태학적 위기'에 처해 있는 인류에게 중요한 자각이며 교훈이 된다.

같은 창세기에는 위의 '인간 창조'의 이야기에 이어 또 하나의 이야기가 있다.

> 여호와 하느님이 천지를 창조하신 때에 천지의 창조된 대략이 이러하니라. 여호와 하느님이 땅에 비를 내리지 아니하였고, 경작할 사람도 없었으므로 들에는 초목이 아직 없었고 밭에는 채소가 나지 아니하였으며 안개만 땅에서 올라와 온 지면을 적셨더라. 여호와 하느님이 흙으로 사람을 지으시고 생기를 그 코에 불어넣으시니 사람이 생령(生靈)이 된지라.(창세기 2: 4-7)

같은 창세기의 '인간 창조'의 이야기지만 1장의 이야기와는 전혀 다른데도 아무 무리 없이 읽혀진다. 신의 형상대로 인간이 창조되었다는 것을 설명이나 하듯 흙으로 '빚어진' 인간의 코에 생기를 불어넣었다는 것이다. 창세기 1장의 인간 창조 설화와 2장의 그것의 차이점에 대해서는 성서학자들의 연구로써 알게 된 바가 많지만 두 가지 전혀 다른 설화 자료들이 묘하게 편집되었다는 데 의견을 모으고 있다. 어떻든 우리의 관심은 지금 그러한 문제보다는 유태-기독교 전통에서 인간을 '흙'과 신의 '입김'으로 보는 데 있다. 유태 전통과 그리스 사상의 영향을 크게 받은 기독교는 인간을 크게 육체와 영혼으로 구성되었다고 보았다. 구약성서의 용어인 히브리어는 인간의 영혼을 네페시라고 했는데 '입김'이라는 뜻이다. 네페시는 생명의 힘이며 의식이며 생기이다. 신이 첫 인간의 코에 불어넣은 것이 곧 네페시였다. 모든 인간에게는 이 네페시가 주어졌으며 사람이 죽을 때는 이것이 사람으로부터 떠나간다고 믿었다. 그런데 사실 히브리 전통에서는 인간의 영혼을 말할 때 네페시 이외에

루아 역시 포함된다고 한다. 네페시가 육체적 생명과 직결된 부분인 데 반해서 루아는 정신적 혹은 영적(靈的) 부분이라고 좁은 의미로 사용한다. 가령 인간이 죽었을 때 네페시는 육체로부터 떠나서 하부 세계인 지옥 쪽으로 가고 루아는 신을 향하여 간다고 생각하였으나 이러한 생각은 크게 발전하지 못하였다. 어떻든 유태교의 특징은 영과 육을 완전히 분리시켜서 생각하지 않았다는 점일 것이다. 인간을 하나의 개별적이며 유일한 단위로 보고 이질적인 것들이 어떻게 합쳐진 것으로 보지 않았다는 것이다. 그러므로 네페시를 인간의 육체와 분리시켜서 생각하지 않고 물질적인 육체 안에 깃들어 있는 것으로 생각하였고, 죽었다가 다시 부활하게 될 때는 육체 안에 역시 같은 네페시가 깃드는 것으로 믿었다. 네페시는 육체 없이 독립하여 존재할 수 없다고 생각하였기 때문이다. 이러한 점은 그리스 사상에서 인간을 영과 육으로 3분하는 것과 퍽 특이한 점이라고 할 것이다.

그리스 사상의 영향을 받은 기독교의 성서인 신약성서는 특히 바울(Paul)의 가르침을 통하여 영과 육을 아주 이질적인 것으로 분간하였다. 바울은 쓰기를 "육을 따라 사는 사람은 육에 속한 것을 생각하고, 영을 따라 사는 사람은 영에 속한 것을 생각합니다. 육을 따라 살려는 마음은 죽음에 이르고, 영을 따라 살려는 마음은 생명과 평안을 누립니다"(로마서 8: 5-6).

바울의 육신 비하의 사상과 영육 이분법은 아우구스티누스(St. Augustinus)를 거쳐 중세 수도원 사상에 커다란 영향을 미쳤고, 다시금 수도원 사상은 청교도 신앙과 현재에 큰 영향을 주게 되었다. 영혼의 성장을 위하여 육체의 욕정을 단연코 배격하고 이것을 억제하고 승리하여야 한다는 생각이다. 수도원 사상은 금욕과 수도를 통한 영혼의 승리를 고취하였으며, 그것은 영혼의 순화(純化)와 정결을 의미하여 그 길만이 신을 보는 길이라고 하였다. 청교도 사상은 수도원의 생활을 세속 생활에 옮겨 놓은 것으로서 이 세상에 살면서 육체와 그 욕정을 만족시키기 위하여 살 것이 아니라 영혼의 성화(聖化)를 위하여 신을 향한 '영적(靈的)' 생활을 하여야 한다는 것이었다. (흥미있는 것은 이러한 세속적 금욕 생활은 뜻하지 않게 근면과 절약의 근대적 미덕을 낳았고, 이것은 자본주의의 성장을 뒷받침한 정신적 기반이 되었다는 이론이 있다. 육체의 욕심을 억누르는 것이 바로 육체의 욕심을 만족시키기 위한 물질주의적 흐름의 정신적 바탕이 되었다는 것은 흥미있는 아이러니가 아닐 수 없다.)

구약성서 창세기의 이야기로 돌아가자.

> 여호와 하느님이 동방의 에덴동산을 창설하시고 그 지으신 사람을 거기 두시고 여호와 하느님이 그 땅에서 보기에 아름답고 먹기에 좋은 나무가 나게 하시니 동산 가운데에는 생명나무와 선악을 알게 하는 나무도 있더라.(창세기 2: 8-9)

에덴동산의 이야기는 계속된다.

> 여호와 하느님이 그 사람을 이끌어 에덴동산에 두사 그것을 다스리며 지키게 하시고, 여호와 하느님이 사람에게 명하여 가라사대 동산 각종 나무의 실과는 네가 임의로 먹으되, 선악을 알게 하는 나무의 실과는 먹지 말라. 네가 먹는 날에는 정녕 죽으리라 하시니라.(창세기 2: 15-17)

이것은 그 유명한 선악과의 이야기이다. 신의 인간에 대한 첫 번째 명령이었다. "선악을 알게 하는 나무의 실과는 먹지 말라." 창세기의 이야기는 계속되어 첫 인간 아담의 배필로 아담을 잠자게 한 뒤 그의 갈비뼈로 여자를 만든다. 창세기 3장의 이야기는 뱀이 여자를 꼬여 그 '선악과'를 따먹게 한 광경을 이렇게 묘사한다.

> 뱀이 여자에게 이르되 너희가 결코 죽지 아니하리라. 너희가 그것을 먹는 날에는 너희 눈이 밝아 하느님과 같이 되어 선악을 알 줄을 하느님이 아심이니라. 여자가 그 나무를 본즉 먹음직도 하고 봄직도 하고 지혜롭게 할 만치 탐스럽기도 한 나무인지라. 여자가 그 실과를 따 먹고 자기와 함께한 남편에게도 주며 그도 먹은지라. 이에 그들의 눈이 밝아 자기들의 몸이 벗은 줄을 알고 무화과 나뭇잎을 엮어 치마를 하였더라.(창세기 3: 4-7)

아담과 여자는 부끄러워 숲속에 숨었으나 발각되었고, 여자는 저주를 받기를

> 내가 네게 잉태하는 고통을 크게 더하리니 네가 수고하고 자식을 낳을 것이며 너는 남편을 사모하고 남편은 너를 다스릴 것이니라.

하였고, 남자에게는

> 네가 네 아내의 말을 듣고 내가 너더러 먹지 말라고 한 나무 실과를 먹었은즉 땅은 너로 인하여 저주를 받고 너는 종신토록 수고하여야 그 소산을 먹으리라. 땅이 네게 가시덤불과 엉겅퀴를 낼 것이다. 너의 먹을

것은 밭의 채소인즉 네가 얼굴에 땀을 흘려야 식물을 먹고 필경은 흙으로 돌아가리니 그 속에서 네가 취함을 입었음이니라. 너는 흙이니 흙으로 돌아갈 것이니라.(창세기 3: 16-19)

하였고, 여자를 이브라 부르게 하고 가죽 옷을 입혀 에덴동산에서 추방하였다(창세기 3: 20-24).

인간의 실존적 상황을 히브리인들은 창세(創世) 설화를 통하여 너무도 명료하게 보여 주고 있다. 인간의 실존적 상황을 신과 에덴동산으로부터의 소외(疎外)로 안다. 이것은 신과의 불화이며 우주와의 부조화인 것이다. 신과 인간과의 불화 관계, 우주와 인간의 부조화 관계는 인간의 죄로 인한 것이었다. 인간의 죄는 바로 신의 명령에 복종하지 않고 거역한 것이다. 어떤 때는 유태-기독교에서 하느님의 형상을 지닌 에덴동산 안의 인간보다는 죄를 지은 에덴동산 밖의 절망의 인간을 너무 지나치게 강조하지 않나 하는 느낌마저 준다.

이스라엘 민족의 역사는 신 야훼의 명령에 대한 불복종으로 점철된 것이라고 해도 지나친 말이 아닐 정도로 인간의 역사를 인간의 죄와 그로 인한 곤욕과 절망의 역사로 그렸다. 심지어 "사람의 마음이 계획하는 바가 어려서부터 악함이라"(창세기 8: 21) 하는가 하면 시편 작가는 "내가 죄악 중에 출생하였음이어 모친이 죄 중에 나를 잉태하였나이다"(시편 51: 5)라고까지 말하였다. 기독교는 이러한 전통을 더욱 강화한 느낌을 갖게 한다. 인간은 근본적으로 악하여 그가 하는 일이 옳은 것이 하나도 없으며 따라서 인간 세상은 결국 그 죄악 때문에 멸망할 수밖에 없다는 비관론(悲觀論)을 편다. 기독교 개신교의 창시자라고 할 수 있는 개혁주의자 칼뱅(Jean Calvin, 1509~1564)은 아우구스티누스의 전통을 이어 인간은 "완전히 타락하였다"고 한다. 인간이 아무리 선하려고 애써 봤자 그것은 자기 자신을 교만에 빠지게 만들고 신의 선하심에 대항하게 하는 것밖에 안 된다고 가르쳤다.

창세기의 이야기에서 또한 주목하여야 할 것은 인간의 타락이 신의 명령을 어겼다는 점이다. 신과 인간의 관계로 윤리적인 관계, 명령과 복종, 약속과 계약의 관계로 보는 것이 유태-기독교의 특징이다. 인간의 죄는 신의 윤리적 명령에 대한 불복종으로 보았다. 인간이 인간답게 올바로 산다는 것은 무엇보다도 신의 명령—신의 계명—을 지키는 것이다. 신과 인간의 관계를 개선하는 길은 오직 신의 윤리적 계율을 지키는 것이다.

> 사람아, 주께서 선한 것이 무엇인지 네게 보이셨으니 여호와께서 네게 구하시는 것은 오직 정의를 행하며, 자비를 사랑하며 겸손히 네 하느님과 함께 행하는 것이 아니냐.(미가 6: 8)

라고 선지자의 한 사람인 미가는 말했다.

기독교는 이러한 윤리적 가르침과 선지자의 전통을 이어받아 근본적으로 인격적이며 윤리적인 면을 강조하였다. 예수는 신의 계명을 크게 요약하여 신을 사랑하고 인간을 사랑하는 것이라고 가르쳤다. 그리고 신을 사랑하는 것은 곧 인간을 사랑하는 것이라고 가르쳤다. 요한은 사랑에 대하여 가르친 것으로 유명하다.

> 하느님을 사랑한다고 하면서 자기 형제를 미워하는 사람은 거짓말쟁이입니다. 보이는 자기 형제를 사랑하지 않는 사람이 보이지 않는 하느

님을 사랑할 수 있습니까? 하느님을 사랑하는 사람은 자기 형제도 사랑해야 합니다. 우리는 이 계명을 그리스도에게서 받았습니다.(요한복음 4: 20-21)

사랑에 대한 예수의 교훈 가운데 신에 대한 종교적 책임은 바로 이웃 인간에 대한 윤리적 책임을 다하는 것이라는 것을 가장 극적으로 표현한 비유는 마태복음 25장에 있는 최후의 심판 이야기이다. 최후의 심판 날에 신은 말하기를

자, 와서 창세 때부터 너희를 위하여 준비한 이 나라를 차지하라. 너희는 내가 주렸을 때에 먹을 것을 주었고, 목말랐을 때에 마실 것을 주었으며, 나그네 되었을 때에 영접했고, 헐벗었을 때에 입을 것을 주었고, 병들었을 때에 돌보아 주었고, 감옥에 갇혔을 때에 찾아 주었다.(마태복음 25: 34-36)

그리고 너희가 여기 내 형제 중에서 지극히 보잘것없는 사람 하나에게 한 것이 곧 내게 한 것이다.(마태복음 25: 40)

인간은 신의 명령에 불복종하였기 때문에 타락하여 신으로부터 소외된 절망적인 존재이지만, 또한 기독교는 신과 이웃을 사랑함으로써 궁극적으로는 다시 회복될 수 있는 희망을 가진다. 신의 용서와 그의 은총에 인간 구원의 소망이 있다는 것이다. 신의 용서는 인간이 윤리적으로 행동할 수 있고 또 행동하였다는 공로 때문에 주어지는 것이 아니라, 그야말로 값없이 주어지는 은총이며 선물이라는 것이다. 유태-기독교에서

신의 용서를 얻는 방법으로 종교적인 혹은 의식적(儀式的)인 것과 윤리적 혹은 선지자적인 것을 제시하고 있다. 종교적인 방법이란 유태교의 사제(司祭)들이 주장하는 것으로 제사나 예배와 같은 종교 양식을 통하는 '교회 중심'의 방법이 있다. 선지자적인 방법은 윤리적인 것으로 악한 행동을 버리고 신과 이웃을 진정으로 사랑하며 이 세상에 정의를 구현하는 것이라고 가르친다. 기독교는 이러한 두 가지 전통을 이어받으면서 또 한편 예수 그리스도의 십자가의 죽음이야말로 인간의 죄를 대신 용서받기 위한 죽음으로 해석한다. 그리하여 예수를 믿기만 하면 그것으로써 충분히 인간의 죄를 용서받고 새로운 삶을 영위할 수 있다는 것이다. 그러나 죄를 용서받았다는 증거는 역시 개인의 윤리 생활에서 나타나야 한다고 믿었다. 그러므로 기독교는 선지자적이며 윤리적인 면을 종교적이며 의식적인 것보다 더 강조한다고 하겠다.

유태교나 기독교에서는 인간의 궁극적인 방향은 구원에 있으며 신과 인간의 화해, 즉 인간의 죄를 용서받는 것이라고 믿는다. 그것은 개인적인 것만이 아니라 사회적인 구원으로 믿었다. 선지자들은 특히 구원을 국가적이며 사회적으로 해석하고 외쳤다. 기독교의 가르침도 이 전통을 이어받아 개인의 구원과 사회 전체의 구원을 연결시켰다. 구원의 상태는 신과 인간 공동체와의 인격적 사귐의 완성으로 본다. 구원받은 새로운 인간은 새로운 사회, 새로운 땅에 그 인간됨이 완성되며 가장 인간답게 사는 것이다. 인간의 궁극적인 목적은 가장 인간답게 사는 것이며, 인간이 가장 인간답게 살 수 있는 신국(神國)의 구현이다. 인간의 궁극적 목적을 성서 필자는 이렇게 표현한다.

> 나는 새 하늘과 새 땅을 보았습니다. 첫째 하늘과 첫째 땅이 사라지고

바다도 없어졌습니다. 나는 또 거룩한 도시 새 예루살렘이 남편을 위하여 단장한 신부처럼 차리고 하느님께로부터 나와 하늘에서 내려오는 것을 보았습니다. 그때 나는 보좌로부터 나오는 큰 음성을 들었습니다. "보라 하느님의 장막이 사람들 가운데 있다. 하느님이 그들과 함께 계실 것이요 그들은 하느님의 백성이 될 것이다. 하느님께서는 친히 그들과 함께 계셔서 그들의 눈에서 모든 눈물을 씻겨 주실 것이다. 그래서 다시 죽음이 없고 슬픔도 울부짖음도 고통도 없을 것이다. 처음 것들이 다 사라져 버렸기 때문이다." (요한계시록 21: 1-4)

우주와 인생 제12장

불교의 제행무아인(諸行無我印)

유태교와 기독교가 가르치는 인간관의 특징은 인간은 뚜렷한 인격과 개성을 소유하고 있다는 점이다. 한 사람 한 사람이 자기 나름대로의 개성이 있고 뚜렷한 자아가 있으며, 그것은 인격적인 신이 만들어 주신 것이라고 한다. 그래서 신과 인간은 개별적이며 인격적 관계를 가지고, 그 관계는 윤리적으로 규정된다는 것을 알았고, 궁극적으로는 사랑과 정의(正義)의 관계라는 것을 살펴보았다. 인간의 실존적인 상황은 신과 인간과의 이러한 관계의 파탄, 즉 반항과 죄로 인한 소외의 상태로 보고, 인간의 구원은 바로 신과 인간과의 화해와 교제로 본다는 것이었다.

동양 종교를 살펴볼 때, 인도교와 불교에서의 인간관은 퍽 특이하다는 것을 이미 제9장과 10장에서 우주론을 논하면서 살펴본 바 있지만, 인간은 궁극적으로 인격적인 신과 관계를 가지는 것이 아니라 초인격적인 우주의 일부로서 존재한다는 것이다. 단적으로 말해서 불교에서는 인간의 영혼이라는 개념까지도 부정하고 자아의 개성을 부정하는 '무아설(無我說)'을 내세운다. 인생은 괴로운 것이며 번뇌와 곤욕으로 가득 찼으며 결국 허무하다는 불교의 가르침은 얼핏 보기에 기독교의 비관적 인간관과 비슷해 보이지만 불교에는 죄라는 개념이라든지 어떤 윤리적인 영혼의 부패라든지 개인의 실수 때문에 인생이 괴로운 것이 아니라 숙명적으로 그리고 우주론적으로 인생을 그렇게 정의하고 있는 것이다. 불교는 인간의 구원을 이 세상을 완전히 부정하고 이 망할 세상으로부터 해탈하는 것이지만, 유태교와 기독교는 이 세상을 그렇게 쉽사리 버리지 않는다. 이 세상을 신의 뜻에 부합하게 그리고 인간이 인간답게 살 수 있는 곳으로 변화시켜야 한다고 주장한다. 기독교는 '소외'를 죄의 상태로 보고 신과 이웃으로부터의 이탈로 보았지만, 불교는 소외를 구원의 상태로 본다. 이 세상으로부터의 '소외'와 '이탈'이 바로 구원의 상태라는 것이다.

불교의 인간관은 그 극단적인 '무아설'로 요약된다고 하겠다. 케마(差摩)라는 비구는 역설적으로 인간의 자아를 이렇게 논한 적이 있었다.

> 벗들이여, '내가 있다'고 할 때는 이 육체[色]가 나라는 뜻이 아니다. 또 이 감각[受]이나 의식[識]을 가리킨 것도 아니다. 또는 그것들을 떠나서 따로 내가 있다는 의미도 아니다.
>
> 벗들이여, 그것은 이를테면 꽃의 향기와 같은 것이라고 할 수 있다. 만약 어떤 사람이 꽃송이에 향기가 있다고 한다면 이 말을 정당하다 하겠는가. 줄기에 향기가 있다고 한다면 이 말을 정당하다 하겠는가. 혹은

꽃술에 향기가 있다고 한다면 어떻겠는가. 역시 향기는 꽃에서 난다고 밖에는 말할 수 없으리라.

그것과 마찬가지로 육체나 감각이나 의식이 나라고 하는 것은 옳지 않다. 또는 그것을 떠나서 따로 나의 본질이 있다고 하는 것도 옳지 않다. 그러기에 나는 그것들의 통일체에 '내가 있다'고 말하는 것이다.[1]

여기에서 말하는 자아는 불교의 이른바 '유정 개체(有情個體)'를 말하는 것 같다. 인간은 현상 세계의 제법(諸法)과 똑같이 어떤 속성을 가지는 존재로서 물질적인 요소와 정신적인 요소를 구비하는 개체라고도 보았다. 불교는 인도교의 전통을 이어받아 현상 세계의 모든 존재는 이름[名]과 물질[色]로 구성된다고 생각하였다. 이것은 '명색설(名色說)'이라고 하는데 명(名, nāme)은 서양 철학에서 말하는 형식(form)에 해당하는 것이고, 색(色, rūpa)은 재료 혹은 물질(matter)에 해당하는 것이라 하겠다. '유정 개체', 즉 인간 개인의 구성 요소는 바로 명(名)의 부분으로 감각[受], 표상 작용[想], 의지[行], 의식[識]과 색(色)의 부분인 지(地) · 수(水) · 화(火) · 풍(風)의 4대 물질적 요소라고 한다. 즉 정신적 · 물질적 요소의 혼합이 인간이며 이 전체를 합쳐서 '영혼' 혹은 '자아'라는 이름을 붙여 '나'라고 할 수 있을지 모르겠다. 여기서 '모르겠다'고 모호하게 말한 것은 결국 이 '유정 개체'는 사실 실재(reality)가 아니라고 가르치기 때문이다. '나'가 있기는 하지만 그것은 각종 정신적 · 물질적 요소의 혼합체를 말하는 것이며, 일관성도 없고 독립성도 없는 뜬 것이며, 잠정적인 것에 불과하며 결국 '연기(緣起)'의 한 부분에

1 相應部經典, 22, 89, 差摩.

불과하다는 것이다. 한 악마와 불타의 여제자인 비라 비구니(毘羅比丘尼)와의 대화를 들어 보자.

> 악마: 이 형(形: 有情)은 누구에 의하여 만들어지고 형의 작자는 어디에 있는가. 어디로부터 이 형을 생(生)하고 어디에서 이 형은 멸(滅)하는가?
>
> 비라: 이 형은 자작(自作)도 타작(他作)도 아니다. 인연에 의하여 생한 것으로 인연이 멸하면 이 형도 멸한다. 마치 외계의 종자가 뿌려져서 지기(地氣)를 얻고 습기를 얻어서 발생하는 것처럼 이 형[有情]도 또한 인연에 의하여 생한 것으로 인연이 멸하면 멸하는 것이니라.[2]

이처럼 유정 개체 즉 인간 자아는 갖가지의 질료가 혼합되어 이루어진 것으로 이른바 '가유(假有)의 존재'로서 고정되고 불변하는 아무런 실체도 없는 '공(空)'이라는 것이다. 이것을 실체로 보는 것은 망견(妄見)이고 하잘것없는 욕정에서 나오는 것에 지나지 않는다.

'무아'라는 말은 '아' 즉 아트만(ātman)을 부정하여 'a'를 붙여 'anatman' 혹은 'anattā(아나타)'라고 한다. 불타는 이렇게 가르쳤다.

> 비구니들이여, 색(色: 物質的 存在)은 무상이다. 무상이면 곧 고(苦)다. 고면 곧 무아다. 무아면 곧 아소(我所)가 아니며 이는 아(我)가 아니며, 이는 아체(我體)가 아니다. 이렇게 바른 지혜로 여실히 관찰하라.[3]

2 相應部經典, 1.

3 相應部經典, 22, 45, 無常.

'아소(我所)'라는 말은 '나의 소유'라는 말로 풀이되며, '아소가 아니라'는 말은 아무것도 '나의 것이 아니다'는 뜻이다. 둘째로 '아가 아니라'는 말은 인도교의 우파니샤드(Upanisads)의 사상가들이 아트만을 자아의 중심으로 보고 주관적 실재라고 본 것을 배격한 것이다. 불타에 의하면 아트만과 같은 절대적이며 무제약적 자아는 있을 수 없다는 것이다.

셋째로, '아체(我體)가 아니라'고 한 것은 인간 자아는 실체가 없다는 말이다. 이것은 영혼을 부정하는 것으로서, 이 육체가 없어져도 영혼도 영원히 존속하기 때문에 인간 영혼은 불멸하는 본체가 된다는 것을 부인하는 말이다.[4]

불교에 따르면 자아라는 것은 '유정(有情)'의 것으로 물질적 · 정신적 요소의 혼합체로서 내 안에서 경험할 수 있는 것들이지만, 사실상 '나'는 없다는 것이다. 내가 느끼고 보고 듣고 하는 것은 모두 외부 세계에서 들어오는 자극이 나를 형성하고 있는 갖가지 요소들을 건드리기 때문에 그런 것이지 어떤 형이상학적 통합된 주체에 의하여 이루어지는 것이 아니라고 한다. 유정의 요소들—사명사색(四名四色)들은 나의 사이비 개체를 형성하고 있지만 그것은 잠시 동안에 불과하고 '김아무개'라는 이름을 붙이고 있다가 죽으면 모두 해체되는 것이라고 가르쳤다. 브라만을 향해 가는 것도 아니다. 아나타, 즉 인간은 영혼도 따라서 자아도 없는 존재라는 것이다.

이에 앞서 인도교의 우파니샤드의 가르침은 우주적 자아인 브라만과 주체적 자아인 아트만을 실재적 존재로 다룬다. 인도교의 인간관에 따

4 增谷, 『佛敎概論』, pp. 123-32 참조.

르면 인간에게는 영혼이 있으며, 영혼이 인간의 실재라는 것이다. 아트만은 '숨'이라는 뜻이며, 인간의 생명을 숨 즉 영혼에 둔다. 이 점은 기독교나 유태교에서 '입김'을 생명력으로 보고 신이 불어넣어 주는 것으로 본 것과 일맥 상통한다. 이 영혼은 자아의 중심으로서 느끼고 생각하고 아는 기능을 다하고 있다. 이 나는 나의 행동의 주인공이며 나의 생각의 주인공이다.

그러나 여기서 다시 한 번 강조하고 싶은 것은 우파니샤드의 자아 혹은 영혼은 유태교나 기독교에서 말하는 것과는 다르다는 점이다. 자아를 말할 때 어떤 뚜렷한 개성을 말하지 않는다. 매우 투명한 것이다. 손에 잡히거나 '이렇다' 혹은 '이것이다' 할 수 있는 것도 아니다. 잠시 인간의 육체를 빌려 깃든 것으로서 그 '본적'은 인간의 몸이 아니라 우주에 있다는 것이다. 아트만의 '현주소'는 나의 육체이지만 사실 '본고향'인 우주로 돌아가려는 것이라고 한다. 아트만은 이 세상에서 인간의 몸에 깃들여 하나의 생명력으로 발전할 수 있거나 또 그렇게 되기를 원하는 것도 아니다. 인간의 육체적 · 정신적 그리고 영적 생활의 일부분으로 환원하지 않는다. 아트만은 오로지 우주의 혼(魂)인 브라만으로 돌아갈 때 비로소 그 생명을 되찾으며 실재를 가지게 된다. 아트만의 '나'가 우주 전체에 흡수될 때 비로소 나는 나가 되고 나를 찾을 수 있다는 것이다.

자아의 문제에서 인도교와 불교는 전혀 다른 입장을 가지고 있는 것처럼 보이지만, 사실 그렇지만도 않은 것 같다. 우선 구원의 문제를 보면, 두 동양 종교는 모두 이 세상과 인간 자아로부터의 소외 혹은 이탈을 인간 구원으로 보고 있다. 이를테면 '자아 탈출'이 구원의 첩경이라고 한다. 인도교에서 말하는 아트만과 브라만의 신비적 통합과 불교의 해탈, 즉 니르바나와는 실질적으로 '자아 탈출' '자기 소외'라는 점에서 일치하는 것 같다. 불교의 해탈 방향은 '개방적'이라고 할 수 있지만, 인도교의 브라만은 우주 전체를 말하고 있으므로 역시 '개방적 자아'라고 할 수도 있을 것이다. 어떻든 동양 종교에서 중요한 개념은 자아를 좁은 의미로 보는 것을 거부하고 있는 점이다. 그리고 인간 자아를 인간의 좁은 육체와 좁은 경험과 좁은 소견에 가두어 두지 않고 스스로 초월하는 무한하며 우주적인 차원이 있다는 것을 강조하였다. 인도교에서는 이 차원을 아트만-브라만이라고 하였지만, 불교에서는 그 차원을 아나타—무아(無我)와 공(空)—의 차원으로 보았다는 것이다. 이것은 자기 자아를 부정함으로써 참된 자아를 찾자는 종교적 패러독스이다.

인간의 궁극적 관심은 그러므로 참된 자아의 발견 혹은 자아의 상실로 보고 그 길을 모색하는 것이 인도교와 불교의 공통된 점이라 하겠다. 어떻든 인간에게는 그러한 능력이 있다는 것일 게다. 자기 수양의 험한 과정을 통하여 인간은 자기의 구원을 성취할 수 있다고 믿었다. 하늘과 땅의 어떤 누구의 힘에 의해서도 성취할 수 없으며, 또 하늘과 땅의 어떤 누구의 힘으로도 인간의 자기 구원을 막을 수 없다고 믿었다. 자신의 결단에 따라 비약하는 것이다. 우주적 브라만의 원대한 품속에, 그리고 공(空)의 신비한 경지에 뛰어드는 것이다. 여기에는 깨달음과 인간 의지가 작용하는 것이며, 신의 은총이나 구원의 손길은 존재하지도 않으며 필요하지 않다는 것이다.

물론 인도교와 불교가 모두 이러한 고전적 교훈과 신비주의적 수행만을 가르친다고 할 수 없다. 원시종교에서와 마찬가지로 요술쟁이나 무당들이 자연의 정령들이나 힘들을 주력(呪力)에 의하여 처리할 수 있다고 생각하였다. '사제(司祭)'는 바로 올바른 종교 의식을 통하여 신령을 달래어 인간의 뜻대로 일을 처리해 낼 수 있다고 생각하였다. 자연의 신령들을 주술이나 의식으로 달래어 그 힘을 얻어 인간이 원하는 대로 되도록 하는 것이 종교 행사였던 것이다. 현대에 와서는 고전적인 가르침대로 수도(修道)에 의하여 구원에 이르는 신비적 방법은 거의 불가능한 것으로 여기고 오히려 원시적 종교로 돌아가는 느낌마저 가지게 된다. 불교의 어떤 종파에서는 니르바나를 성취한 사람이 몇천 년 동안 한 사람도 없다고 할 정도로 수도를 통한 해탈이 거의 불가능한 것처럼 가르친다. 대승불교에서는 예배를 통한 성불(成佛)을 강조하고, 인도의 바크티(bhakti)교는 헌신과 예배를 통하여 정성을 바침으로써 신령의 은총으로 구원을 얻을 수 있다고 믿는다. 수도보다는 헌신적 예배를 가르치고, 감정을 포기하기보다는 감정을 격화함으로써 신령의 힘을 빌릴 수 있다는 것이다.

인도교와 불교에 이러한 역사적인 변화가 없는 것은 아니지만 근본적으로 인간관 그 자체에는 큰 변화가 없다. 현대 불교가 고전적이며 전통적인 무아의 가르침을 고집하든 안 하든, 그리고 성불하기가 쉽건 어렵건, 또는 인도교가 아트만과 브라만의 일치를 수도로써 성취하건, 또는 많은 신령 중 하나나 몇을 골라 경배하는 방법을 취하건간에, 근본적으로 흔들리지 않는 생각은 인간의 참희망과 장래를 인간 영혼의 깊은 차원에서 모색하는 것이다. 인간의 구원은 인간 자아의 영적 차원에 대한 깊은 내면적 발견이며, 나 자신의 심층 부분과 관계하는 것이며, 외면적 행동에 따라 좌우되는 것이 아니라고 하는 데는 변화가 없다. 그리고 외부 세계가 어떻게 되든지 관계없다고 생각한다. 세상 일은 그대로 계속될 것이고, 나라는 홍하고 쇠퇴하고, 아무 의미도 없는 인간의 역사는 계속되어 나가지만 그것은 나의 구원과는 아무런 상관도 없다. 세상에서 되어 나가는 역사적 과정에 어떤 의미를 찾는다는 것은 우스운 일이며, 지상에 천국을 구현한다는 것도 헛된 일이다. 다만 자아 실현의 천국만이 내 안에 가능하다는 것이다. 그리고 가장 높고 위대한 진리는 바로 내 자신 안에 있다는 것을 강조한다.

자아 발견, 자기 파악, 자아 실현만이 인간의 궁극적인 목적이다. 행복은 내 안에서 찾아야 한다는 것이다. 재물의 축적이나 지상에서의 입신 출세나 명예와 권세와 행운은 모두 무상할 뿐이며 번뇌의 씨앗에 불과하다. 하잘것없는 세상은 색시공(色是空), 모두 초극하고 위대한 우주의 대아(大我)의 품 안에 나 자신을 맡겨 버리고 귀의할 때 비로소 평화와 영원한 안식을 얻을 수 있다는 것이다. 인간이 인간답게 산다는 것은 바로 소외와 탈출의 차원에서만 가능하다는 것이다.

유교의 인본 사상

인간이 인간답게 산다는 것이 무엇인가 하는 물음을 앞에 놓고 가장 철저하게 추구한 사상가로 동양의 철인(哲人) 공자(孔子)를 들지 않을 수 없다. 공자 사상의 핵심은 인본주의이다. 공자 사상이 지니는 인본주의의 정신은 노자(老子)와 장자(莊子)의 도교, 묵자(墨子)의 박애주의, 양자(楊子)의 자연주의, 한비자(韓非子)의 법치주의, 허자(許子)의 공산주의 및 기타 학파에 대한 승리를 거둘 수 있었다.[5] 공자의 인본주의 사상은 하나의 종교로서 또한 하나의 사회 윤리로서 동양인의 생각과 생활을 지배해 왔다. 그뿐만 아니라 공자의 인본주의 사상은 오늘날 서

5 林語堂, 『孔子의 思想』, 閔丙山 옮김(玄岩社, 1974), pp. 12ff.

구의 인본주의 사상과 정신적으로 일치한다. 특히 크리스천들 가운데 그 초월적이며 신비적인 면을 포기하거나 회의하고, 그 윤리적이고 사회적인 면만을 강조하는 이른바 크리스천 휴머니스트들에게 공자의 가르침은 흥미있는 것일 뿐만 아니라 심각하게 고려하여야 할 것이라고 한다. 가령 헉슬리(Julian Sorell Huxley, 1887~1963) 같은 저명한 영국인 과학자는 이른바 '인본주의적 종교'를 아래와 같이 표방한다.

> 이 세상에는 많은 사람들이 초자연주의나 순수한 정치적 이데올로기에 불만을 품고 인간의 본성과 그 자원을 개발하고 발전시킬 수 있다고 믿는 인본주의를 고대하고 있다. 내가 보기에는 다음 역사의 단계는 인본주의자들의 단계라고 생각된다. …… 만약 자연과 인간의 자원을 옳게 발전시켜 나가는 것이 개인적으로나 집단적으로 인간이 다다를 수 있는 절대적 목표라고 굳게 믿는다면 이것이야말로 사회적 · 정치적 장래에 근본적인 변화를 초래할 것이다.[6]

이러한 생각이 공자의 사상과 통한다는 것은 서구인의 말을 빌리면 다음과 같다.

> 유교는 하나의 종파로서 그 목표가 어떻게 천당 가느냐가 아니라 지상에서 어떻게 사느냐 하는 것이며, 어떻게 신이 되느냐가 아니라 어떻게 젠틀맨이 되느냐 하는 것이다.[7]

6 *Des Moines Register* (Iowa: Des Moines, August 22, 1952).
7 Maurice Cellis, *The First Holy One* (New York: Knopf, 1948), p. 235.

간단히 말해서 공자의 가르침은 모든 개인의 수양에 기초를 두면서 윤리를 통하여 달성되어야 할 합리적 사회 질서의 입장을 대표하는 것이며, 정치적 질서를 목표로 할 때 그 기초를 도덕적 질서에 두고, 그 목표를 추구하는 수단으로서 인간 자신의 도덕적 조화에 두고 있다. 유교의 두드러진 특징은 정치와 윤리의 구별을 없애 버린 것이다. 마찬가지로 종교와 정치가 분리될 수 없고 종교와 윤리가 분리되지 못하는 것이 유교의 특징이라 하겠다.

윤리의 목적인 덕의 완성은 모든 사람이 다 실현시킬 수 있지만 일생일대의 사업이라고 가르친다. 『논어(論語)』에서 공자는 말하기를 "나는 나이 15세로 학문에 대하여 뜻을 품기 시작하였다. 30세에 자기 인격이 대체로 형성되었다. 40세에는 내가 나아가는 길에 의심을 품지 않게 되었다. 50세에 하늘의 의지(意志)를 깨달았다. 60세에 무슨 소리를 들어도 마음에 혼란이 일어나지 않았다. 그리하여 70세에 이르러 무엇을 생각하든지 도덕을 벗어나는 일이 없게 되었다." 그 끈질긴 수양, 즉 덕을 획득하기 위한 수양은 바로 인간다워진다는 것이 인성의 최선을 추구하여 그것을 내면화하는 것이다. '인간답다'든지 '인성(人性)'이라는 개념을 공자는 '인(仁)'이라고 한다. '인'은 한마디로 사람이라는 말이며, '인(仁)'과 '인(人)'을 같은 개념으로 생각했다. 그런데 공자는 '진정한 인간' 혹은 '인간성 그 자체'를 인(仁)으로 규정하기를 피했다. 다만 '인(仁)의 인(人)'의 실례는 들었다. 그리고 '인(仁)의 인(人)'이 된다든지 그러한 상태에 도달하는 것으로 말하고 있다. 결국 '참인간다운 사람'을 말할 때 '인(仁)'을 말할 수 있다는 것이다.

'인(仁)' 즉 '참다운 사람' 혹은 '인간다운 사람'이 된다는 것은 다만 착한 아들, 착한 딸, 착한 형제 자매, 착한 시민으로 성장하는 것을 말한다. 인의 내용을 어버이를 섬기는 것이라고 한 것을 보면 인간이 인간답게 사는 참된 삶의 시작을 역시 인간 관계에 두었다는 것을 알 수 있으며, 인간의 사회 관계의 원시적 모체인 가정에 두고 있다는 점을 주목해야 한다. 인간 관계의 첫 계명은 "자기가 원하지 않는 것을 남에게 해서는 안 된다"는 '서(恕)'의 훈계이다. 공자는 '서'로써 참다운 인간성을 정의하였을 뿐만 아니라 '서'야말로 그의 모든 가르침을 일관하는 중심이라고 하였다. 그리고 그것은 관념적인 것만이 아니라 행동이 따라야 한다는 것을 가르친다. 자공(子貢)이 어느 날 말하기를 "나는 다른 사람들이 나에게 좋지 않은 일을 할 때에 싫으므로, 나는 또한 남에게 이런 일을 하지 않고자 합니다" 하니까 공자의 말은 "사(賜)야, 이는 아직 너의 미칠 바 아니다"라고 하였다는데, 이것은 말로만 할 것이 아니라 실제로 행하려면 덕을 갖춘 인격자가 되어야 한다는 것이다.

『중용(中庸)』에 기록되어 있는 공자의 '인간다운 삶의 길'을 소개하고자 한다.

> 진리는 인간성에서 벗어나는 것이 아니다. 가령 어떤 진리가 실제로 인간성에서 벗어난다면 그것은 이미 진리라고 할 수가 없다. ……

> 사람의 도덕적 생활에는 네 가지 길이 있다. 나는 그 네 가지 가운데 아직 하나도 실행을 하지 못한다. 내가 자식에 대하여 바라는 것처럼 아버지를 섬기는 일, 그것을 나는 아직 실행하지 못한다. 내가 하인에 대하여 바라는 것처럼 임금을 섬기는 일, 나는 그것을 아직 실행하지 못한다. 내가 아우에게 바라는 것처럼 형을 섬기는 일, 나는 그것을 아직 실행하지 못한다. 내가 벗에게 바라는 것처럼 벗을 사랑하는 일, 그것을 나는

아직 실행하지 못한다.

인간의 도덕적 생활은 먼 길을 가는 여행과 같다. 우선 가장 가까운 데에서 출발하지 않으면 안 된다. 높은 곳에 오르는 것은 우선 가장 낮은 데서 시작하지 않으면 안 된다. 『시경(詩經)』에는 이렇게 말하고 있다. 아내와 자식들이 하나로 화합하는 것은 마치 거문고와 비파가 조화하는 것과 같다. 형제가 서로 우애하고 평화롭게 지내면 그 악기의 줄[絃]에서는 조화된 음악이 그치지 않을 것이다. 즐거운 화합의 등불이 집안을 비추고, 자식들과 더불어 맑은 나날이 온다. 가정이 이런 상태에 있을 때 어버이들은 그 이상의 만족을 바랄 수가 있을까?

세상 사람이 실천해야 할 의무는 다섯 가지이다. 즉 군주와 신하 사이의 의무, 아버지와 아들 사이의 의무, 남편과 아내 사이의 의무, 형제간의 의무, 벗 사이에서 사귀는 의무, 이것이 세상에 널리 지켜져야 할 다섯 가지 의무이다. 그리고 그 의무를 실천하기 위한 도덕적 품성이 세 가지 있다. 즉 지혜[智] · 동정심[仁] · 용기[勇] 이것이 세상에 널리 인정되고 있는 인간으로서의 세 가지 도덕적 품성이다. 이 품성을 어떤 방법으로 실천하든지 그 결과는 하나이다.

통치자의 수양은 바로 인간답게 사는 길이며 그것은 군자의 길이다. 공자는 가르치기를

몸을 깨끗하게 하고, 의관(衣冠)을 단정하게 하고 마음을 고상하게 하여 그 말에도 행동에도 예절을 갖추는 일, 이것이 다 통치자가 자기 몸가

짐을 수양하는 길이다. 아부하는 자를 배척하고 여자를 멀리하고 덕을 소중하게 여기는 일, 이것이 통치자가 훌륭한 사람을 내세워 세상에 알리는 방법이다. 그들을 높은 지위에 올리고 넉넉한 녹(祿)을 주고 취미나 의견을 같이하여 공명(共明)하는 일, 이것이 통치자가 집안 사람들 사이에서 자기에 대한 사람을 구하는 길이다. 그들의 직책을 확대하여 부하의 임용을 자유롭게 하는 일, 이것이 통치자가 나라 고관을 고무하는 방법이다. 일과 보수를 진심으로 약정하여 신임하는 일, 이것이 통치자가 공역(公役)에 종사하는 사람에게 일을 맡기는 방법이다. 부역의 시간을 엄중히 제한하고 모든 조세(租稅)를 될 수 있는 한 가볍게 하는 일, 이것이 통치자가 서민을 장려하는 방법이다. 매일 점검을 하고 매달 검사를 해서 그 성적에 따라 공정한 보수를 주는 일, 이것이 통치자가 직공(職工)을 장려하는 방법이다. 오는 사람을 환영하고 가는 사람을 보호하여 좋은 점은 더욱 권장하고 나쁜 점은 가엾게 생각해 주는 일, 이것이 통치자가 먼 나라에서 온 사람들에게 친절을 베푸는 방법이다. 끊어진 가계(家系)를 다시 잇게 하고 망한 나라를 다시 일으키고 질서를 회복하여 약자를 보호하고 강자를 억제하며, 근례(覲禮)에 일정한 때를 정하여 조정에 올 적에는 그 공헌을 적게 하는 대신 귀국할 적에는 선물을 많이 주는 일, 이것이 통치자가 제후(諸侯)의 복지를 고려하는 방법이다.

이것을 요약하면 다음과 같다.

1. 자기 행실을 수양하여 바로잡는 일
2. 훌륭한 사람을 존경하는 일
3. 근친을 사랑하여 그들에게 의무를 다하는 일
4. 나라 고관에게 존경과 신임을 하는 일

5. 신하들과 더불어 같이 할 일
6. 서민을 사랑할 일
7. 각종 공예를 장려할 일
8. 외국인에게 친절할 일
9. 제후의 복지를 고려할 일

그런데 '인간이 인간답게 살며' '인(仁)'을 실행하여 군자로서 사람을 다스리는 통치자가 되는 도덕적 행위의 기준을 과연 어디에 두고 있는가? 인간의 도리란 과연 어디에서 온 것인가? 공자의 가르침은 인간에서부터 시작한다. 즉 그 도덕적 기준은 인간이 이미 가지고 있는 자기 자신의 자각에 기초를 두고 모든 사람의 공통된 경험에 의하여 증명되고, 역사적 경험에 비추어 착오가 없고, 그리고 난 다음 자연계의 움직임에 적용하여 모순되는 점이 없고, 신 앞에 내놓아도 의심스럽거나 두려울 것이 없고 오랜 시대를 거쳐 후대의 성인(聖人)의 눈으로 보아도 의문이 없을 만큼 명확한 것에 둔다.

임어당(林語堂)은 이렇게 말한다.

> 그 도덕률은 천지가 만물을 싣고 움직이는 법칙과 더불어 하나의 체계를 이루고 있다. 그 도덕률은 네 계절이 교대로 잇따르고, 해와 달이 밤낮으로 교대해서 나타나는 것과 같은 체계를 이루고 있다. …… 우주에 이와같이 위대한 인상을 주는 것은 모든 것을 일관해서 지배하고 있는 이 법칙의 체계, 오직 하나의 체계이다.[8]

8 林語堂, 앞의 책, p. 171.

공자는 이렇게 말한다.

사람을 우주의 질서에 통합시키는 것은 중용의 도덕인데 그 도덕의 중심에 이르는 단서를 찾아내는 일은 인간으로서 가장 귀중한 소득이다.[9]

그리고 『예기(禮記)』에는 공자와 노(魯)나라 군주인 애공(哀公)과의 '예(禮)'에 대한 대화가 나온다.

애공: 충실한 생활을 영위한다는 것은 무슨 뜻인지 묻고 싶소.

공자: 모든 사물의 본질에 갖추어져 있는 질서에 복종하는 생활을 의미합니다.

애공 : 군자는 왜 하늘의 율법을 그렇게 중대하게 여기는지 그 까닭을 묻고 싶소.

공자 : 군자가 하늘의 율법을 그렇게 중대하게 보는 것은 그것이 영원한 율법이기 때문입니다.……

훌륭한 사람은 사물의 자연스러운 이치에 따를 뿐입니다. 착한 아들은 사물의 자연스러운 이치에 따를 뿐입니다. 그러므로 훌륭한 사람은 부모를 섬기는 데 하늘을 섬기는 것과 마찬가지로 여기고, 하늘을 섬기는 데는 부모를 섬기는 것과 마찬가지로 여깁니다. 따라서 착한 아들은 충실한 생활을 영위하게 됩니다.

'자연의 이치'를 공자는 형이상학적으로 부연하지 않는다. 그것을

9 『論語』.

'예'에 포함시키고 있다. '자연의 이치'는 바로 '예'이며 예는 정치의 본질이고 조건이고 기초이며 원리라는 것이다. 자연의 이치가 따로 있는 것이 아니라 예를 통하여 구현된다는 것이다. 예는 단순한 예의범절을 말하는 것이 아니라 종교적 예배와 사회적 교제의 형식으로 나타나며, 사실상 고대 중국 사회의 사회적 · 도덕적 구조의 전체인 것이다. 예는 종교를 포함하는 사회적 질서의 보편적 원리를 의미한다. 예는 개인의 사생활에서의 풍습과 도덕을 말하고 절의(節義)를 의미하고 사회적 원리로서 그것은 '모든 사물의 질서'가 되며 '모든 사물이 그 정당한 위치에 놓일 것'을 의미한다. 예를 따르는 것이 바로 '인간됨'을 알고 행하는 것이며, 그것은 바로 우주의 사리를 알고 순리대로 행하는 것이다. 그것은 사회와 우주의 질서에 대한 조화를 말한다. 애공과의 담화에서 공자는 "정치의 본령(本領)은 오직 사물을 바르게[正] 하는 일, 또는 사물을 바른 위치에 두는 데에 있습니다"고 하면서, '바르게' 둔다는 것은 "남편과 아내는 그 의무가 각각 달라야 합니다. 부모와 자식은 서로 친밀해야 합니다. 군주와 신하는 엄격한 규율을 지켜야 합니다. 이 세 가지 일이 바르면 모든 일이 여기에 따르게 됩니다"라고 설명한다.

그러므로 예의 의무는 인간 생활의 근본 원리라고 한다. 예는 인간 상호간의 신뢰와 사회적 협력을 권유하고 우호적인 사회적 관계를 강화한다. 그것은 신령에게 제사를 지내고 살아 있는 자를 부양하고 죽은 자를 보내기 위한 근본 원리이다. 예는 하늘의 법칙에 따르고 인정을 표현하는 유일한 길이다. 예는 하늘의 원리이며 인간의 원리라는 것이다. 인간이 인간답게 사는 길은 바로 예에 의하여 사는 길이다. 인간이 인간답게 산다는 것은 바로 사회의 도덕적 질서 안에서만 가능하다는 것이다. 공자는 개인을 사회 공동체의 일부로 보고 그 개인의 인간적 삶은 사회 공동체 안에서만 구현된다고 보았다. 인간의 구원도 멸망도 바로 사회의 도덕적·정치적 구조 안에서 이루어진다는 것이다. 인간은 불교나 인도교나 기독교에서처럼 인간 사회 이외의 어떤 초월적이거나 타계적(他界的)인 곳에서 구원을 찾지 않는다. 인간의 공동 사회 안에서, 그리고 그 질서 안에서만 인간은 인간 구실을 할 수 있다는 것이다. 군자는 "예로써 밭을 갈고, 의무의 씨를 뿌리고, 교육과 학문에 의하여 가꾸어 진실한 인간성으로 수확을 얻고, 음악에 의하여 그것을 즐긴다. 그러므로 예는 곧 도리의 결실이다."[10] 예는 곧 구원의 길이다.

인간성이 실리는 '황금 시대', 즉 인간이 인간답게 살게 되는 사회적 질서—기독교의 천국—같은 것을 공자는 이렇게 그린다.

> 큰 도리가 실시되고 있던 시대에는 세계 전체가 하나의 공동체였다. 통치자는 그 지혜와 재능에 따라 선출되고 모든 사람 사이에 신뢰와 평화가 보급되고 있었다. 그러므로 사람들은 내 부모만을 부모로 섬기고, 내 자식만을 자식으로 여기지는 않았다. 노인은 나머지 세월을 즐기고, 젊은이는 그 능력을 발휘해서 활동을 하고 어린이에게는 따를 사람이 있고 의지할 데 없는 과부나 고아나 불구자나 폐인은 보호를 받았다. 남자는 모두 직업을 가지고 있었고 여자는 모두 가정을 가지고 있었다. 사람들은 재물이 땅에 흩어져 있는 것을 보고 싫어하지는 않았지만, 그것을 내 주머니에 숨겨 두지는 않았다. 또 사람들은 여유 있는 노동력을 지니고 있었지만, 자기 이익만을 위해서 일을 하지는 않았다. 따라서 사람 사이에 무슨 모략이 있을 리가 없고 도둑이 있을 리 없다. 그러므로 밤에도

10 林語堂, 앞의 책, p. 319.

바깥 문을 닫을 필요가 없었다. 이것이 곧 대동(大同) 즉 큰 공동체의 시대였다.[11]

공자는 도덕적 인간을 그 종교적 이상으로 보았고, 그 도덕적 인간의 완성은 개인의 수양과 사회적 질서 속에서 가능한 것으로 본다. 그리고 도덕적 사회를 건설할 수 있다고 믿는다. 부도덕한 사회에 사는 인간들과 함께 살면서 유랑하던 공자가 끝내 굽히지 않던 고집은 개인의 도덕적 영향만이 사회의 정치적 질서를 바로잡을 수 있다는 사상이었다. 부도덕한 사회에 사는 인간의 구원은 탈출이 아니라 꾸준하고 끈질긴 도덕적 생활의 결단과 참여라는 것이다.

11 禮記 禮運, 9장; 林語堂, 앞의 책, pp. 303-7.

제13장 인간 고통의 의미

"인간의 고통은 인간 실존보다 더 확실하다." 어떤 철학자의 말이다. 혹시 철학과 종교의 출발점은 인간의 고통이 아닌가 싶다. 여자가 어린 아이를 잉태하고 해산하는 고통, 남자의 피땀 어린 노동과 생존 경쟁에서 오는 고통과 설움. 그 이유들을 캐물은 것이 아담과 이브의 이야기가 아닐까? 형제들의 싸움과 폭력과 살인과 전쟁—피비린내 나는 인간의 역사적 체험—은 카인과 아벨의 이야기를 낳게 한 것이 아닌가? 태풍과 홍수와 화산—물과 불—등 자연의 폭행은 인간 사회를 휩쓸어 없애고, 수없는 질병은 인간의 생명을 앗아 간다. 그래서 노아 홍수의 이야기가 있으며 소돔과 고모라가 불로 멸망하는 이야기가 있다. 구약성서의 '출애굽기'를 보면 이집트 왕과 모세와의 대결에서 수많은 병의 원인이 소개된다.

과학과 종교의 출발은 '왜?'에서 출발하였다. "왜 인간은 이러한 고통을 받게 되었는가?" 하는 질문에서 출발하였다. 과학은 인간 고통을 구체적으로 파악하고 분리시켜서 그 고통의 원인을 규명하고, 그 원인을 제거함으로써 고통을 하나씩하나씩 없애는 데 주력하였고, 그렇게 함으로써 인류에 공헌한 바 크다 하겠다. 그러나 종교에서는 계속해서 '왜?' 하고 끈질기게 묻는다. 오늘 아침 버스에서 내리다가 발을 삔 것을 가지고 '과학적'으로 생각하고 병원에 가서 적절한 치료를 받는 것만으로 '왜 그렇게 되었을까?' 하는 질문을 그치지 않는 것이 인간의 심정인 것 같다. 과학은 고통의 원인을 현상 세계 안의 원인과 결과의 연쇄관계에서 찾지만, 종교는 그것을 넘어선 차원에서 찾는 것 같다. 그러다가 보면 '미신적'인 이야기가 되기도 한다.

"오늘 아침, 버스에서 내리다가 발을 삔 것…… 그놈의 까만 고양이가 집에서 나오는데 길을 가로질러서 그래……." 이것은 '과학적 인과 관계'가 아니다. 일련의 인과 관계 속에 억지로 집어넣는 일이다. 종교와 미신이 다른 점은, 미신은 '유사 과학'이어서 사건 하나하나의 원인을 눈에 보이고 경험할 수 있는 곳에 두면서도 또한 '유사 종교'여서 그것이 초현상적 이유 때문이라고 하는 점이다. 종교는 사건 하나하나의 원인을 개별적으로 캐어내기보다는, 인간 사건과 고통의 종합적인 원인에 관심을 둔다. 그리고 그 원인의 차원을 인간이 미칠 수 없는, 조작할 수는 없는 초월적인 데 둔다. 그리고 고통의 궁극적인 원인을 물으면서 그 의미를 찾는다. 그러므로 인간의 고통과 괴로움과 죽음에 대한 물음은 과학과 철학 이전의 인간의 물음으로 다른 종교적인 물음들과 연결된다. "인간 고통의 의미가 무엇인가?" 하는 물음은 "인간은 어디로부터 왔으며 어디로 가는가?" 하는 질문이나 "도대체 인간이란 무엇이냐?" 하는 질문과 "인간을 이렇게 살도록 한 궁극적인 원인이 무엇이냐?" 하는 질문과 일맥 상통하는 물음이다. 인간 고통에 대한 물음은 사실 종교의 출발이며 종말이라고 해도 과언이 아닐 것이다.

인간의 고통은 환상이 아니다. 그러므로 고통이 있느냐 없느냐라는 존재의 문제가 아니다. 그 고통에 대한 원인과 그 의미의 문제인 것이다. 우주 전체의 테두리 안에서 어떻게 인간의 고통이 설명될 수 있느냐 하는 문제이다. 종교마다 제시하고 있는 우주의 테두리와 고통과 악의 문제를 어떻게 연결시킬 수 있겠는가 하는 것이다. 고통과 악을 만들어 내는 비합리적인 세력이 존재하는 것일까? 그 세력은 어떻게 이 우주 속에 끼어들게 되었는가 하는 것이다. 종교의 문제는 두 가지 무거운 책임을 제시하여야 하는 '신학적' 혹은 '지적(知的)' 책임이고, 다른 하나는 악으로부터 궁극적인 해방의 길, 즉 구원의 길을 제시하는 일이다.

"왜 나에게 이 고통을?"

기독교에서 인간 고통의 의미는 퍽 예리하게 제시된다. 그 커다란 이유는 인간과 자연계의 창조자인 야훼 신은 선한 신이며 완전한 신이라고 믿을 뿐만 아니라, 그렇기 때문에 이 세계에는 뚜렷한 목적이 있으며 계획과 섭리가 있을 뿐만 아니라 질서가 있다는 것을 가르치기 때문이다. 문제는 그러한 세계에 어떻게 괴로움과 슬픔과 인간의 사악함과 거짓과 증오와 파괴와 죽음이 있는가 하는 것이다. 신이 존재하지도 않거니와 선하고 완전한 신은 더욱 이러한 악한 세상을 창조하지 않았을 것이라고 하게 되기 때문이다. 그래서 무신론자들은 인간 세상에 고통이 있고 악이 존재하는 한, 선하고 완전한 신의 존재를 부정한다는 것이다.

구약성서의 욥의 이야기는 '고통의 문학'이다. 신을 성실하게 섬겨 온 욥은 갑자기 하루아침에 모든 것을 잃어 버리고 몸에 피부병까지 나서

재 속에 들어앉아 기왓조각으로 온몸을 긁어야 하는 비참한 상태에 빠진다. 욥의 아내는 그래도 당신은 그 순전을 굳게 지키느냐, 하느님을 욕하고 죽으라 한다.[1] 신의 선하고 완전함을 강력하게 주장하면 주장하는 것만큼, 고통의 문제는 더욱 예리한 종교적 문제로 부각되는 것이다. 유태교와 기독교에서의 문제는 야훼 신은 선하고 완전한 창조주일 뿐만 아니라 또한 인간과는 인격적인 관계를 맺고 있는 '사랑의 하느님'인 것이다.

인격적이며 윤리적인 야훼 신을 숭배하는 유태교와 기독교에서는 인간의 고통 문제 역시 인격적이며 윤리적인 설명을 가한다. 아담과 이브의 이야기에서부터 인간의 고통은 신의 명령에 대한 불복종으로 해석한다. 불복종과 항거, 반항 등이 죄의 원인이고 죄가 바로 인간 고통의 이유라고 한다. 고통은 하나님의 벌이라고 한다. 자연의 세계 역시 인간의 죄 때문에 영향을 받는다고 믿는다. 자연이 인간을 해치는 것도 역시 인간의 불복종에서 온 것이라고 단정한다. 인간 내부의 윤리적 괴로움이나 자연의 폭력이 모두 인간의 죄로부터 온 것이라고 설명한다.

히브리 사상의 특징은 첫째 인격적인 신이 우주의 역사와 인간을 지배하고 있기 때문에 인간의 고통도 역시 신이 장악하고 있다는 점이다. 유일하고 가장 완전하고 강력한 신이 직접 고통을 주지 않는다 하더라도 적어도 그의 허락이 있어야만 가능하다는 것이다. 인간이 고통을 받는 것 역시 신이 주재한다는 것을 믿는다. 히브리 사상의 둘째 특징은 의지의 인격적인 신이 인간을 창조한 만큼, 인간에게 자유 의지를 허락하였다는 점이다. 그 자유 의지를 소유하고 있기 때문에 인간이 인격을

1 욥기 2: 9.

소유한다고 할 것이다. 그런데 그 자유 의지는 신의 명령을 복종하지 않는 데까지 사용할 수 있는 것이었다. 그리고 그 힘은 신에게 대항할 수 있는 힘이었다. 히브리인들이 인간에게 자유 의지가 있다고 믿게 된 동기는 단지 인간에 대한 예리한 관찰에서 온 것 같다. 신의 명령과 윤리적 질서를 파괴하는 사람들이 많다는 것을 그렇게 말한 것뿐인지 모른다. 문제는 "왜 신은 인간에게 신과 대항할 수 있는 힘을 주어서 악을 낳게 하였는가?" 하는 것이다. 그러나 인간이 하느님의 형상대로 지음을 받았고 인격을 가지게 됐다는 것은 바로 그러한 힘과 자유 의지를 가지는 것이라고 설명한다. 자유 의지도 없고 신과 인격적 관계를 맺을 만한 창조적 능력도 가지지 못한 인간을 신은 창조하지 않았을 것이라고 한다. 죄를 지을 수 없는 인간—자유 의지가 없는 인간—은 히브리인들에게는 인간이 아니었던 것이다. 자유 의지가 없는 인간—항상 선한 것만을 선택하는 인간—은 로봇에 지나지 않으며 로봇이 의로운 것을 참으로 의롭다고 할 수 없다. 인간의 자유를 허용한다면 죄와 그 고통은 의미가 있는 것이라고 한다. 그러나 자유가 문제가 아니라 자유의 오용이 문제인 것이다. 신의 질서 안에서의 자유는 에덴동산 안에서의 자유였으며 신의 명령을 거역하는 자유가 아니었다. 인간의 의지를 신의 의지 위에 두고 신과의 관계를 파괴하는 자유가 바로 죄의 원인이라는 것이다. 인간이 자신의 힘을 절대적인 것으로 확대시키고 과장하고 거기에 빠져 버릴 때 신과의 관계를 해치며 결국은 신과 우주로부터 소외된다. 이것은 교만과 반역에서 온다.

유태 민족이 열강의 여러 나라들 틈바구니에서 민족적 고통을 받으면서 민족 공동체의 집단적 수난에 대하여 종교적인 질문을 던지게 된 것은 무리가 아니었다. '선민(選民)'—야훼 신이 선택한 특수한 민족—이

강대국의 세력에 파괴되어 흩어졌고 포로의 수모를 지독하게도 받았던 것이다. 인간 개인의 고통을 공동체와 일치시키고, 그것을 역사적인 문제로 끌어들인 것도 서기전 7세기부터 5세기에 일어난 일이었다. "왜 야훼 신은 그가 사랑하는 선민들을 적국의 포로로 고생시키는 것일까?" 이것은 민족사(民族史), 즉 고통받는 민족의 울부짖음이었다.

앞 장에서 유태교의 신관을 논할 때 이 시대의 논리적 신관의 발전을 언급하였지만, 이러한 발전과 함께 '마귀' 혹은 '악마' '사탄'의 개념이 히브리 사상 안에 흡수되는 것을 보게 된다. 구약성서의 첫 책인 창세기에 이미 뱀이 간교하게 이브를 꼬이고 있지만 그것은 사람들이 뱀을 싫어하기 때문에 인간 타락의 드라마 속에 출연하게 된 것인지 사탄으로 등장한 것인지 분명하지 않다. 욥의 이야기에 등장하는 '사탄' 역시 신과 대립되는 강력한 존재로보다는 신의 명령에 따라 혹은 신의 허락을 받아 행동하는 '하수인'으로 행동하고 있다. 오히려 신의 '아들'들 중에서 못된 장난으로 골치 아픈 존재처럼 나온다. "하루는 하느님의 아들들이 와서 여호와 앞에 섰고 사탄도 그들 가운데 왔다"[2]고 기록되어 있다. 그런데 묵시 문학(默示文學)[3]들을 보면 신과 사탄은 우주적인 투쟁을 전개하고 신은 인간들을 사탄으로부터 극적으로 구제하는 것을 볼 수 있는데, 사탄은 신과 인류의 막강한 세력으로 등장한다. 이것은 틀림없이 유태교가 중동 지역의 조로아스터교의 이원론적 우주론의 영향을 받아 발전한 사상이 아닌가 본다. 이 영향은 성서뿐만 아니라 신학적으로나 기독교 문학에 침투되어 있는 악에 대한 설명이라 하겠다.

2 욥기 1: 6.

3 구약성서에서는 다니엘서가 그 대표적인 것이고, 신약성서에서는 요한계시록이 대표적이다.

만약 인간의 죄와 고통이 이 우주적인 악의 세력이 신과 대항함으로써 발생하는 것이라면, 그 사탄의 세력과 맞서서 싸워 이기는 길밖에 없다. 이러한 싸움의 의지는 종교적인 의지이다. 기독교 신앙은 바로 이 사탄의 세력과의 싸움을 '독려'하는 것이라고 해도 지나친 말이 아니다. 이 세상에서 사탄의 세력을 제거해야만 죄와 고통이 덜어질 수 있다는 것이다. 사탄의 세력을 이기는 힘은 신으로부터 오는 것이며, 신의 힘을 이 세상에 끌어들이는 것이라고 한다. 신의 창조 질서를 이 세상에 구현하기 위해서는 사탄의 세력과 싸우지 않을 수 없으며, 그 싸움에서 희생도 각오해야 한다. 인간 생활의 모든 영역에서, 육체적 · 윤리적 · 정신적인 영역에서 악의 세력을 물리치고 신의 선(善)과 사랑과 정의를 이 세상에 구현하여야 한다는 것이다. 그러므로 악과의 싸움은 개인적이며 내면적인 싸움만이 아니라, 사회적인 부조리에 대한 집단적인 투쟁이며 우주적인 도전이라는 것이다. 사탄은 개인의 마음 한구석을 차지하고 있을 뿐만 아니라 사회와 우주의 구조 안에 체제화되어 있기 때문에, 악의 세력과의 싸움은 그만큼 사회적이며 구조적이어야 한다고 믿는다.

이러한 우주적인 악과의 대결에서 신은 직접 뛰어든다. 인간의 회개로써 그 근본 문제를 해결하지 못한다. 악은 창조의 구조적인 세력이기 때문에 영구한 비극이다. 이것은 인간에게만 비극이 아니라 신에게도 비극이 아닐 수 없다. 기독교 신학은 신으로 하여금 인간의 비극에 참여하게 한다. 인간의 죄를 미워해서, 인간의 고통을 괴로워해서 궁극적으로 인간을 사랑하기 때문에 인간 세상에 신 자신이 인간의 몸으로 태어난다. 이것이 기독교의 근본적 상징이며 기독교가 말하는 '신의 드라마'이다. 하느님의 아들 예수가 이 세상에 와서 인간의 몸으로 인간의 육체적 고통을 체험하고, 인간 사회의 정치 체제와 문화적 생활 속에서 그 부조리와 그 무질서와 그 모순을 모두 체험하고 그 틈 속에서 죽어 간다. 십자가의 고통과 죽음은 인간 고통의 극한 상황이었다. 신의 고통이며 신의 죽음이라는 것이다. 이 비극을 통하여 인간의 고통은 영원히 해결되었으며, 신과 함께 인간은 부활할 수 있는 희망을 가지게 되는 것이다.

인간의 개인적이며 사회적 고통은 신의 우주적인 드라마 안에서 그 의미를 찾을 수 있다. 신의 우주적인 승리와 함께 인간은 모든 사탄의 세력을 극복할 수 있다고 믿는다. 그것은 부활의 희망이며 또한 천국의 희망인 것이다. 죄와 질병, 죽음과 불안은 모두 메시아 왕국—빛의 세계, 하느님 나라—에 흡수되어 버리고 모두 해소된다고 한다. 인간의 교만, 인간 사회의 불의(不義)—모든 억울함과 슬픔과 눈물—는 그 원인이 규명되고 악은 결국 굴복하고 선은 결국 그 빛을 보는 승리의 날이 오고야 만다. 선한 의지의 싸움은 역사적 의미가 있다는 것이다. 그래야만 고통의 참뜻이 있을 것이다. 욥의 고통의 참뜻은 신의 선한 의지의 종국적 승리에 있으며, 그것은 바로 인간의 승리라는 것이다. 인간의 고통은 인간 역사의 윤리적 발전으로 승화시켜야 하며, 신의 의지의 승리로서 신앙으로 극복하여야 한다는 것이다.

생로병사: 인생은 괴로운 것

기독교에서는 인간의 고통을 죄의 결과로 보는 인격적이며 윤리적인 해석을 하고 있지만, 인도교와 불교에서는 초인격적인 형이상학의 차원에서 논한다. 인도교와 불교에서 악은 우주와 인생의 형이상학적 구조 안에 포함되어 있다고 생각하고 그것을 해결하는 방법은 오로지 도피하는 길밖에 없다고 한다. 무상의 세계로부터 탈출하고 인간의 의식으로부터 해탈하는 것만이 인간고(人間苦)를 이기는 길이라고 가르친다. 앞장에서 불교의 우주론을 논할 때 불타가 가르친 진리의 첫째가 '고성체(苦聖諦)'인데, 인생은 괴롭다는 것이었다. 생로병사(生老病死), 즉 태어나고 살고 하는 생 전체가 모든 인간의 중심으로 '양전(良田)'이다. 인간이 병들고 늙고 하는 것 역시 생의 한가운데서 일어나는 것이므로 고통이 아닐 수 없으며, 죽음—생명의 단절—은 생의 절망적 고통이 아닐 수 없다. 인간이 고통스러운 것은 그 욕심에서 온다고 가르친다. 이것은 '집체(集諦)'라고 한다.

> 비구여 이 사식(四食)[4]은 무엇을 인(因)으로 하고 무엇을 집(集)으로 하며 무엇에 의하여 생하고 무엇으로부터 발하였는가? 이러한 사식은 욕(慾)을 인으로 하고 욕을 집으로 하며 욕에 의하여 생하고 욕으로부터 발생한 것이다.[5]

이러한 인간욕(人間慾)이 쌓여서 고통을 낳을 뿐만 아니라 그것은 '업(業, karma)'으로 축적되어 사후에 연장된다고 가르친다. 그러므로 인간고는 이 세상에서 그치는 것이 아니라 영원히 계속되는 숙명적인 것이며, 그것은 업의 연속이며 자업자득한 것이라고 한다. "제업(諸業)은 애(愛)와 무명(無明)이 인(因)이 되어서 타세(他世)의 음(陰)을 적

4 사식(四食)은 유정(有情)의 생명체가 유지되어 가는 데 필요한 요소들로서 단촉(段觸)·의사(意思)·식(識) 등이다. 단(段)은 음식물, 촉은 감각, 의사식(意思食)은 정신적 작용, 식식(識食)은 의식이다.

5 相應部經典, 1.

(積)한다"[6]고 하였거니와 탐욕과 사물의 도리를 깨닫지 못하는 무지(無知)가 인간고의 계속적인 축적이라고 말한다. 업은 인간의 행위로 만들어진 모든 것을 말하며, 인생고의 원인이 된다는 것이다. 나의 업(業), 즉 나의 행동의 결과가 나의 인생의 원인이 된다. 그리하여 인생은 업을 업고 다니며 또 그 스스로 만든 업에 따라 살아가게 된다. 선한 업을 쌓은, 이른바 선적(善積)한 사람은 그 선한 열매를 찾아 산다는 것이다. 그리고 인생의 불행은 악한 업의 결과로서 업보(業報)라고 한다. 업에는 의업(意業)과 신업(身業) · 어업(語業) 등이 있는데, 의업은 의지의 업으로서 인간 행동의 원동력으로서 마음속에 생각하는 것을 말하고, 신(身) · 어(語) 두 가지 업은 말과 행동이며 밖으로 나타나는 것과 나타나지 않는 모든 것을 말하고 있다. 그야말로 인간의 생각 · 말 · 행동 일체가 업으로서 인생 전체의 구조 안에 '편입' 되고 그것으로써 인생이 결정된다. 인생의 시스템 속에 고통은 구조적으로 박혀 있으므로 이 인생을 사는 한, 무한히 이 고생은 반복되게 마련이라는 것이다. 이것을 깨닫는 것부터가 구원의 시작이며, 이 생의 반복으로부터 해탈하는 것은 축복이 아닐 수 없다.

불교에도 악마의 상징이 있고, '염라대왕'이라는 악마의 왕도 있다. 그 중 '마라'라는 악마는 불타의 수도를 방해하기까지 한 존재였다. 마라는 싯다르타의 깨달음을 방해하였을 뿐만 아니라 오도(悟道)하였을 때는 니르바나로 직행하게 하여 중생을 제도(濟道)하는 사업까지 방해하려고 했다는 것이다. 우주의 하부 구조인 연옥(煉獄)을 다스리는 자들은 악마들로 되어 있지만, 기독교의 '사탄'처럼 우주적인 차원에서 선

6 雜阿含經, 卷16.

한 신과 대립하는 세력으로서는 등장하지 않는다. 대중 불교의 부산물로서 그 위치는 사실상 낮다고 생각해야 한다. 인도교에서는 파괴의 힘을 다른 독립된 신에게 주지 않고 시바에게 그 힘을 다른 것과 함께 부여함으로써 우주의 구조를 선과 악으로 이분하지 않고 있다. 즉 불교나 인도교에서는 적어도 그 고전적 가르침에서 악을 인격화하거나 우주로부터 독립된 세력으로 등장하지 않고, 우주와 인생 구조 안에 내재하는 것으로 보았다.

그러므로 악의 문제는 "선하고 의로운 자가 어찌하여 그러한 고통을 당하는가?"라는 식으로 제기되지 않는다. 선한 자이건 악한 자이건 인간은 모두 무상한 세상에서 사는 한 고통스럽기 마련이라고 생각하며, 모두 다 전생과 이생의 업의 탓이라고 체념한다. 참으로 선한 자는 이 세상의 무상을 깨닫고 해탈하여 니르바나에 도달한 자일 것이다. 악은 신비스러운 것도 아니며 어둡고 침침하고 무섭고 사악한 존재도 아니며 신과 대결하고 인간에게 도전하는 세력도 아니다. 시간과 공간에 '적(籍)'을 두고 사는 인간은 도저히 피할 수 없는 실존 상황, 즉 그 자체가 악하고 괴로운 것이라고 깨닫는다. 그렇다고 해서 불교의 이해는 너무 기계적이며 숙명적이라고 체념할 수 없다. 불교나 인도교에도 윤리적이고 인격적인 면이 없지 않아 있는 것이다. 첫째는 전술한 업의 개념을 보면 인생 안에서도 고통을 덜할 수 있는 방법이 있고, 그 방법은 생각과 말과 행동을 옳게 함으로써 가능하다는 윤리적 가르침이 있다는 점이다. 유명한 인도 철학자 라다크리슈난 경은 업의 윤리적 측변을 설명하면서 이렇게 말한다.

업설(業說)만큼 인생과 행위를 가르치는 데 귀중한 가르침도 없다. 이

> 세상에서 일어나는 모든 일에 대하여 온순하게 체념할 수 있는 것은 그것이 모두 전생에서 저지른 일의 결과라는 것을 알기 때문이다. 그렇지만 미래는 우리 능력 안에 있다. 미래에 대한 희망과 자신을 가지고 일할 수 있기 때문이다. 업은 미래를 향하여 독려하고 과거에 대하여 체념한다. 업은 세상의 성공과 실패를 넘어설 수 있고 인간 영혼의 존엄성을 해치지 않게 한다. 지위와 부귀, 피부 빛깔이나 조국이 문제가 아니라 덕만이 선하다. 선한 것만이 선한 법이다.[7]

인도교와 불교의 가르침이 비인간적이고 지나치게 숙명적이라고 하는 것이 아니라고 할 수 있는 둘째 근거는, 인생의 숙명론은 시간과 공간, 즉 마야의 테두리 안에서만 그렇다는 점이다. 세상을 고통의 연속으로 보는 것은 이것이 참세상이 아니며 이 세상으로부터 탈출하는 길이 있다는 것을 가르치고 있기 때문에, 인간을 기계적인 윤회의 테두리 안에 가두어 두지 않고 윤리적인 결단이 허용되고 있는 것을 볼 수 있다. 따라서 이 세상은 궁극적인 위협이 될 수 없다. 세상과 싸워서 그 숙명의 힘을 극복하고 그것으로부터 해방될 수 있는 것이다.

인간 고통의 궁극적 해결은 무엇인가? 새 하늘과 새 땅을 기대할 수 있을까? 인도교나 불교에서는 그런 것을 기대하지 않는다. 우리가 사는 이 세상은 언제든지 그것이 존재하는 한 그대로 무상하며 그대로 고통스러우며 그대로 영원히 윤회한다. 물론 외면적 변화는 있을 수 있고 사회 체제도 달라질 수 있겠고 왕국이 흥하고 망하겠지만, 문제들은 그대로 남을 것이며 그 변화 역시 무상하다는 것이다. 우주 내의 실존에 깊

7 Radhakrishnan, *Indian Philosophy*, Vol. I (London: Allen & Unwin, 1927), p. 249.

이 내재하는 번뇌는 어찌할 수 없는 것이다. 아무리 즐겁고 행복하여도 생로병사의 사고(四苦)를 면할 사람은 아무도 없으며, 이것들로부터 초연할 수 있는 사람은 거의 없다는 것이다. 궁극적인 해결은 인간 스스로가 장악하고 있는데 자아를 세상으로부터 되찾는 길밖에 없다고 한다. 세상에 대한 욕심을 버리고 영원하고 참된 것에 그 뜻을 두고 그것과 하나가 되는 길—브라만과 아트만이 하나가 되고 대아(大我) 속에 소아(小我)를 흡수시키는 길—니르바나에로 탈출하는 길이 구원의 길인 것이다.

유교의 군자도

공자의 가르침은 극히 낙관적이다. 인생을 '사탄'과 같은 악의 세력과의 대결로 보지 않았다. 인생을 한낱 번뇌와 고통의 과정으로 보고 악몽과 같은 환상적 존재로도 보지 않는다. 인생은 구체적이며 현실적인 것으로서 가장 실제적이며 상식적인 입장에서 다루어 나가는 것으로 본다. 악이 있다면 그것은 시행착오이거나 일시적인 부조리와 비조화일 뿐 그것이 어떤 형이상학적 실체를 가지고 있는 것도 아니며, 따라서 어떤 기능이나 세력을 소유하는 존재라고 생각하지 않는다. 그러므로 악이란 것은 극복될 수도 있고 시정될 수도 있는 과오(過誤) 정도로 생각한다. 그리고 그 과오란 하늘의 길에 어긋나는 것이고, 하늘의 길에 어긋나는 일은 사람의 도리에 맞지 않는 것으로 비합리적이며 비상식적인 것을 말하고 있을 뿐이다.

물론 음양설에 따라 음을 악의 세력으로 보고 그것이 인간에게 질병과 고통을 가져오는 '귀(鬼)'라고 생각하지만 그것은 대중적 신앙에서 온 것이다. 음의 요소가 양의 요소보다 많은 사람을 악인이라고도 하지만 음이 악의 세력으로서 양의 세력과 대립하고 싸우는 것으로 보지 않는다. 오히려 음양의 조화가 깨어지는 것을 '악'으로 볼 뿐만 아니라 음양의 조화가 천지 창조와 그 유지에 불가결한 것으로 보기 때문에 음의 요소 자체가 악이라고 하는 것은 속단인 것이다.

'악인'을 말하면서도 공자는 '죄인'이라든지 근본적으로 쓸모없거나 타락한 인간으로 말하지 않는다. 맹자는 공자의 인간관을 발전시켜 더 예리하게 말한다.

> 사람의 천성은 버드나무와 같은 것이다. 그리고 바른 행위와 성질은 그 버드나무의 잔가지로 만든 바구니와 같은 것이다. 사람의 천성을 박애와 정의에 따르게 하는 것은 버들가지로 세공(細工)을 해서 바구니를 만들어 내는 일과도 같다.[8]

그리고

> 물[水]에 동서의 구별이 없는 것은 사실이다. 그러나 상 · 중 · 고 · 저의 수준조차도 없는 것일까. 물이 낮은 곳으로 향하는 것과 같이 사람의 천성은 선을 따른다. 아래쪽으로 흐르지 않는 물이 없는 것과 같이 착하지 않은 사람은 없다. 당신은 물을 쳐서 물길을 이마보다 높이 솟구쳐 오르게 하거나, 억지로 언덕 위에 밀어 올릴 수는 있다. 그러나 그것이 물의 본성일 것인가? 그때의 사정에 귀착시킬 수 없는 것일까. 당신은 똑

8 孟子의 書, 제6권 上; 林語堂, 앞의 책, p. 363.

같은 방법으로 사람의 천성을 악한 곳으로 향하게 할 수 있는 것이다.[9]

『논어』에 보면 공자가 생각하는 '악인'의 유형을 읽을 수 있는데, 그것은 '군자'의 이상적 인간형에 비추어서 하는 말들이며, '타고난' 악인이나 죄인을 말하는 것이 아니었다. 그 몇 가지 예를 들면 다음과 같다.

자공이 질문했다.

"군자도 역시 사람을 미워하는 일이 있습니까?"

"그렇다. 군자도 때로는 사람을 미워한다." 하고 공자는 대답했다.

"남을 비평하거나 남의 약점을 폭로하는 것을 좋아하는 자를 미워한다. 밑에 있으면서 윗사람을 중상하거나 그 소문을 퍼뜨리는 자를 미워한다. 만용을 부려 다스리기 어려우며, 스스로 예절에 의해서 자기를 억제할 줄 모르는 자를 미워한다. 고집이 강하여 도량이 부족한 자를 미워한다. 그런데 너는 무엇을 미워하느냐?"

"남을 위해서 탐정하여 자기만을 현명한 줄로 여기는 자를 미워합니다. 다만, 과격하여 법도를 모를 뿐인데 용기를 가진 줄로 생각하는 자를 미워합니다. 그리고 거죽으로 정직한 군자를 가장하는 교활한 자를 미워합니다."

공자는 또 말하기를

"성질이 경박하고 완고한데에다 정직하지도 않은 사람, 잘 알지도 못하면서 조심을 하지 않는 사람, 특별한 재주를 지니지 못하면서 성실하지도 않은 사람, 그런 따위는 어찌할 도리가 없다" 고.

9 앞의 책, p. 364.

"표면으로는 엄숙하지만 실제로 그 내용이 공허한 사람은 밤중에 몰래 숨어서 집에 기어드는 도둑과 같다고 하겠다."

"나는 말을 간사하게 하는 사람을 미워한다."

"말을 능숙하게 하고, 남의 눈에 들기 쉬운 모습을 하고 있는 사람으로 진실한 군자는 좀체로 없다."

"군자는 그 말만 가지고 사람에 대한 판단을 하지 않는다. 그러므로, 개화되고 질서가 잡힌 나라에서는 실행이 풍부하고, 아직 개화되지 못하고 질서가 잡히지 않은 나라에서는 다만 언사 희롱이 있을 뿐이다."[10]

결국 겉과 속이 다른 사람, 경박한 위선자, 말과 행동이 일치하지 않는 사람—성실하지 못한 사람—을 나쁘게 보고 미워한다. 그리고 그것이 군자의 품격의 한 부분이 되어야 한다고 가르치고 있다.

유교에는 순리(順理)와 비리(非理)는 있을지 몰라도 악의 세력이 독립적으로 존재한다거나 악이 선한 인간을 괴롭힌다거나 도전하는 존재로 생각하지 않는다. 그리고 이 세상은 근본적으로 허무하다거나 괴롭기만 하다고 절망하지 않는다. 공자의 일생은 전란(戰亂)의 와중에서 유랑하는 고통과 무질서의 생애였지만 체념하지 않았고 포기하거나 절망하지 않았다. 그렇다고 해서 이 세상의 무질서와 백성의 고통을 무시하거나 외면한 것 같지는 않다. 인간 사회의 무질서와 고통은 바로 정치적 문제로 보았고, 정치적 문제는 도덕적 문제로 보았다. 사회악은 인간 본질 속에 깃들어 있는 구조적 죄악 때문이라기보다는 통치자의 도덕적 수양의 부족에서 온다고 보았다. 수신(修身)하지 못하고 제가(齊家)하여 집안

10 林語堂, 앞의 책, pp. 367-70.

을 다스리지 못한 군주가 다스리는 국가나 사회는 혼란에 빠질 것이며, 그 백성은 불행하며 부도덕할 것이며 따라서 고통을 받을 수밖에 없다고 보았다. 가령 통치자가 인격을 지니면 그는 백성을 얻게 되고 영토에 권위를 확립하게 된다. 그리고 영토에 권위를 확립하면 부(富)를 얻게 될 것이고, 부를 얻으면 그것으로 일을 적절하게 처리할 수가 있을 것이다. 이와같이 인격이 그 토대이고 부는 그 결과이다. 그런데 만일 통치자가 그 토대를 소홀히 하고, 밖에 드러나 보이는 결과만을 좇는다면 그는 백성을 이끌어 서로 이익을 빼앗기 위해 싸움을 벌이게 할 것이다. 백성의 고통과 사회 생활의 혼란은 어디까지나 통치자의 윤리적 책임에 맡겨져 있으며, 통치자의 윤리적 책임은 하늘의 뜻에 따라 자신을 수양하는 일이며 백성의 뜻에 따라 다스리는 것이라고 가르친다.

따라서 유교에서의 궁극적 희망은 새 하늘과 새 땅, 즉 새 예루살렘이 지상에 실현되고 구세주 메시아가 홀연히 나타나는 극적인 것이 아니라, 악의 세력이 패배하고 선한 신이 선남선녀(善男善女)들과 함께 승리의 개가를 부르는 전망도 없다. 그리고 이 세상을 악하고 힘들고 고통으로 가득 차 있는 무상한 반복으로 보고, 이 반복으로부터의 탈피를 원하지도 않거니와 그것을 '구원'으로 생각하지도 않는다. 유교는 이상적인 사회상을 가지고 있으며, 그 이념은 인간의 힘으로 성취할 수 있는 것으로 보고 그 능력의 계발을 강조한다. 조화된 사회 안의 인간상은 인(仁)과 지(知)와 의(義)와 용기를 가진 자로서 자신을 다스릴 줄 알고 화목한 가정을 거느리고 질서 있는 사회인이 되는 것이다. 성실하지 못한 '소인(小人)'은 있지만 '죄인'은 없으며, 인간 사회의 고통은 귀신의 책임이 아니라 자신의 책임이며 정치적 책임이라고 가르치고 통치자의 바른 생활과 바른 통치를 촉구한다. 완전한 사회를 향하여 시행착오를 하나하나 시정해 나가면서 조금씩 조금씩 살기 좋은 사회를 건설해 나가는 길밖에 없다는 것이다. 극히 실질적이며 현실적인 가르침이면서 절망하지 않는 끈질긴 낙관주의와 인간에 대한 굳은 신념이 깃들어 있다고 하겠다.

제14장 종교와 인간 구원

종교는 인간의 궁극적 관심의 표현이며 인간의 자기 자신과 우주에 대한 끝없는 물음이고 그 물음에 대한 해답의 모색이라고 하였다. 그러나 인간이 종교를 통하여 궁극적으로 묻는 것은 무엇보다도 어떻게 하면 '구원'을 받을 수 있겠는가 하는 것이라고 하겠다. 앞의 몇 장에서 인간의 '종교적 물음'을 크게 네 가지로 나누어 ① "우주와 인생은 어디서 왔으며 어디로 가는 것일까?" ② "인간이 가장 긴밀하게 관계를 맺고 또 맺어야만 하는 실재가 무엇인가?" ③ "인간은 무엇이며 무엇이어야 하는가?" ④ "인간 고통의 의미는 무엇인가?" 하는 것들이라고 하였다. 이러한 물음들 밑에 깔려 있는 또 하나의 질문은 역시 "그런데 어떻게 하면 구원을 얻을 수 있는가?" 하는 것이었다.

결국 지금까지의 질문들은 지적인 질문, 혹은 종교철학적인 질문이었다고 한다면, 구원의 문제는 행동의 문제, 혹은 종교 양식의 문제라고 할 수 있겠다. "어떻게 하면 구원을 얻을 수 있겠는가?" 하는 물음에는 두 가지 질문이 포함되어 있다. 구원은 어떤 상태를 말하는 것인가 하는 질문인데, 이 질문은 하나의 지적인 문제일 것이다. 이것은 인간이 참으로 인간답게 사는 것이라고 바꾸어 말할 수 있고 그 '참으로 인간다워' 지는 상태와 방향을 제시하는 문제가 될 것이다. 이 문제는 여러 가지 각도에서 인간이란 참으로 어떤 존재이냐라는 질문, 인간이 궁극적으로 관계하는 실재가 무엇인가, 그리고 왜 인생은 괴로운가라는 질문을 통하여 모색한 것이 역시 구원은 무엇인가 하는 문제였던 것이다.

그런데 "어떻게 구원을 얻을 수 있느냐?" 하는 질문의 둘째 내용은 역시 '어떻게……'라는 방법의 문제이다. 구원의 상태가 어떤 것인지 아는 것만으로 종교는 그 할 일을 다 하였다고 할 수 없다. 그것을 '얻는', '가지는', '획득하고', '붙잡는' 방법이 어떤 것인지를 제시할 뿐만 아니라 그 방법을 행동으로써 실행하는 것이 종교이다.

이 장에서는 '구원의 방법'들을 크게 세 가지로 나누어 '종교적 행위' 혹은 '구원의 방법'의 양식들을 살펴보겠다. 구원의 방법으로서 종교 행사의 양식을 첫째 신비주의적 방법, 둘째 종교 의식(宗教儀式)을 통한 행사, 그리고 셋째 예배와 기도로 나누어 각종 종교의 특색을 요약할까 한다.

신비주의와 구원

신비주의는 모든 종교에 어떤 형태로든지 나타나는 현상이다. 이미 살핀 바대로 인도교와 불교에서는 이 세상을 초월한 신비적 세계에로 나 자신을 통합시키는 것을 궁극적인 구원이라고 한다. 그 신비적 세계를 무엇이라고 말하는 것마저도 부정하고 이것도 아니고 저것도 아닌,

말로써 표현할 수 없는 것이라고 하면서 신비적 세계의 초월성과 신비함을 강조한다. 말로 표현할 수 있는 것이 아니라 몸소 체험을 통하여 깨달을 수 있는 것이라고 한다. 그러나 그 체험은 인간의 감각을 통하여 하는 경험이 아니라 초감각적이라고 한다. 인간의 일상적 감각을 초월한 체험을 통해서만 그 신비적 세계를 파악할 수 있다는 것이다. 그 깨달음 역시 보통 말하는 지식을 얻는 것도 아니며, 과학적인 기구나 실험을 통하여 증명할 수 있는 따위의 지식도 아니라는 것이다. 신비적 세계에 대한 체험은 되풀이될 수 있는 것도 아니고 그 체험마다 특수하고 유일한 점이 있다고 강조하면서 그 보편성과 객관성마저도 부인한다.

신비주의에서 강조하는 몇 가지 전제를 살펴보면 신비주의자들이 가지고 있는 우주론이 이원론적인 특성이 있다는 것을 첫째로 들 수 있을 것 같다. 인도교나 불교에서 우리가 살고 있는 속세—'마야'의 세계—는 윤회의 되풀이 속에 있으며, 연기(緣起)로서 부질없는 무상의 세계이며, 고작해야 번뇌와 고통의 연속으로 끝없이 되풀이되는 고생으로 보았고 실속 없는 것으로 보았다. 그러나 우주 전체는 이러한 '마야'의 세상만이 아니라 좀 더 높은 차원이 있으며 그 차원에 참실재가 있다고 본다. 초월의 차원을 브라만이라고 불렀고 객관적 실재로 알았다. 인간 역시 '마야'의 세계에 속하여 욕정에 허덕이며 사는 '세속적 자아'와 그것을 초월한 좀 더 깊은 차원의 자아로 구별한다. 주관적 실재, 즉 참된 자아를 아트만이라 불렀고, 객관적 실재인 우주적 브라만과 주관적 실재인 심층적 자아 아트만은 같은 차원에 있다고 보았다. 그러나 이 브라만-아트만의 차원을 지식의 대상으로 삼거나 학문적으로 묘사하거나 체계화할 수 있는 성질의 것으로 보지 않았다. 그 차원은 무한히 개발된 차원이며 무한히 초월하는 차원으로만 지적한다.

신비주의자들은 그들 주장의 둘째 전제로서 인간의 구원은 궁극적으로 그 우주의 실재를 파악하고 깨닫고 체험하여 '나의 것'으로 만든다는 것이다. 그것은 바로 '마야'의 세계, 이른바 사바(娑婆)의 세계에서 탈출하는 것이라고 한다. 이 탈출은 외면적인 것과 내면적인 것을 모두 포함한다. 실제로 속세를 버리고, 부모 형제를 떠나고 집을 떠나고 생업을 그만두고, 자연에 묻히는 것을 말한다. 세상으로부터의 탈출은 단절을 말하며 이별을 뜻하는 것이다. 그리고 나 자신과 만난다. 나 자신으로부터 벗어나서 나 자신과 만나려는 것이다. 나 자신으로부터 벗어난다는 것은 나의 '인격'을 구성하는 모든 것으로부터 벗어난다는 것이다. 그것은 나의 욕심, 나의 감각, 나의 즐거움과 괴로움…… 통틀어서 나의 육체로부터의 탈피이다. '나의 육체'로부터 벗어난다는 것은 내 육체의 일체의 욕정과 욕망을 억제하는, 즉 금욕하는 것이다. 그래야만 나는 영적 존재로서 우주의 신비와 교통할 수 있다고 믿는다. 초월적인 실재는 속세와 단절되어 있으므로 인간의 육체를 가지고서는 도저히 '통화(通話)'가 되지 않는다는 것이다.

신비주의자들이 얻으려고 하는 것은 신비의 실재 그 자체이다. 그것을 알려고 하는 것이다. 여기서 말하는 종교적 지식은 구원을 얻기 위한 방편으로서의 한낱 기술이 아니라 하나의 각성이며 깨어나는 것이고 마음의 눈을 떠서 실재를 보고 직접 체험하는 것이다. 체험으로 아는 것이며 어떤 지식으로서 하는 것이 아니다. 지식이 곧 체험이고 체험이 곧 지식이 되는 통합의 계기라고 할 수 있다.

신비주의자들이 말하는 지식은 종교에 대한 지식도 아니고, 최고 실재인 개념을 말로써 표현하는 것도 아니다. 머리만의 문제도 아니며 가슴만의 문제도 아닌 존재 전체가 함께 송두리째 '알게' 된다는 것이다.

따라서 신에 대하여 그 개념을 파악하거나 그 속성의 일부를 이해하려는 지식이 아니라 신 자체와 만나려는 것이다. 인간 전체가 신과 하나되어 교제하려는 것이다. 신에게 내 전체가 흡수되기를 바란다. 바울의 경험이 바로 그것이었다. "내가 그 안에 있는지 그가 내 안에 있는지 알 수 없는," 즉 브라만과 아트만이 하나로 통합되는 니르바나의 순간을 말하는 것이다. 그러므로 이러한 신비적 지식은 지식 그 자체가 구원이며 어떤 개념을 이해하는 데 그치는 것이 아니라는 것이다.

신비주의자들의 주장 밑에 깔려 있는 또 하나의 전제는 세계가 이원론적으로 양분되어 있으며 인간은 속세에 묻혀 살고 있지만, 인간에게는 본래부터 초월적 차원, 즉 실재를 파악할 수 있는 능력이 있다는 것이다. 인간은 실재의 신비를 파악할 수 있는 초월적 능력을 가지고 있다는 말이다. 자신이 묻혀 있는 속세를 거부할 수 있는 능력과 함께 그것으로부터 탈출할 수 있는 능력이 있다는 것이다. 이 능력은 바로 인간의 참모습은 그 신비적 실재와 같다는 것을 말한다. 인간이 참으로 인간될 때 그것은 바로 실재 그 자체이며 신비 그 자체라고 한다. 기독교 신비주의는 신과 인간의 공통점이 신비한 것이라고 말한다.[1] 인간의 껍질을 하나하나 벗겨서 본다면 불교에서는 결국 공(空)밖에 없으며 영원한 허공에 빠져 버리고 말 것이라고 하겠지만 그 공 속에서 신비적 해탈과 열반을 체험한다고 할 것이다. 인도교에서는 인간의 세속적 껍질을 다 벗기고 나면 내재하는 우주적 혼(魂) 아트만을 발견할 것이라고 말할 것이다. 객체와 주체가 일치하는 것은 궁극적으로 인간에게는 초월적 차원

1 Karl Rahner, *Theological Investigation*, Vol. IV (Baltimore: Helicon Press, 1961), pp. 116-7.

이 내재하여 있다는 것을 말한다.

그러나 이러한 신비를 알 수 있는 능력은 자연스레 발동되지는 않는다. 힘겨운 수도(修道)를 통해서만 가능한 것이다. '자연인', 즉 신의 특별한 은총을 받지 못한 보통 인간이나 정신적 수도를 통하여 변화를 얻지 못한 인간은 신을 볼 수 없다고 한다. 그리고 아무리 애를 쓴다고 해도 목적을 달성할 수 없다. 불타는 그래서 몸을 해쳐 가면서 자학하는 수도는 옳은 길이 아니라고 가르치기까지 하였다. 신비를 향한 정열과 정력은 슬기롭게 올바른 방향으로 움직이게 할 때에만 경험이 가능하다고 한다. '슬기로운' 수도, '올바른' 방향이 무엇인지 알아야 하기 때문에 신비주의자들의 수도 방법이 있는 것이다.

수도에는 세 가지 단계가 있다.[2] 첫째는 '연마(purgative)의 단계' 혹은 자기 억제의 단계이다. 나쁜 태도, 악한 생각, 세속적이며 정욕적 심술, 이런 마음의 번뇌들을 억누르든지 말끔히 없애야 한다. 이러한 단계를 빼버릴 수 없으며, 사람에 따라 다르겠지만 퍽 오랜 시일이 걸려도 이 단계를 넘어서지 못한다. 이 단계를 위하여 종교마다 악의 목록이 여러 가지 있고 아주 긴 것도 있지만 가령 예수는 "마음에서 나오는 악한 생각은 살인, 간음, 음란, 도둑질, 거짓 증거, 모독들"[3]이라고 했고, 불교에서는 열 가지 사슬을 끊는 일을 수도에 열거하고 있다.

수도의 둘째 단계를 '깨달음(iluminative)의 단계'라고 한다. 정신이 통일됨에 따라 정신력이 집중되어 마음속에 비치는 빛을 더욱 분명히 비치게 할 수 있고, 그 빛 아래 명료하게 볼 수 있게 된다는 것이다. 이

2 W. R. Inge, *Christian Mysticism* (New York: Scribner, 1899) 참조.

3 마태복음 15: 19.

단계에서 성공하게 되면 아무 때고 시공(時空)의 세계로부터 단절되어 초월적 존재를 향하여 그 뜻을 집중시킬 수 있다는 것이다.

수도의 마지막 단계는 '통합(union)의 단계'이다. 초월적 차원에 내가 일치되는 것이다. 이 단계는 황홀을 체험하는 신비적 극치의 단계이다. 이때에 수도사는 자신을 잃어버리고 보통 때의 의식으로부터 떠나서 궁극적인 실재와 하나가 되는 자유와 해탈의 기쁨을 체험한다는 것이다. 다른 사람들이 볼 때 미쳤거나 죽은 것처럼 보이지만, 체험하는 사람은 영원한 축복과 평화를 맛본다는 것이다. 그리고 영혼이 참으로 육체를 벗어날 때 느낄 수 있는 상태를 미리 맛볼 수 있다는 것이다. 그러나 그것을 말로 표현할 수는 없는 '느낌'이라는 것이다.

율법과 의식

신(神)으로 가는 길, 사람이 참사람처럼 사는 길, 즉 구원의 길을 금욕과 수도로써 걸어가야 한다는 것이 신비주의자들의 주장이었다. 신을 직접 마음의 눈으로 보고 만나는 길이 수도사들의 길이라면, 그 길을 법도와 의식(儀式)에 따라 성현들이 가르쳐 주는 대로 격식에 맞추어 가겠다는 방법이 있다. 종교는 격식이며 의식이라는 것이다. 그것을 행하는 것이 곧 종교이며 구원으로 향하는 길이라는 것이다. 한마디로 말하면, 이 방법은 그 목적이 문제가 아니라 방법 그 자체가 문제이며, 격식에 따라 행하는 종교 행사에만 충실하면 '목적지'에 도달하는 것은 걱정할 것 없다는 것이다. 이것을 우리는 종교적 법도라고도 한다. 분명하게 그리고 누구도 알 수 있게 종교에서 할 수 있는 것과 할 수 없는 것, 해야 하는 것과 해서는 안 되는 것들을 밝힌다. 그리고 그러한 법도 아래서 종교적 절차를 만들고 종교 단체를 조직하고 종교를 운영한다. 어떤 때는 너무 사무적이라는 느낌마저 가지게 된다. 이러한 일을 하는 사람들을 '종교인'이라고도 부르지만, 종교인들은 교리를 체계화하고 의식을 정리하여 선포하고 옳고 그른 종교 행위를 판결한다. 종교인들은 대개 전통을 존중하고 전통에 따라 종교 생활과 사상을 통일화하고 정통적 사상을 제시한다. 이 사람들은 대개 법의 정신보다는 문자를 귀중하게 여기고 권위주의적이 되기 쉽다. 신비주의자들의 경험담을 믿지 않으며 전통적이 아닌 새로운 해석이나 새로운 방식을 거부하거나 탄압하기도 한다.

종교는 법도이며 절차라고 생각하고 그렇게 따르는 입장의 특징을 몇 가지로 생각해 보면 다음의 공통점이 있다. 첫째로는 '문자주의적(文字主義的)'이라고 할 것이다. '종교의 법'에 따라 글자 그대로 행하여야 한다는 것이다. 가령 성서에 제7일은 안식일이니까 모두 쉬어야 한다는 '법'이 있는데, 글자 그대로 해석한다면 '제7일'이 어느 날을 가리키는 것인지, 그리고 쉰다는 것이 무엇을 말하는 것인지 분명하지가 않다. '안식일'은 지금 우리의 토요일인지 혹은 일요일인지 이것은 아직도 문자주의자들의 토론 대상이 되고 있다. 그리고 안식일의 시작은 금요일 해질 때부터인가 일요일 아침 해뜰 무렵인가도 따지게 된다. 전통적 유태인들은 아직도 안식일에 버스를 타지 않고 자동차도 운전하지 않는다. 그 옛날 예수가 안식일에 병을 고쳤다고 '종교인'들의 비난을 받은 일이 있었다. 예수는 단호하게 "안식일이 사람을 위하여 있는 것이요, 사람이 안식일을 위하여 있는 것이 아니라"[4]고까지 말한 일이 있었다.

4 마가복음 2: 27.

그러나 종교의 법을 완전히 무시하라는 것이 아니다. 종교의 의식을 따르거나 종교에서 가르치는 생활과 행동을 따라야만 종교적 생활을 한다고 할 수 있을 것이다. 인도교의 법은 마누 법이라는 것이 있는데 서기 2, 3세기에 편찬된 것으로, 브라만의 이론과 관습이 체계화되었고 세분화되어 있다. 이 마누 법은 특히 인도의 계급 제도를 종교의 법으로 체계화한 것이다. 그리고 최상 계급인 브라만 계급의 행동을 자세하게 규제하고 있는데, 그것은 경전의 수호자이며 해설자로 가장 순수한 종교인이 되어야 한다는 이유에서였다. 가령 경전을 수드라 계급 즉 최하위 계급의 사람들에게 가르치는 일은 막중한 죄라고 규정하고, 경전을 읽어서는 안 되는 규제까지 정한다.

> 브라만은 먼지 바람이 일 때나 개승냥(자칼)이 짖을 때, 개가 짖을 때, 당나귀가 울 때 그리고 낙타가 딸꾹질을 하든지 옆에 앉아 있을 때는 경전을 읽지 말라.
>
> 브라만은 경전을 말 위에 앉아 읽지 말고 나무 위에서나 코끼리 위에서 뱃간에서 당나귀나 낙타 등 위에서 읽어서는 안 되고 맨땅에 서서도 안 되며 차에 타고 앉아서도 안 된다.[5]

먹는 것 역시 마찬가지이다. '마늘 · 부추 · 생파 · 버섯' 같은 것은 먹을 수 없고 고기에 대해서도 긴 목록이 있다. 먹고 마시는 법도에 대해서는 물론 변 보는 법도까지 소상하게 규제되어 있다. 유태교와 기독교의 구약성서의 한 책—레위기와 신명기—에는 종교적 예식과 개인 생활

5 Veda, IV, 115-120.

과 사회 제도를 규정하고 있다. 그 중 가장 유명한 것은 모세가 산에서 받은 '십계명(十誡命)'[6]이다. 예수도 제자들에게 기도하는 법을 가르쳤고, 그 기도는 '주기도문(主祈禱文)'이라고 하여 의식화(儀式化)되어 있는 형편이다.

그런데 우리의 문제는 종교는 종교적 전통이 제시하고 있는 의식과 제도를 글자 그대로 고수하여야 하며 그대로 따라야 한다는 것이다. 그 길이 가장 빠르고 쉬운 구원의 길이며, 이것을 우리는 종교적 행사에 따르는 구원이라고 한다. 그것을 엄격하게 지키면 지킬수록 신의 명령에 복종하는 것이며 구원을 얻을 수 있는 첩경이라는 것이다. 그러므로 눈에 보이게, 외면적인 행동으로써 예배를 의식화하고 개인의 행동을 종교의 법도대로 행하여야 한다는 것이다. 먹을 때 먹고 마실 때 마시고 어떤 것은 먹고 어떤 것은 삼가고, 생일 때와 결혼식―인생의 모든 계절―을 종교의 법도대로 살고 체질화하고 몸에 배게 하고 생활화하여야 한다는 것이다.

그리하여 종교적 법도에 의한 종교 생활도 습관화되고 생활화되어 '기계적'이 되는 특징이 있다고 하겠다. 즉 구원의 방편으로 어떤 형식화된 문장을 외우고, 의식적 행동을 하고 규칙을 지키고, 하라는 것을 하면 된다는 것이다. 그것을 엄격하게 지키면 지킬수록, 몸에 배어 있으면 있을수록 구원을 얻는 표시가 나타난다는 것이다. 그런데 그 격식이 지나치게 중요시된 나머지 그 종교적 내용보다는 형식이 더 중요해지고 껍질만 남게 될 수 있다. 종교에 형식만이 남게 되면 거기서 인간을 참으로 구원하는 정신과 힘을 찾지 못하게 된다. 그리고 실망하게 된다는

6 신명기 5: 1-21.

것이다. 그러한 실망은 인간의 종교적 욕구를 충족시켜 주지 못하는 데 있다. 인간은 원시적인 마술적 종교 형태로 되돌아가고 싶어진다. 형식이 주지 못하는 어떤 무엇을 마술적 사건과 체험에서 얻으려고 하게 된다.

그런데 이것을 피하기 위하여 종교적 의식 그 자체를 하나의 마술적인 것으로 가르칠 수도 있다는 것이다. 기도를 주문(呪文)으로 만들어 버릴 수 있고, 종교적 심벌을 우상으로 모실 수 있으며, 성경책을 집안에 두는 것은 복을 가져오기 위한 것이라고 하는 등 종교적 의식과 물건들을 마술적인 것으로 '미신화'할 수도 있다는 것이다. 종교 의식을 구원의 '방정식' 정도로 생각하는 것이다. 기계적으로 일요일 아침 교회에 나가서 예배를 드리기만 하면 기계적으로 구원을 얻게 마련이라는 생각은 바로 이러한 형식의 마술화를 말하는 것이다.

법제화된 종교의 셋째 특징은 권위주의적인 면이 있다는 것이다. 벌써 종교적 생활과 행위를 법제화한 것만큼 여기에는 권위가 있어야 하며 그 근거가 뚜렷해야만 하고 그 권위의 행사자가 있어야 한다. 그 법제의 권위의 근거는 어디까지나 인간 이상의 힘에 있다. 브라만이 주신 것이나 야훼의 직접적인 계시에 의하여 쓰여진 율법에 의한 것이다. 그리고 그 권위를 대행하는 제도가 있어서 종교 계급을 형성한다. 사제와 감독과 교황과 주교와 목사와 승려 계급 등 모두 법제화된 종교의 권위를 대표하는 '종교인'들이다. 종교인들은 종교에 의하여 제도화된 권위를 가지고 그것을 행사한다. 그렇기 때문에 그 제도에 대하여 보수적이 된다. 이것은 전통적으로 '종교인'의 특성이다. 종교적 열광이라든지 체험적 종교라든지 신비적 지식 등, 종교 의식에서 벗어나는 말과 행동은 모두 '이단(異端)'으로 배격한다. 전통을 존중하고 관습을 따르고 법을 따지는 것은 문자주의에서 온 것이고, 이러한 경향은 모든 종교에 있으며 또 그렇게 해야만 가장 전통과 종교에 충실한 것인 줄 알았다. 이것 때문에 이단은 불에 타 죽어야 했고 종교재판이 있었고 종파의 분열이 있었고 전쟁과 살인이 계속되었던 것이다.

이러한 점이 있기는 하지만 종교는 역시 격식이 있고 규칙이 있어야 종교적 생활을 체계화하고 종교적 생활이 어떻다는 것을 보여 줄 수 있을 것 같다. 종교적 생활의 목적은 초월적 차원을 인간 생활의 한가운데 끌어들이려는 것이다. 초월적 삶을 종교적 격식에 체계화시켜 법제화하려는 노력인 것이다. 이를테면 '하늘의 생활'을 지상에서 구체적으로 구현해 보고자 법으로 제정해 놓은 것이다. 하늘의 생활은 아무렇게나 제멋대로 하는 것이 아니라 규율이 있고 규칙이 있고 또 그것을 따르는 훈련과 지도가 있어야 한다는 것이다. 종교적인 법 그 자체가 문제가 아니라 그 법의 근거와 정신이 문제인 것이다. 초월적인 차원의 빛과 정신에 어긋나는 법의 행사는 바로 인간을 법의 노예로 만드는 것이라 하겠다. 인간의 생활 속에 하늘의 생활을 끌어들이려는 의도가 종교적 법에 의하여 방해가 된다면 그것이 바로 문제가 된다는 것이다.

종교적 의식(儀式)의 발전은 종교적 예술을 낳았다. 종교적 건물은 위대한 건축 예술을 낳았다. 종교 음악은 종교 의식의 산물이다. 종교 의식이 엄하면 엄한 대로, 너그러우면 너그러운 대로, 종교적 표현은 다양하게 나타났다. 종교 의식에서 볼 수 있는 움직임—무용과 체조—과 축제는 인간의 창조적 역량을 집중시킨 것일 뿐 아니라 오히려 그 전부라고까지 해도 지나친 말은 아닐 것이다.

사랑과 희생

"종교는 헌신이며 사랑"이라고 한다. 종교는 신비적인 체험도 아니며 격식도 아니다. 종교는 초월적 존재에 대한 아낌없는 헌신이요 사랑이라고 하는 것은 신비주의도 배격하고 형식주의도 배격하는 태도이다. 믿음과 사랑, 이 길만이 구원의 길이라는 것이다. 가장 보편적이며 대중적인 형태의 종교가 바로 믿음과 사랑인 것이다. 헌신적 종교는 신비주의와 의식주의(儀式主義)의 귀족성을 배격한다. 신비적 체험을 얻는 것은 불과 몇 사람도 안 되며 또 그런 수도사들은 민중의 신앙을 멸시하고 민중의 구원에 대해서는 할 말이 없다는 것이다. 의식은 형식에 빠져 메말라 버렸기 때문에 정열도 없고 믿음도 없어진 것이라고 한다. 사랑이 없고 뜨거운 느낌도 없이 기계적으로 반복하는 종교 의식은 인간의 구원과는 아무 관계가 없다는 것이다. 믿음의 감정, 사랑의 느낌이 없어져 버린 종교는 필요없다는 것이다. "신비의 길은 지식층의 것이고, 의식(儀式)은 부자의 것이며, 헌신은 민중의 것이다"[7]고 인도 철학자는 말한 바 있다.

믿음과 사랑의 길은 누구나가 따를 수 있는, 그야말로 일반 신자의 길이라고 할 수 있다. 종교를 직업으로 하지 않는, 수도사도 아니며 사제도 아닌 일반 직업인이 따를 수 있는 길이면서, 또 수도사도 따르며 사제가 하라는 대로 하는 종교이다. 다만 수도를 한다거나 종교적 격식을 따르는 대신 믿음과 사랑을 표방한다. 명상도 하고 예배도 드리지만 격식에 구애를 받지 않고 사제의 도움도 필요 없고 세상을 버리지도 않는

7 Ramakrishnanda, *The Message of Eternal Wisdom* (Madras: R. K. Math, 1938), p. 80.

다. 굳은 믿음을 가지려고 하고 뜨겁게 사랑하고자 한다. 하나의 감정적인 신비주의라고 해도 될 것 같다. 이 세상에 살면서 내가 하는 일 하나하나를 정성을 들여서 하는 것이다. 정성을 바치면 이루어지지 않는 것이 없다고 생각한다. 기도를 하는 것도 어떤 격식이 중요하지 않다. 열심히 매일매일 되풀이하면 된다. 정성이 깃들어야 한다고 믿는다. 그 정성이 믿음이요 사랑이라는 것이다. 그리고 그 정성이 중요한 것이고 누구에 대한 정성이거나 무엇을 위한 것이건 관계없다. 그러므로 '믿음'은 신에 대한 철저한 신뢰이며 '사랑'이란 그 신뢰를 의리로써 표현하는 것이다.

이른바 '신앙적 종교'에도 교리가 있고 격식이 있다. 교리는 주로 인격적 신을 중심으로 한 신학이다. 신앙의 대상은 인격적 신이며 그 신에게 헌신하며 그 신을 믿고 정성으로 섬긴다. 그리고 인간은 그 인격적 신과 인격적이며 극히 개인적인 관계를 가진다. 신과 나는 사랑을 주고받으며 믿음을 주고받고 정성을 다한다는 것이다. 이러한 인격적인 관계는 집중적이 될 수밖에 없다. 한 신에게 정성을 다하는 것이고 하나의 신과 믿음의 관계를 가진다. 신의(信義)라는 것은 여러 신을 함께 가질 수가 없다. 예수는 말하기를

> 한 종이 두 주인을 섬기지 못한다. 한 편을 미워하고 다른 편을 사랑하거나 또는 한 편을 중히 여기고 다른 편을 경히 여길 것이기 때문이다.[8]

라고 하면서 한 신에 대한 헌신적 사랑을 요구하였던 것이다. 따라서

8 마태복음 6: 24.

신앙의 대상은 인격적 유일신이 될 수밖에 없다.

종교마다 민중의 신앙 형태가 있고 그렇게 발전해 왔다. 신비주의적인 인도교와 불교에도 민중의 신앙 형태가 있어서 인격적인 유일신을 숭배한다. 인도의 라마교는 여러 가지 종파의 하나이며 바크티(bhakti)를 표방한다. 정성으로 예배한다는 뜻이다. 불교에서도 역시 그 고전적 무신론에서 불타를 신격화하여 신으로서 경배하는 종파로 발전한다. 기독교는 중세기의 신비주의와 천주교의 형식주의를 탈피하여 신교(新教)는 믿음을 강조하는 신앙 형태로 발전하였다.

한국의 불교는 주로 대중 불교로서 그 두드러진 특색은 유신론적이라고 할 것이다. 정토(淨土)신앙이나 관음(觀音)신앙들이 바로 이러한 유형이다. 정토신앙은 아미타불(阿彌陀佛)의 극락세계에 대한 믿음과, 아미타불을 믿음으로써 극락세계로 가기를 바라는 소망이다. 아미타불은 한없는 목숨을 지닌 분으로서, 과거에는 법장(法藏)이라는 보살이었는데 니르바나를 깨달은 뒤 중생을 제도하려는 대원(大願)을 세우고 오랫동안 수행한 끝에 대승보살의 도를 완성하여 극락세계에 태어났다는 것이다. 그러므로 신자는 '아미타불'이라는 이름만 계속 되풀이 부르면 정토, 즉 극락에 태어날 수 있다는 것이다. 아미타불을 정성껏 부르는 사람은 죽을 때에 아미타불이 많은 제자들을 거느리고 와서 그 사람을 극락 정토에 데리고 간다는 것이다. 정성을 다하여 의심하지 않고 그의 이름을 부르는 것 하나만으로 구원의 길은 극락의 세계로 트인다는 것이다.

기독교는 전통적으로 믿음과 사랑의 종교이다. 이것은 유태교의 전통을 이어받은 것이다. 유태교의 두 가지 커다란 계명은 하느님을 사랑하고 이웃을 사랑하는 것이었다. 호세아 같은 선지자는 신과 인간의 관계를 열렬한 연애를 하는 사이로 표현하고 신을 배반하는 일은 바로 간음하는 것이라고 가르쳤다. 그러한 사랑을 기독교에서는 신의 아들 예수에게로 집중시킨다.

> 하느님이 이 세상을 이처럼 사랑하사 독생자(예수)를 주셨으니 누구든지 그를 믿으면 멸망하지 않고 영생을 얻으리라.[9]

이것은 기독교의 교리를 요약한 말이라고 할 수 있다. 교회에 출석하여 기도와 예배를 드리고 성경을 읽는 일체의 행위는 신앙의 행위이며, 이것을 계속 정성껏 되풀이하는 것이 바로 하느님을 향한 사랑이며, 이 사랑을 통하여 이 세상에서는 축복을 받을 수 있고 죽은 후에는 천당에 갈 수 있다고 믿는 것이 민중의 기독교 신앙이다

그런데 기독교에서는 신앙의 체험을 요구한다. 깊은 신앙을 가지는 사람이면 어떤 신비한 체험을 한다는 것이다. 하느님의 아들이 되었다는 증거가 있어야 한다는 것이다. 예수 그리스도를 알고 구원을 받았다는 것을 확신할 수 있고 또 그렇다고 말할 수 있어야 한다고 한다. 감리교회의 창시자인 웨슬리(John Wesley, 1703~1791)의 신앙 체험은 이런 것이었다. 그가 어떤 모임에 가서 성서 강론을 듣고 있는데, 말하는 사람이

> 어떻게 하느님께서 그리스도를 통하여 인간의 마음을 변하게 하느냐 하는 것을 설명하는 동안 내 가슴이 갑자기 뜨거워지는 것을 느꼈다. 나

9 요한복음 3: 16.

는 나의 구원을 위하여 그리스도와 그리스도만을 믿는다고 느꼈다. 그리고 확신을 얻을 수 있었다. 그는 내 죄를 없이 하였으며 죄와 죽음의 법으로부터 나를 구원하신 것을 확신하였다.[10]

웨슬리의 설교는 간단한 것이었다. 네 죄를 회개하라, 그리스도를 구주(救主)로 믿으라, 그러면 하느님께서 구원의 기쁨을 충만하게 주실 것이다. 신앙의 표시는 외면적인 것이 아니라 내면적인 것이라고 가르치면서도, 역시 신앙을 가진 자의 생활은 술 취하지 않고 정직하며 선량하여야 한다고 가르쳤다.

헌신적 신앙의 특징은 무엇보다도 감정적인 데가 있다는 것이다. 믿음과 사랑의 표현은 강력한 감정에 호소하는 수밖에 없다. 정성을 표시한다는 것도 역시 감정의 발로라고 할 수 있다. 죄를 회개하는 사람에게 죄에 대한 미움이 없을 수 없으며 그것을 뉘우치는 눈물과 통곡이 없으면 안 된다는 것이다. 예수가 십자가에서 고통을 받는 것이 나의 죄 때문이라면 십자가를 우러러보며 눈물을 흘리지 않을 수 없다는 것이다. 지옥의 불길은 신앙적 공포를 불러일으키며 그것을 피하기 위한 신앙이 필요하다는 것을 느끼게 한다. 감정을 선동하는 종교는 열광주의로 빠지게 된다. 소리를 지르고 아우성을 치는 것도 문제지만 편협해질 수 있고 고집을 세우고 배타적일 뿐만 아니라 반지성적 혹은 반사회적이 될 수 있다. 인간의 온갖 정열을 신에게만 쏟아 버리고 천당이나 극락과 같은 타계(他界)에 쏟아 버릴 때 그 종교는 인간의 현실 생활과는 아무런 관계가 없는 것이 되어 버리고 말 것이다.

10 *John Wesley's Journal*, abridged, Jennings and Graham, n.d.

종교적 감정이 풍부하다는 것은 종교의 의식화를 막을 수 있지만, 또 한편 감정이 높아질수록 종교는 그 내용을 잃어 버리게 된다는 것이다. 종교적 감정은 다른 감정 생활과 마찬가지로 약점이 있는 법이다. 감정이라는 것은 통제할 수 없는 것이기도 하지만 질서가 있거나 골고루 표현되는 것도 아니다. 감정은 변화무쌍한 것이기 때문에 야성적일 수도 있고 모든 것을 다 드러내놓고 피를 흘리고 울고 불고 웃고 뛰고 춤추고 광란한다. 이러한 감정을 노골적으로 표시하다 보면 도대체 그 내용이 어떤 것인지, 무엇을 근거로 하여 그러는 것인지 알 수 없게 된다. 그리고 감정적 신앙 생활은 기복이 심하다. 한때 열심히 떠들다가도 갑자기 조용해진다. 그 신앙은 올라갔다 내려갔다, 기뻤다가 슬퍼지고, 떠들다가 조용해지고 도대체 종잡을 수 없다.

종교를 감정과 체험으로 환원시켜 버릴 때 오는 치명적인 결점은 종교가 반지성적으로 타락하기 쉽다는 것이다. 헌신 그 자체를 중요시하는 결과는 바로 헌신의 대상과 그 내용을 망각하게 되는 것이다. 헌신의 양(量)을 중요시하게 되면 믿음의 질(質)은 소홀히 될 수밖에 없다. 믿음을 따지는 것을 미워하게 되면 믿음은 독선에 빠지게 되고 인간을 무시하게 된다. 이단을 만들고 박해를 가하는 감정과 열광을 불러일으켜서 지성을 탄압하고 회의하는 것과 생각하는 것과 같은 지적(知的) 행위를 거부하게 된다는 것이다. 그뿐만 아니라 이러한 종교는 반사회적이 된다. 타계에 그 정성을 바치기 때문에 이 세상의 문제는 문제가 될 수가 없고 이 세상의 윤리 생활을 소홀히 하게 된다. 어떠한 방법으로든지 신에게 그 정성을 보이기만 하면 된다는 것은 어떤 비윤리적 행위도 구원을 위해서는 불사한다는 말이 된다. 그리고 더욱 위험한 것은 신을 향한 사랑을 인간의 정욕과 혼동하는 경향이 생겨서 일부 인도교에서는 사원에서 음행(淫行)이 횡행하고 차르(Czar) 러시아의 승려 라스푸틴(Grigorii E. Rasputin, 1872~1916)은 자기를 만나러 온 여자에게 음행을 강요하면서 그것은 하느님에 대한 사랑의 종교적 표현이라고 말한 일까지 있었다.

종교적 감정이 이러한 데까지 이르게 되면 그것은 감정에 불과하며 종교의 차원을 떠난 것이라고 해야 한다. 종교는 가슴의 문제만이 아니라 동시에 머리의 문제이며 결국 인간의 전인격적인 문제라는 것을 잊어서는 안 된다. 인간을 참으로 인간되게 하려는 인간 구원의 방법이 비인간적이고 비윤리적이며 반지성적이 될 수 없다. 인간을 망각한 종교는 이미 종교일 수 없는 것이다.

오늘의 구원 | 제15장

세속화와 종교

현대인은 비종교적 시대에 살고 있다. 종교가 없어도 살 수 있다고 종교인들 스스로가 부르짖는 시대이며, 신은 죽었으며 또 죽여야 한다는 것이 현대이다. 현대인의 대표자 니체(Friedrich W. Nietzsche, 1844~1900)는 다음과 같이 외쳤다.

> 신은 죽었다. 우리가 그를 죽였다. 너희들과 내가! 우리는 모두가 신의 살해자이다. 우리는 끝없는 무(無) 속에서 헤매는 것 같지 않는가? 텅 빈 공간, 하얀 절망을 느끼지 않는가? 점점 추워지지 않는가? 신이 죽었다! 신이 썩는 냄새를 조금도 못 맡아 보는가? 세계가 지금까지 가졌던 가장 신성하고 가장 강력한 존재가 우리의 칼에 쓰러졌다. 누가 이 핏자국을 씻을 것인가?[1]

제2차 세계 대전이 낳은 독일의 불운한 청년 신학자 본회퍼(Dietrich Bonhoeffer, 1906~1945)는 교수형을 기다리면서 적극적으로 종교의 세속화와 신앙의 비종교화(非宗教化)를 외치고 현대 인간의 성숙을 말하였다. 본회퍼가 말하는 '세계의 성숙'은 르네상스 이후 세속화되어 가는 서구 문화사에 대하여 전적으로 긍정적인 태도를 취해야 한다는 적극적 태도에서 온 것이다.

1944년 6월 8일자로 쓴 본회퍼의 편지는 세속화를 비극적인 것으로만 보는 종교인들을 책망하고 있다. 특히 크리스천들은 대개가 세속화되어 가는 세대를 다시 그 종교적인 근원으로 되돌아가게 해야 한다고 외쳤던 것이다. 아직도 크리스천들은

> 성숙한 세계는 하느님의 다스림 없이 도저히 생존할 수 없다는 것을 증명하려고 한다. 다른 많은 문제들을 세속적으로 해결할 수 있다 하더라도 궁극적인 문제, 즉 죽음이니 죄책감 같은 그러한 질문에 대하여는 하느님밖에 그 대답을 할 수 없으며, 그러니까 하느님과 교회와 목사가 아직도 필요하다고 한다.[2]

고 가르치고 있다는 것이다. 본회퍼는 이러한 재래식 기독교인들의 가르침을 종교는 '병 주고 약 주는 식'이라고 공박하였다. 신이 살아 있다고 하는 종교가 판을 칠 수 있는 장소는, 아직도 죽음과 죄책이라는 병에 사로잡혀 있는 인간들의 절실한 요구의 영역밖에 없다는 것이다. 교

1 하이데거, 『신은 죽었다』, 최동희 옮김 (양문사, 1962), p. 20.
2 본회퍼, 『獄中書簡』, 高範瑞 옮김 (기독교서회, 1967), pp. 200-1.

회는 고작해야 이러한 요구를 불러일으키고 죄와 죽음을 확대시켜, 인간들로 하여금 하느님을 믿어야 하겠다고 느끼도록 유인하고 있는 것이 틀림없다는 것이다. 그리고

> 우리가 아직도 '종교'를 가지고 상대할 수 있는 사람이란 소수의 기사시대(騎士時代)의 유물이나 한둘의 지적으로 불성실한 사람들뿐이다. 그런 사람들이 선택받을 소수자일까? 우리는 이와같이 의심스러운 사람들을 상대로 열심을 내고 화도 내며 분노도 느끼면서 우리의 상품을 팔아먹어야 할 것인가? 우리는 불행한 사람들의 약한 때를 틈타서 그들을 소위 종교적으로 지배해야 할 것인가?[3]

본회퍼는 '하느님'을 상품화하고 있는 현대 종교인들을 동박하면서, 그러한 '종교적 상품'은 아직도 죄책이라든지 죽음의 병에 걸려 있는 인간들과 지적으로 불성실한 사람들에게나 팔 수 있는 것이라고 잘라 말하고 있다.

도대체 신이란 것, 혹은 종교적 심벌은 성숙한 현대인에게 필요가 없다는 주장이다. 그리고 성숙한 현대인은 신 없이 사는 법을 배워야 한다는 것이다. 성숙한 현대인은 신이 인간의 모든 문제를 해결해 주는 '문제 해결자'라고 기대할 수도 없거니와 기대해서도 안 된다는 것이다. 영국의 저명한 생물학자 헉슬리(Julian Sorell Huxley)는 '자연을 해석하고 이해하는 하나의 가설(hypothesis)'로서 신은 필요 없어졌으며 인간이 어떤 곤경에 빠졌을 때 임기응변으로 곧 나타나서 인간을 구해 내는

3 본회퍼, 앞의 책, p. 167.

(*deus ex machina*) 그런 신은 필요 없어졌다고 한다.

> 지구가 납작하다든지, 파리를 저절로 생기게 한다든지, 질병은 신의 형벌이라든지, 또는 죽음은 언제나 마술 때문이라든지 하는 따위의 생각은 이미 가질 수 없게 된 것과 마찬가지로, 교육받은 지성인들이 신의 존재를 믿는다는 것도 곧 불가능하게 될 것이다. 물론 신들은 때로는 이권의 보호 아래, 때로는 게으른 사람들의 마음속에, 때로는 정치가들의 노리개로, 또 때때로 불행하고 무식한 사람들의 피난처로 남아 있게 될 것이다.[4]

현대 기독교 신학자들 가운데 "신이 죽었다"고 하는 이른바 '사신주의(死神主義)' 신학자들은 성숙한 세대는 이제 인간의 문제들과 인간의 욕구들을 해결하는 데 신은 필요없는 존재라고 한다. 물론, 인간에게 문제들이 전혀 없어졌다고 할 수는 없겠으나, 그것은 어디까지나 인간의 문제이며 신이란 존재가 해결할 문제가 아니라고 한다. 용서를 받는다든지 외로움을 극복하고 죽음의 공포를 없앤다든지 하는 것은 인간이 다른 인간에게 할 수 있는 일이지 신에게 기대할 것이 아니라는 것이다. "세상의 문제는 세상에 사는 사람들의 문제이며, 세상 자체가 이 문제들을 해결할 수 있는 어떤 기구와 구조를 마련하여"[5] 해결해 나가야 한다는 것이다.

사신주의 신학자들이 모두 신이 죽었다고 말할 때의 신은 인간의 고

4 Julian Huxley, *Religion without Revelation* (London: Blakwell, 1957), 2nd ed., p. 62.

5 William Hamilton, *Radical Theology and the Death of God* (New York: Bobbs-Merrill Company, 1966), p. 116.

난과 고통에 대하여 무관심하다든지, 신이 인간 문제의 해결자로서 무능해졌다는 소극적인 뜻만이 아닌 성싶다. 오히려, 신의 죽음은 인간을 위한 새로운 출발, 적극적인 출발을 의미한다고 한다. 신의 죽음이 인간에게 불안이나 절망을 초래할 수 없다는 것이다. 신의 죽음이야말로 인간 해방의 위대한 사건이라는 것이다. 신으로 말미암아 인간이 세상과 이웃으로부터 격리되었던 것인데 이제 해방되었다는 것이다.

이 해방은 인간에게 새로운 낙관을 허용했다는 것이다. 세계가 성숙함에 따라서 자신의 문제를 해결하는 데 신에게 의지하는 대신 인간 행동과 인간 행복, 그리고 인간 상호간의 의존 가능성을 더 추구하기 시작할 수 있었다는 것이다. 또 사실 그러기 위하여 신과 종교적 심벌을 죽여야 한다고 외친다. "우리는 세계와 장래를 신뢰한다. 우리는 우리의 문제들을 우리의 손으로 해결할 수 있다. 그러므로 비극이란 우리에게 있어서는 안 된다"[6]고 한다.

이러한 낙관주의의 근거는 문예부흥 이후 인간 이성의 힘과 권위가 확립되기 시작하고, 17세기 자연과학의 발달을 계기로 하여 과학적 사고력(思考力)과 태도가 득세하였고, 18세기의 산업혁명 이후에는 과학과 기술이 발전하여 오늘에 이르러서는 사람을 달나라로까지 보내게 되었다는 서구 문명의 극치를 치닫고 있는 현대인의 긍지라고 할 것이다.

현대인이 종교적으로 세속화하게 된 것은 생산의 극대화 즉 기계화를 촉진하면서부터였다. 기계화된 서구 문명은 인간에게 새로운 번영과 약속을 주었고 또한 지금도 주고 있다고 주장한다. 미국의 자본주의는 국민의 복리를 위한 복지국가 정책에 공헌하는 바 크다는 것이다. 기계화

6 앞의 책, p. 168.

된 생산이 반드시 식민지를 찾아 상품 시장을 원하지 않아도 된다는 것이다. 생산의 대량화와 능률화는 역사와 세계가 상상도 못하는 부(富)를 만들어 내고 있다. 소비만을 위한 생산을 지양하고 교육과 문화를 위한 생산에 힘을 기울인다면, 이 사회에 새로운 국면이 생길 수 있다는 주장을 내세운다.

인간은 바야흐로, 하느님께서 창세기에 아담에게 땅을 정복하라고 하신 말씀대로, 땅을 정복하고 신의 창조를 마음껏 즐길 수 있는 상태에 이르렀다는 것이다. 인간은 기계문명의 극치를 치하하고, 즐기고, 새 문화를 창조할 수 있다는 낙관주의가 빈곤과 사회악과 싸우는 젊은 지성인들의 신념인 것이다. 고도로 발전한 자본주의는 스스로가 만들어 낸 실직자의 문제와 세계가 해결 못한 빈곤 문제를 뜻만 있으면 스스로 해결할 수 있을 뿐만 아니라 진일보하여 새로운 문명의 꿈을 꿀 수 있다는 비전을 가지고 있다. 인구의 급증과 공해 문제 등 '인류의 위기' 역시 인간이 스스로 해결할 수 있으며 또한 인간 이외에 아무도 해결해 줄 문제가 아니라는 것이다. 기계문명의 극치는 인간의 파멸을 그리고 문명의 최후를 의미하는 것이 아니라, 새로운 문화를 약속하고 새로운 통신, 교통 수단을 통하여 새로운 사회와 새로운 세계를 마련하고 있다는 낙관주의적 논조를 내세운다. 모두 기계화된 산업 · 경제 · 사회의 현재와 장래를 치하하고 이 사회에서의 인간상(人間像)을 축복하고 있다고 해도 과언이 아니다.

종교가 종교이기 위하여

현대인은 성숙하였기 때문에 신에게 매어 달리고 의지하는 그리고 인간을 그렇게 만들려고 하는 종교는 이제 필요가 없어졌다는 주장은 그 나름대로 타당성이 없는 것이 아니다. 현대의 문제는 아직도 많다. 그러나 아직도 우리에게 여러 가지 문제가 있으니까 종교는 필요하다고 한다면 종교는 역시 '문제 해결'의 방편으로서 머물게 되고 인간의 성장과 발전을 저해하는 요소가 된다는 비난을 면치 못할 것이다. 종교는 인간의 문제를 해결하는 데 그 노력을 다하여야 하겠지만, 인간이 스스로 자신의 문제를 해결하려는 노력을 방해해서는 안 된다는 것이다. 이 말이나 "신은 죽었고 신은 죽여야 한다"는 말이 다 똑같이 주장하는 것은 인간은 무엇보다도 종교로부터 해방되어야 한다는 뜻을 가지고 있다. 이러한 '구호'들은 사실상 현대인이 그 나름대로의 종교를 찾고 있으며, 새로운 종교관을 모색하는 데 큰 도움이 된 것이라고 할 수 있다.

우리는 이 책을 통하여 현대인에게 종교란 과연 어떤 의미를 가지고 있으며, 과연 어떤 기능을 다할 수 있겠는가 하는 것을 살펴보았다. 인간이 자기 자신을 향하여 물어볼 수 있는 능력에서 자기 자신을 초월할 수 있으며, 또한 나아가서 그러한 초월적인 능력의 내용과 그 힘이 움직이는 방향을 살펴보았다. 인간은 자기 자신과의 관계를 가지며 위치를 발견하고 많은 궁극적인 질문을 던지고 또 응답을 찾고 모색하고 발견하는 그 과정을 종교라고 정의하였던 것이다. 결국 종교는 인간의 궁극적인 관심에서 출발하고, 그 궁극적인 관심, 즉 종교적인 관심은 인간의 구원 문제이며, '구원'이라는 말을 풀이한다면 어떻게 하면 인간이 더 인간답게 살 수 있겠는가 하는 데 귀착한다고 하였다.

"종교는 필요 없어졌다"거나 "신은 죽었다"고 하는 현대인의 부르짖음 속에서 종교와 신은 인간을 비인간화해 왔다는 소극적인 뜻도 포함되지만, 또 한편 현대인의 관심은 인간답게 살아야 하겠다는 이른바

'인간 회복'에 있다는 것을 말한다. 인간 회복은 우리가 말하는 종교적 관심이며, 그렇기 때문에 인간이 바로 종교의 척도가 되어야 한다는 것이다. 인간을 인간답게 하지 못하는 종교는 배격하여야 하며, 종교가 참된 인간상을 제시하지 못할 때 그 종교는 인간의 흥미를 잃게 된다는 말이다. 그리고 그러한 종교는 현대인에게 필요 없어졌다는 것이다. 그러므로 종교의 입장에서 보더라도 오늘의 인간들에게 생명 있는 종교가 되기 위해서라도 인간을 중심으로 한 인간을 구하기 위한 역할을 다하여야 한다는 말이 된다. 오늘의 세계에서 종교가 그 생명을 찾고 인간을 위한 그 기능을 다한다는 것이 어떤 것인가 하는 점을 밝혀 보는 것은, 바로 현대인의 궁극적인 문제들과 관심사가 어떤 것인가를 밝히는 일이 될 것이다.

종교가 그 생명을 유지하고, 또 현대인에게 의미가 있는 것이 되려면 먼저 지적(知的) 일관성이 있어야 한다. 인간의 지성과 이성을 긍정적으로 받아들이는 것이 인간을 받아들이는 것이라면 인간을 위한 종교의 가르침과 교리는 지적 호소력이 있어야 한다. 지적인 호소력을 가진다는 말은 종교의 가르침 그 자체가 논리적인 일관성이 있어야 한다는 것이다. 학문의 뒷받침이 있어야 한다는 말이다. 체계화할 수 있는 것이 되어야 하며 논쟁을 벌일 수 있는 것이어야 하며 지성의 판단에 따라 타당한 것과 타당하지 않은 것을 가려낼 수 있는 것이 되어야 한다. 인간 이성의 논란 대상에서 종교를 제외한다면 종교는 인간에게 의미가 없는 것이 되고 말 것이다. 의미가 있다고 하더라도 그것은 이성을 배제한 감정에 사로잡힌 사람에게나 그 이성으로부터 도망하려는 사람에게만 있을 것이다.

종교의 지적 호소력은 내부적인 논리의 일관성만 가지고는 부족할 때가 많다. 종교의 지적 내용은 객관적인 물질 세계에 대한 과학적 지식과도 일관성이 있어야 한다. 종교는 과학적 지식을 포함하여야 한다는 말도 아니며, 종교가 설명하는 우주관은 물리학 교과서의 내용과 똑같아야 한다는 말도 아니다. 이것을 오해하면 일부 종교인들이 말하는 것처럼 종교적 경전은 천문학이나 지질학으로 읽어야 하며 생물학은 종교적 경전에 위배되어서는 안 된다고 주장하기까지 한다. 종교적 지식과 과학은 다른 것이고, 그렇기 때문에 과학의 허락 없이 종교가 우주에 대하여 말해서는 안 된다는 것은 우스운 일이다. 종교적 발언은 과학적 지식과 일관성을 가져야 한다는 말이 종교가 시공간(時空間)의 물질 세계에 대하여 말할 때 그것은 과학적 지식을 전혀 무시하는 것이 되어서는 안 된다고 말한다. 역사에 대하여 종교적 발언을 하면 그것은 역사적 판단 기준에 입각한 것이어야만 지적 호소력이 있다는 것이다. 종교에서 인간을 말할 때에도 역시 인간을 말하고 있는 이상 인류학과 사회학 · 심리학과 일관성이 있는 것이어야 하며, 종교적 발언의 기반이 인간의 지적 생활과 그 산물이어야 한다는 것이다. 인간 지식을 전적으로 무시하고 그것을 위배하는 종교는 종교라기보다는 무지이며 미신이라고 할 수밖에 없다는 것이다. 지적 호소력이 없는 종교는 너무도 주관적이기 때문에 그 진리 역시 그 주관적인 입장에서만 타당한 것이 되어 버리고, 그 진리는 강요되거나 스스로 그 힘을 잃게 된다. 종교의 지적 호소력은 철저한 객관적 관찰과 점검을 거쳐, 다른 일반적 지식과 일관성을 가질 때 비로소 생기는 것이다.

이러한 지적 기준도 종교를 비교하고 검토하는 데 필요한 기준이 되어 왔다. 종교가 어떤 지적 체계를 세워 교리를 만들고, 그 교리들이 과학적인 지식과 일관성을 가지게 하려는 노력 역시 이러한 기준을 스스로 만족시키는 일이 필요하였기 때문이다. 그러한 노력이 없는 종교는 인간의 지적 관심을 만족시켜 줄 수도 없을뿐더러 오히려 인간의 지적 창조력을 침해하는 독소로 타락할 수 있다는 것이다. 인간의 지적 창조력을 말살하거나 약화시키는 종교는 인간을 배반하는 것이며 종교 그 자체의 목표를 배신하는 것이 된다는 것이다. 종교는 먼저, 무엇보다도 인간의 지적 관심에서 생겨났으며, 그것을 충족시키려는 과정이라는 것을 명심할 때 그것을 창달하여 창조적 생명력으로 발전할 때 종교는 그 사명을 다할 뿐만 아니라 자신의 생명력을 회복할 수 있다는 것을 명심하여야 하겠다.

현대인에게 요구되는 종교의 두 번째 특징은 인간과 사회에 관심을 두고 있는 종교이다. 인간과 사회를 잊어버린 종교는 이미 잃어버린 종교라는 것을 누차 말한 바 있지만, 인간의 사회를 향하여 어떤 뚜렷한 비전, 즉 가치관을 제시하지 못하는 종교는 그 생명력을 상실하였다고 할 수 있다. 종교는 인간 앞에 참된 가치를 제시하여야 한다. 참된 가치라는 것은 인간이 진정으로 목적으로 삼아야 하는 것들이다. 그것은 크게 보면 인간 그 자체라고 할 수 있다. 즉 인간 그 자체가 인간의 궁극적인 가치라는 것이다. 인간을 찾고, 인간을 목적으로 한다고 할 때, 참으로 인간다우며 인간이 목적으로 삼아야 하는 인간이 어떤 것인가를 뚜렷하게 제시하여야 한다. 그리고 종교는 그러한 인간을 성장시키는 노력을 하여야 한다. 종교 생활이라는 것은 바람직하지 못한 인간의 상태로부터 종교에서 제시하는 인간에로의 길을 말한다고 하겠다. 종교가 인간에게 어떤 변화를 가져오지 못한다면 그것은 그 종교 안에 종교 생활이 없고 종교적 훈련이 없다는 말이 된다. 인간의 구원이라는 것이 참된 인간의 모습을 되찾는 과정이라면, 종교 생활은 그 변화의 모습인 것이다. 종교가 인간을 어떤 기준에서 변화시키지 못하면 그 사명을 다하지 못하는 것이다.

종교마다 종교 생활의 양상이 다르며 인간 생활의 모습에 대한 비전도 물론 각기 다르다. 그러나 종교 생활이 제시하는 인간의 모습은 인간을 논하는 다른 모든 일반적 생각과 일관성이 있는 것이어야 한다. 현대에는 현대에 맞는 인간에 대한 관심과 인간에 대한 이해와 일관성이 있어야 한다. 그리고 현대인이 자기 자신에 대하여 묻는 질문과 인간 생활의 목표와 우주 사회에 대하여 묻는 그 질문에 응답할 수 있는 것이 되어야 한다는 것이다. 종교 생활이 상식적인 인간의 생활을 배반하거나 파괴하는 것이 될 수 없다. 종교 생활은 인간의 일상생활을 더욱 가치 있는 것으로 만드는 것이 되어야 한다는 것이다. 종교가 인간으로 하여금 일상생활을 영위하는 데 힘이 될 수 없으며 길잡이도 안 된다면 아주 무의미한 것이 되고 만다. 그것은 비인간적일 뿐만 아니라 반사회적인 종교로 타락하는 것을 말한다.

종교는 인간의 '또 하나의 차원'을 제시한다. 그 또 하나의 차원을 '초월'이라고도 하였고, '신비'라고도 하였다. 그 차원을 인간의 생활 속에 편입시키는 노력이 요청된다. 그 차원은 인간의 사회 생활 안에서 발견되어야 하며, 그렇지 못할 때 그 차원을 사회 속에 끌어들여야 한다. 이것이 '사회의 인간화'이다. 사회는 인간들이 우연히 모여서 사는 것이 아니다. 사회에는 조직과 체제와 질서와 윤리와 법이 있다. 그 체제와 질서는 인간들에 의하여 만들어졌고 또한 인간들을 위하여 만들어진 것이지만, 사회가 인간을 망각하고 법과 질서가 인간을 위한 것이기보다는 사회와 제도 그 자체를 유지하기 위한 것이 될 때가 많다. 종교의 기능은 '사회의 인간화'에 있다는 것이다. 종교를 통하여 인간은 스스로를 사회로부터 구원하고자 한다. 그리고 종교는 모든 사회의 인간화 작업에 실제 생활을 통하여 참여하여야 한다는 것이다. 그리하여 종교는 사회 생활의 어떤 변화를 가져올 수 있어야 한다. 한 사회가 인간으로 하여금 인간답게 그 창조력과 윤리적 능력을 충분히 발휘하면서 정신적으로 물질적으로 건전하고 행복하게 살 수 있도록 하는 데 종교의 기능을 발휘할 수 있어야 한다는 것이다. 그러므로 종교는 그 사회적 기능을 버릴 수 없다. 사회의 체제와 질서 안에 종교적 차원을 투입할 수 있어야 한다. 그리고 사회가 그 초월적 차원에 미치지 못하거나 그 정신을 배반할 때 사회에 대하여 고발하여야 하며 비판하여야 한다는 것이다. 그 고발은 어디까지나 인간을 인간답게 살게 하려는 인간적 종교의 차원에서 행하는 것이다. 사회 고발의 입장은 인간이며 그 기준도 인간이며 그 목표도 인간이어야 한다. 이것이 참으로 '종교적 태도'라는 것이다.

그러므로 어떤 종교를 선택할 때나 하나의 종교를 가진 사람이 된다는 것은, 그 종파에 매인다는 것이기보다는 오히려 인간의 참된 차원을 인정하며 인간을 향하여 결단을 내리는 것이다. '종교를 가진다'는 것은 인간을 향한 결단이며, 인간의 초월적 차원을 향하여 나 자신을 개방시킨다는 것이다. 종교는 인간을 위한 결단이며 인간을 위하여 나 자신을 개방하는 것이며, 결국 종교는 인간을 사랑하는 데에서 출발하여 인간의 사랑으로 그 목표를 정하는 것이다. 그것이 바로 '종교적'이 되는 것이다. 종교적이 된다는 것은 바로 인간에 대하여 깊은 관심을 가지며 인간을 사랑하며 인간을 발견하며 인간의 궁극적 가치에 몸을 맡기는 것이다.

인간의 인간됨

오늘의 인간 구원은 인간을 향한 종교적인 헌신(commitment)을 전제하고 요청하고 있다. 모든 뜻있는 종교가 그래 왔지만 인간 구원의 첫 출발은 역시 인간에 대한 예리한 질문과 분석과 이해에 있다고 할 것이다. 인간은 어디에서 와서 어디로 가는 것인가? 인간은 이웃과 우주와 어떤 관계를 가지고 있는가? 인생의 궁극적인 목적이 무엇인가? 자신의 구원을 위하여 무엇을 하여야 할 것인가? 종교의 관심은 인간에 있으며, 인간의 궁극적인 구원에 있는 것이다.

오늘의 인간들을 향하여 말할 수 있는 종교의 궁극적 응답은 무엇인가? 종교는 현대인에게 어떻게 그 구원의 실마리를 열어 줄 수 있겠는가? 오늘의 인간들은 그 일차원적 존재로부터 탈피하여야 한다. 인간은 자신의 존재 구조를 다시 보아야 한다는 말이다. 종교는 인간 존재의 구조를 명확하게 제시할 수 있어야 한다는 것이다. 세계의 모든 종교들이 노력해 온 것은 바로 인간 존재의 구조를 밝히는 것이었다. 인간 존재의 구조를 말하는 데 종교가 제시하는 공통된 점은 인간은 자기 자신을 초월하고 자기 이외의 세계와 관계를 가지고 있다는 것을 말한다. 인간은 자기 자신과 대화를 가지고 자기 자신을 성찰하고 반성하는, 자아를 의식하는 존재라는 점이다. 자아를 의식한다는 것은 자신을 초월할 수 있다는 말이며, 이것은 또한 인간은 자기 자신을 의식하는 자아의 차원, 자기 자신을 초월할 수 있는 초월적 차원을 가지고 있다는 것이다. 종교는 인간을 말할 때 궁극적으로 이 차원을 말한다. 이 차원을 정신적 차원이라고도 하고 영적(靈的) 차원이라고도 한다.

인간에게 이러한 이차원적 존재의 구조가 있다는 것은 중요한 것이다. 이러한 구조가 있기 때문에 인간은 스스로 해방될 수 있는 구조적 능력을 가지고 있다. 자기 자신을 긍정할 수도 있고 부정할 수도 있는 자기 자신만의 어떤 차원이 있다는 것은, 자기 자신으로부터 탈피할 수 있는 능력을 가질 수 있는 것이다. 물질 세계에 살면서 물질 세계의 한 부분이지만, 그것이 전부가 아니라는 자각은 바로 존재의 이차원적 구조의 발견이며 자아 발견의 출발인 것이다. 자연 세계의 일부이면서도 그리고 자연과 조화를 이루어야 하지만, 그것은 의식적인 것이며 그렇기 때문에 그만큼 초월한 입장에 서 있다는 것을 발견한다. 이것은 자연의 일부인 인간의 또 다른 하나의 자아 발견이며, 자연으로부터도 소외되어 있다는 자아 의식의 발견인 것이다. 그리고 인간이 스스로 만들어 놓은 세상이 있다. 인간 사회가 있고, 물질문명이 있다. 인간의 실재 구조를 이해한다는 것은 인간이 이 사회와 인간이 창조한 문명으로부터도 초월한 존재라는 것을 자각하는 것이다. 이 세상에 묻혀 있는 나－여러 얼굴의 나, 여러 가지 요소를 가지고 있는 나－이외에 또 하나의 영원한 나가 있다는 말로 표현할 수 있다. 이 영원한 나는 초월적인 것이며, 물질적인 것으로 환원할 수 없다. 그것 때문에 인간은 모두 그만한 가치가 있다는 것이다. 그것은 누구도, 자기 자신도 박탈할 수 없으며 말살할 수 없는 '나'인 것이다.

인간이 우주의 초월적인 신비와 어떤 관계를 맺고 그 음성을 듣는다는 것은 바로 이 영원한 '나'의 종교적 발돋움이다. 나는 우주와 사귈 수 있다. 내가 이 우주 안에서 자유로울 수 있으며 우주는 내 안에서 웅장하게 자라난다. 나는 우주를 하나의 이용 가치로만 보지 않는다. 나를 키우고 성장시키는 영적(靈的)인 자원이라고 본다. 나는 우주를 먹고 자라난다고 할 수 있다. 우주의 공기와 물을 마시고 산다. 그리고 거기서 영원한 환희를 느끼는 것이다. 이것을 신비주의자들은 해탈(解脫)이라고 하였다. 우리는 이것을 인간 해방이라고 표현하고 싶다. 그런데 사실 이것은 인간의 자아 회복이며 자아 발견인 것이다. 우주 안으로 한없이 개방되어 있는 영원한 '나'의 발견이다.

인간은 이웃과의 사회적 관계에서 하나의 물건처럼 취급하고 취급된다. 사회적 역할을 수행하는 직업인으로서 개인, 하나의 소비자가 아니면 하나의 상품으로 보는 수가 많다. 사회적 역할로 환원시키거나 경제적 · 정치적으로 환원시킨다. 인간을 심리적으로 사회 · 정치 · 경제적 측면에서 보고 그것이 전부라고 생각하고 그러한 관계만을 생각할 때 이것은 인간을 비인간화시키는 것이고 인간을 '물건'으로 환원시키고 타락시키는 것이다. 그러한 사회적인 관계를 비인간화된 관계라고 한다. 사람을 인간으로 보고 인간적 관계를 수립한다는 것은 '사람의 관계'를 찾는 것이며 인간 관계에서 '초월'의 차원을 발견하는 것이다.

그러나 그러한 관계는 가정에서 말할 수 있고 소집단에서 한가할 때나 할 수 있는 말이 아닌가 싶다. 부버(Martin Buber, 1878~1965)의 저 유명한 '나-너(I-Thou)' 관계라는 것은 전근대적인 사회에서 몇 사람이 오순도순 사이좋게 지내던 봉건 사회나 가족 또는 작은 직장 정도에서 가능한 것이 아닌가 할 수 있겠다. 복잡해지고 다원화되는 세상에서 나-너 관계는 너무 시간이 걸리고 부적당하다고 할 수 있다. 현대인에게 요청되는 것은 다원화된 사회를 부정하고 거기서부터 뛰쳐나오는 것이 아니라, 인간의 초월적인 요소, 즉 인간의 참된 모습을 현대 문명의 체제와 구조 안에 끌어들일 수 있느냐 하는 것이다. 사회의 제도와 그 구조, 문명의 체질 전체를 인간화하여야 한다는 것이다. 구조적 비인간화는 구조적으로 해결하여야 한다는 것이다. 오늘의 인간이 참으로 해방되는 길은 바로 구조적으로 비인간화된 문명과 사회로부터의 탈피이며 구조적으로 인간화하는 길인 것이다. 인간의 구체적인 삶 · 문화 · 정치 · 경제의 모든 영역에 걸쳐 그 구조적 부조리를 하나하나 고발하고 인간화를 요청하는 일이 오늘의 종교에 부과된 일이며, 또한 그렇게 하는 것이 '종교적'으로 사는 것이다. 인간이 참으로 살 길을 찾는 것이 인간에 대한 사랑이며 그것이 바로 '종교적'인 것이다.

인간의 사회와 문명을 해방시키고 구원할 수 있는 힘의 원동력은 곧 인간의 초월적 능력에 있다. 우주의 신비적 차원을 이 세상에 끌어들이는 것이다. 우주와 사회의 이차원적 구조를 밝히고, 비우주화된 우주, 반사회적 문명과 사회 제도는 그 구조의 도식에 의하여 변경되어야 한다. 사회는 그 자체 밖의 초월적인 차원에 의하여 그 기준에 따라 평가되는 것이다. 사회는 영원한 '나'에게 책임을 져야 하며 우주의 질서와 원칙에 책임을 가져야 한다. 이 우주의 질서와 원칙을 신이라고 불러도 좋겠다. 사회의 제도와 질서와 윤리와 법은 이 하늘의 도리에 따라야 한다는 것이다. 이것이 바로 사회의 이차원적 구조의 논리이며 명령인 것이다.

오늘날 인간이 가장 상식적이며 현실적으로 바라는 인간 해방과 구원은 이 세상과 사회로부터의 도피나 탈피가 아니다. 사회로부터의 해방이 아니라 사회에로의 해방이다. 현대인은 현대 문명으로부터 해방되려는 것이 아니라 현대 문명에로 해방되려는 것이다. 그 사회와 이 문명 안에서 우리는 해방의 길, 즉 종교적 구원을 찾을 수밖에 없다. 인간은 그 사회와 그 문명과 함께 구원의 길을 찾고 구원을 모색하고 획득할 수 있는 것이다. 이 사회로부터 도망할 수도 없거니와 그것이 바로 해방이며 구원이라고 할 수 없다. 그러므로 인간이 참으로 인간답게 살 수 있는 사회 구조의 설계와 제도의 계획과 실천은 인간 해방의 문제와 직결된다. 이것은 사회학이나 정치학의 문제이거나 정치인과 경제인들만의 문제가 될 수 없다. 모든 인간의 문제이며 또한 모든 인간을 위한 문제이기 때문에, 궁극적으로는 종교적인 문제인 것이다. 그것이 구체적으로 인간 해방의 문제이며 인간이 참으로 인간답게 살게 하는 문제이기 때문에 그것만으로 종교적인 문제라고 할 수는 없다. 그것은 '사회의 인간화'의 구조를 초월적이며 이차원적인 차원에서 찾아야 한다는 것 때문에 '종교적'인 문제가 된다는 것이다. '하늘의 빛[道理]'이라든지 '하느님의 뜻[天心]'이라는 것들이 사회의 제도와 윤리 생활과 질서의 기준이 되어야 한다는 것 때문에, 그리고, 바로 사회의 실재적 구조가 다른 차원을 가지고 있으며, 그 차원을 기준으로 하여 사회 제도의 인간화와 비인간화, 사회 제도의 부조리와 순리를 말할 수 있기 때문에 '종교적' 문제가 되는 것이다.

사회 안에서 인간이 자유케 되며, 사회 안에서 인간 본연의 자아를 찾을 수 있다면, 그 사회는 벌써 '천국'이며 '낙원'임에 틀림없다. 인간의 사회적 구원은 바로 그러한 사회의 구현이다. 크리스천들은 이러한 사회를 종국적인 신국(神國), 즉 하느님의 나라라고 한다. 신국이라고 하는 것은 인간 사회 속에 이차원적 구조가 충분히 구현되었다는 것이다. 인간 사회에 인간 모두가 가지고 있는 신적이며 초월적이며 신비적인 차원이 구현되었다는 뜻이다. 이것이 가능할 것인가? 그 사회의 구체적인 제도는 어떤 것인가? '청사진' 같은 것이나 '헌장(憲章)' 같은 것이 마련되어 있는가? 인간의 궁극적인 구원은 미래에 두고 있으며 그 구체적인 것은 모호하고 불분명하지만, 한 가지 분명한 것은 그것이 실현될 것이라는 믿음과 신념이 있다는 것이다. 초월적인 미래에 대한 희망은 종교적 신념을 낳고, 그 신념과 결단은 오늘의 사회에 이차원을 끌어들인다. 이러한 신념이야말로 오늘의 인간을 구원할 수 있는 원동력이 되는 것이다. 이 신념은 인간을 위한 신념인 동시에 초월적 차원에 대한 신앙이며 미래 사회에 대한 소망인 것이다. 이것이 종교이다.

인간과 역사의 종말 제16장

이 책 제8장에서 우리는 인간과 우주의 기원에 대한 종교마다의 대답을 살펴보았다. "인간은 어떻게 생겨나게 되었으며 어디로부터 왔는가?" 그리고 "우리가 매순간 상대하고 관계짓고 있는 이 자연의 세계와 우주는 어떻게 생겨났으며 어디로부터 왔는가?" 이러한 질문은 인간이 자신을 의식하고 자연의 환경을 의식하는 순간부터 생겨난 질문이다. 이 질문 자체가 종교적이면서, 이 질문을 둘러싼 대답 역시 종교적이라는 것을 우리는 배웠다. 이 질문 속에 담겨 있는 대답은 인간과 우주는 그 자체로써 생성된 것이 아니라 다른 어떤 높고 초월적인 차원에서 왔다는 것이고, 나름대로의 의미와 목적, 혹은 섭리가 있었다는 것들이었다.

인간들은 자신이 어디에서 왔는가 하는 질문과 연결하여 어디로 가는가 하는 질문을 던져 왔다. 인간은 어디로 가는 것인가 하는 질문은 인간이 이렇게 숨을 쉬면서 살다가 이제 어떻게 될 것인가 하는 질문도 된다. 불교에서는 고통스럽게 살다가 병나고 그리고 죽을 것이라는 대답을 할 것이고, 기독교에서는 죽으면 천당이나 지옥에 갈 것이라고 대답할 것이다. 인간은 어디서 왔다가 어디로 가는가 하는 질문은 이토록 죽음과 죽음 뒤에 일어날 일들에 대한 질문이기도 하다. 죽음 그 자체도 신비로운 것이지만, 죽음 다음에 무슨 일이 일어날 것이고 우리는 어떻게 될 것인가 하는 것은 아무리 과학적으로 설명을 해도 계속 남아 있는 수수께끼이고 끈질기게 물어보는 질문이다.

인간은 어디로 가는 것일까 하는 질문은 인간 개인의 알 수 없는 미래에 대한 질문만이 아니라, 역사에 대한 질문이기도 하다. 인류 역사는 어떻게 시작되었는가 하는 질문 역시 종교적인 질문이지만, 인류의 역사, 우리 민족의 역사, 우리나라의 미래는 어떻게 될 것인가 하는 질문은 종교적인 질문이다. 역사의 기원과 함께 역사의 종말, 과거의 역사를 물어보는 것만큼 미래의 역사를 물어보는 것은 인간이 가지고 있는 호기심을 넘어서 두려움과 떨림으로 대하는 인간의 종교적 관심에서 오는 것이라 하겠다. 인간의 역사를 이야기할 때, 앞으로 전개될 미래라고 하는 것은 지난 과거사의 되풀이인가, 아니면 인간의 역사라고 하는 것은 부단히 발전하는 것인가? 내일은 어제와 다르고, 새해는 지난 해와는 질적으로 다른 모습으로 나타나는 것일까? 역사에는 진화가 있고 진보가 있는 것일까? 역사라고 하는 것은 커다란 원처럼 순환하면서 과거와 미래가 되풀이되는 것일까? 해 아래 새로운 것이 없다고 하던 옛 시인의 말이 옳은 것인가, 아니면 역사에는 끝이 있고 종말이 있는 것인가? 그 종말은 어떻게 오는 것인가? 인류와 자연은 홍수나 불로 멸망하고 멸종하게 되는 것인가? 그 종말은 역사 안에 있는 것인가 아니면 역사 밖에 있는 것인가?

이 역사라고 하는 것은 자연의 법칙이 있는 것처럼 스스로를 움직이는 어떤 법칙이 있는 것인가? 역사는 스스로 움직이는 것인가? 아니면 도대체 움직이는 것이 아니란 말인가? 역사적인 변화가 있다면 그 변화의 법칙이란 무엇인가? 그 법칙이 있다면 그것은 어디서 생겨난 것인가? 좀 더 직설적으로 묻는다면, 누가 역사를 움직이는가? 역사를 만든 존재는 인간과 우주의 창조주인가? 역사를 창조하고 움직여 나가는 어떤 존재가 있다면, 그 존재는 인간과 역사 안에 내재하는 것일까? 혹은 역사 그 자체가 그런 신적 존재가 아닐까? 이런 질문들을 철학자들과 신학자들은 물어 왔던 것이다.

이 장에서는 이러한 역사와 종말에 대한 불교와 유교 그리고 기독교에서의 대답들을 살펴보기로 한다. 그리고 종교마다의 역사와 종말에 대한 답변들이 현실의 개인의 삶과 사회 체제와 구조들과 어떤 상관이 있는가 하는 것을 검토하기로 한다. 인간의 역사와 종말 등 미래에 관한 생각들은 모름지기 오늘의 문제와 현실의 문제와 연결되기 때문이며, 종교의 문제는 오늘의 문제와 사회적 문제와 분리시켜서 생각할 수 없기 때문이다.

천당과 지옥, 그리고 영혼의 불멸

인간은 육체와 영혼으로 구성되어 있다는 생각이 고대인들로부터 이어 내려온 오래된 생각이다. 그리스 철학자 소크라테스는 육체는 영혼의 감옥이라는 고대 그리스 사상을 그대로 받아들였고, 죽음이라고 하는 것은 영혼이 육체로부터 해방되는 것이라고 생각하였다.[1] 그리고 종교 이전에 철학적으로 영혼은 죽음과 동시에 육체로부터 분리되며 '하이데스(Haedes)'라고 하는 저승에서 살다가 이승으로 다시 태어난다고 믿었다. 그러므로 영혼은 영원히 '생존'하고 불멸한다는 것이었다.

이러한 영혼 불멸의 사상, 인간은 한 번 죽으면 그만이 아니라 인간의 육체는 썩어 없어지고 일시적일 뿐이지만 영혼은 영원히 살아남는다는 생각은 거의 모든 종교 사상과 철학 사상에 있는 것 같다. 그리고 이러한 영혼 불멸의 사상은 윤리 사상이나 도덕 교육과 연관되어 왔다. 이를테면 이 세상에서 착하고 선하게 산 사람은 저승에서 많은 상을 받게 되고, 이 세상에서 악하고 천하게 산 인간은 저승에서 벌을 받게 되고 지옥의 형벌을 받게 될 뿐만 아니라 이승으로 다시 태어날 때는 인간 이하의 짐승이나 벌레로 태어나서 고생을 하게 되리라는 것이다. 불교에서는 인간 영혼의 윤회를 말하면서 영혼의 불멸을 말했고, 윤회의 과정을 인간의 윤리 생활의 업보로 설명하였다. 인간이 살아 생전 쌓아 올린 업에 따라서 보상을 받거나 보복을 당한다는 윤리 사상이 있다. 결국 인간은 죽어도 죽지 않는다는 것이다. 지금 이 세상에서 지니고 있는 이 육체는 죽음과 동시에 땅에 묻히고 불에 타서 한줌 잿가루가 되어 버린다 해도 영혼만은 죽지 않는다는 것이다. 그 영혼이 이 세상에서의 윤리적 행위와 업에 따라서 천당에 가서 하늘의 상을 받을 수도 있고 지옥의 불속에서 영원토록 고통을 당할 수도 있다는 것이다. 기독교에서는 인간이 죽은 뒤에 이 세상에서의 육체가 아니라 또 하나의 '영적 육체'를 가지고 이승에서의 인격과 정체성(正體性)을 그대로 가지고 '영생(永生: 영원토록 사는 것)'한다고 가르친다.

한국의 무속 신앙을 보면, 역시 인간이 죽으면 귀신이 된다는 생각이

1 「파이돈」, 최명관 옮김, 『플라톤의 대화』(종로서적, 1981). pp. 112-217.

있다. 영혼이 있다든가, 인간 영혼은 육체와 어떤 관계를 가진다든가, 인간 영혼은 불멸한다든가 하는 형이상학적인 변론이 없다. 다만, 죽는다는 것은 혼백이 육신을 떠난다는 것이고, 육신은 시간과 공간에 유한하지만 혼백은 시간과 공간의 제약 없이 살아남는다는 것이다. 혼백은 죽은 다음에 어디로 가는가 하는 질문에 대해서는 무속 나름대로의 이해는 없는 것 같고, 불교나 기독교에서 하는 말대로 천당이나 지옥 아니면 극락세계 등으로 표현하고 대개 추상적으로 '저승'이라고 한다.

무속 신앙에서는 죽은 자가 모두 '조상신(祖上神)'이 되는 것이 아니라고 한다. 조상신은 살아 있는 자손들의 제사를 받을 수 있는 귀신들을 말한다. 조상신은 아버지 계통의 부계(父系)만 될 수 있다고 하는데, 남자들만 조상신이 될 수 있는 '자격'이 있다는 것이다. 물론 예외는 있어서 자손들의 존경과 사랑을 지극하게 받았던 어머니나 [illegible] 혹은 [illegible]까지 조상신으로 모시기도 한다고 한다. 그러나 대부분의 자손을 둔 여성들이라 할지라도 죽은 후에 조상신이 되어서 제사로 모시게 되지 않는다는 것이다. 조상신은 제사를 지내는 유교와의 습합(習合)에서 생겨난 것으로서 다분히 가부장제적이고 가족 중심, 남성 중심의 사상이 깔려 있다고 하겠다. 그러나 무속 신앙을 중심으로 하는 한국인의 일반적 심성에는 사람이 죽은 다음에는 이 세상에서 유복하게 자손을 거느리고 살던 남자는 조상신이 되어서 집안에 모셔지고 살아남은 후손들의 '수호신'으로 '팔자 좋게' 살아남는다는 생각이 있다.

조상신이 되지 못한 여타 대부분의 귀신은 집안에 정중하게 모셔지지 못하고 울타리 밖, 바깥 세상을 떠도는 '원귀(怨鬼)'가 된다. 원귀의 종류에는 통과의례를 마치지 못한 채 죽어간 어린이들, 특히 결혼을 하지 못하고 죽어 간 젊은이들이 있고, 객사자 · 사고사 · 타살 · 자살자 · 익

사자 · 전사자 등 사고를 당해서 죽은 귀신들이 있다. 아들 없이 죽어 간 부부 역시 조상신이 되지 못하고 원귀가 된다는 것인데 이는 제사를 모시는 자손이 없는 '불행' 때문이다. 위에서 말한 것처럼, 원귀들은 조상신의 대접을 받지 못하고 집 밖을 배회하는, 가문과 혈연 관계로부터 소외된 귀신들이다. 번듯한 후손이 없거나 불행한 죽음을 당한 사람, 대부분의 여자들은 죽은 다음에 오는 것은 집 밖으로 쫓겨나는 것이고 황량한 벌판을 방황하게 되는 외롭고 저주스러운 '삶'을 산다는 것이다. 무속 신앙에서 죽은 자의 혼백은 이승과 저승을 달리할 뿐, 희로애락의 인간적 정서를 그대로 가지고 계속 살아남기 때문에 산 자들이 하기에 따라서 고약한 액신(厄神)이 될 수도 있고 축복을 내리는 선한 귀신이 될 수도 있다. 그러니까 한 인간이 죽은 다음의 혼백으로서의 '삶'이라고 하는 것은 이승에서의 삶의 연장에 불과한 것처럼 보인다. 다른 종교나 철학에서처럼, 인과응보(因果應報)에 의하여 이승에서의 삶이 저승의 천당과 지옥을 결정한다는 윤리적 사상이 없다고 하는 것이 특징인 것 같다.[2]

기독교의 신약성서에 기록된 예수의 말 속에 '지옥'의 이야기가 자주 나온다. 예수는 지옥의 모습을 자세히 설명하지도 않았고 사람이 죽은 뒤에 어떻게 지옥에 가게 되는지도 설명하지 않는다. 다만 예수가 살던 시대의 사람들이 하는 식으로 지옥을 '꺼지지 않는 불'이 타고 있는 곳(마태복음 3: 12; 마가복음 9:44), '영원한 불'이 있는 곳(마태복음 18: 8,9), 혹은 '불과 구더기'가 있는 곳(마가복음 9:48) 등으로 묘사하고

2 한국인의 귀신 이해에 대해서는 최길성, 『한국의 조상 숭배』(예전사, 1986); 김태곤, 『한국 무속 연구』(집문당, 1981), 그리고 서광선의 논문, 「한국인의 귀신 이해」, 『종교 다원주의와 신학의 미래』(종로서적, 1989) 등 참조.

있다. 그런데 예수가 지옥 이야기를 하는 맥락은 도덕적인 가르침을 말하는 때이다. 마태복음에 기록된 예수의 어록만 보더라도 다음과 같다.

> 자기 형제에게 성을 내는 사람은 누구나 재판을 받아야 하며, 자기 형제를 가리켜 바보라고 욕하는 사람은 중앙 법정에 넘겨질 것이다. 또 자기 형제더러 미친 놈이라고 하는 사람은 불붙은 지옥에 던져질 것이다. (마태복음 5: 22)

> 오른눈이 죄를 짓게 하거든 그 눈을 빼어 던져 버려라. 몸의 한 부분을 잃는 것이 온몸이 지옥에 던져지는 것보다 낫다. 또 오른손이 죄를 짓게 하거든 그 손을 찍어 던져 버려라. 몸의 한 부분을 잃는 것이 온몸이 지옥에 던져지는 것보다 낫다.(마태복음 5: 28, 29)

> 육신은 죽여도 영혼은 죽이지 못하는 사람을 두려워하지 말고 영혼과 육신을 아울러 지옥에 던져 멸망시킬 수 있는 분을 두려워하라.(마태복음 10: 28)

위와 같은 어록은 다른 복음서에도 기록되어 있는 것을 보게 되는데, 적어도 예수가 한 말로는 인간의 영혼만이 지옥에 가게 되는 것인지, 육체가 가게 되는 것인지 분명하지 않다. 인간의 육신은 죽여도 영혼은 죽이지 못하는 사람을 두려워하지 말라는 말에서 영혼과 육체를 분리시킬 수 있는 것처럼 보이지만 여기에서의 해석은 영혼을 그리스 철학자 소크라테스가 말하는 식의 육체 따로 영혼 따로라는 식의 이원론이 아니라 '인격'을 말하는 것이라고 할 수 있다. 이것은 신약성서에서뿐 아니라 구약성서에서도 영혼을 말할 때, 그것은 영혼과 육체를 분리시키는 것이 아니라 인간 자아 그 자체를 말하며 인격을 말하는 것이다. 예수가 말한 것은 지옥을 이 세상에서 짓는 죄악과 연결시키고 있다. 죄를 지으면 지옥에 간다고 하는 인과응보를 말하고 있는 것이다. 불교에서처럼 지옥의 그림을 무섭게 그려서 죄의 보복을 두려워하게 하는 도덕적 교훈으로 삼게 하는 것은 기독교에서는 훨씬 후대의 이야기이며, 신약성서의 의도는 이 세상에서의 윤리적 생활과 그 결단을 강조하는 것이지, 지옥의 형벌이나 지옥의 실재성을 강조한 것이 아니었다고 하겠다.

그러나 서구 기독교가 그리스 로마의 철학 사상과 습합하는 과정에서 인간 개인의 영혼과 육체의 분리를 논하게 되었고, 따라서 인간 영혼의 불멸 사상이 기독교 안에 들어오게 되었다. 인간이 죽은 다음에 어디로 가며 어떻게 될 것인가 하는 종말에 대한 관심은 저승에서의 삶이라고 하는 피안적 종말론, 특히 개인화된 저승에서의 삶에 대한 관심으로 집중되었다. 서기 8세기경에 기초된 기독교의 사도신경은 "몸이 다시 사는 것과 영원히 사는 것을 믿는다"고 고백하고, "그리스도께서 산 자와 죽은 자를 심판하러 오시리라"고 고백하고 있는 것을 보면, 기독교에서는 영혼의 부활뿐만 아니라 그 영혼은 육체를 가진다는 신앙을 고백하고 최후의 심판이 있을 것이라고 믿고 있는 것이다. 그리고 그 심판은 윤리적인 생활을 했느냐 하지 않았느냐가 중요한 것이 아니라 예수 그리스도를 믿고 구원을 받았느냐 하는 것이 중요한 것으로 가르쳤다. 그것은 거의 전적으로 기독교의 교회에 귀의하고 그 교회의 일원이 되었느냐가 중요한 것으로 가르치는 것이다. 왜냐하면, 구원의 열쇠는 교회이며 교회를 통해서만 구원이 있다고 믿었기 때문이다.

서구 중세 기독교는 인간이 죽은 후에 영혼이 머물게 되는 장소를 더욱 상세하게 가르쳤다. 지옥과 천국 사이에는 연옥(煉獄)이 있는데 죄 지은 자들이 겪어야 할 고통과 시련의 장소로 이해하였다. 그리고 세례 받지 않고 죽은 어린이들이 거쳐 가야 하는 곳이 있고 구약성서들의 족장들과 경건한 자들이 머무는 곳, 즉 예수 그리스도와 교회를 모르는 자들의 영혼들이 거쳐 가야 하는 곳으로 정하였다.

서구 기독교는 종교개혁을 거치면서 인간이 죽은 뒤에 생기는 일에 좀 더 관심을 가진 듯한 인상을 줄 정도로 종말론을 개인화하였고 저승의 문제로 부각시켰다. 여기서도 그리스 로마의 형이상학적 영혼론에서 벗어나지 못하고 있는데 영혼은 죽음과 동시에 육체로부터 분리되고 계속 생존하고 불멸한다는 것이다. 죽은 후의 영혼은 천국 아니면 지옥을 경험하게 되는데, 경건한 자, 구원받은 자는 '하느님의 손' 안에 있고 완전하고 영원한 축복을 기다리게 된다는 것이다. 구원받지 못한 자들은 지옥의 불 속에 던져지며 영원한 저주를 기다리게 된다는 것이다. 인간의 영혼이 육체 없이 천당이나 지옥에서 있다가 결국 최후의 종말에 가서는 육체와 다시 만나게 되고 모든 인간이 부활한다고 한다. 이른바 정통주의 기독교에서는 모든 인간이 부활하게 되면 몸을 가지게 되는데, 구원받은 자들은 영생을 얻게 되고 천국에서 하느님과 함께 살게 되지만, 그리스도의 심판에서 저주받은 자들은 영원한 벌을 받는다는 것이다.[3]

서구 기독교에서는 18세기 계몽주의 시대와 19세기 관념주의 철학과 자유주의 신학 시대를 거치면서 개인 영혼의 피안적인 저승의 심판과

3 홀스트 푈만, 이신건 옮김, 『교의학』(한국신학연구소, 1989), 특히 p. 415 이하를 참조하라.

천당과 지옥의 문제는 객관적인 실재로서 인정을 받지 못하게 되었다. 칸트 같은 철학자는 인간 영혼의 불멸은 객관적인 사실로서 실제로 영혼이 영원토록 존재하는 것도 아니고 그러한 사실은 증명될 수 있는 것이 아니라, 그렇게 '요청'할 뿐이라고 하였다. 영혼은 영원히 불멸하는 것이 아니라 불멸하여야 한다고 요청한다는 것이다. 세상 사람들이 이 세상에서 옳고 바르게 살고 양심적으로 살기 위해서는 인간이 죽은 다음에 저승에서 인과응보의 법칙에 따라 악인은 벌을 받고 선한 사람은 상을 받도록 영혼이 불멸해야 한다는 것이다. 그러니까 천당과 지옥이 따로 존재한다기보다는 이 세상에서의 윤리적인 질서를 위하여 영혼이 죽은 후에도 살아남아서 인과응보의 윤리적 질서를 알게 되어야 한다는 것이다.[4]

포이에르바흐(Ludwig Feuerbach, 1804~1872) 같은 신학자는 하느님은 실재하는 것이 아니라 인간의 소원을 심리적으로 투사한 것이라고 생각한 것처럼, 천당과 지옥 역시 인간 염원의 투영(投影)에 불과하다고 생각했다.[5] 칸트처럼 '요청'하고 영혼이 불멸해야 한다는 논리를 편 것이 아니라, 좀 더 주관적이며 심리적으로 천당과 지옥이 있기를 원하고 희구한다는 것이다. 마르크스(Karl Marx)는 한 걸음 더 나아가서 저승의 이야기나 천당과 지옥 같은 이야기는 고통당하는 민중들이 고통을 감내하고 위로받고 잊어버리게 하기 위하여 만들어 놓은 환상에 불과하다고까지 하였다. 이 세상에서의 삶이 고통스러우면 고통스러울수록 저승의 삶을 희구하고 저승의 삶으로 위로를 받게 되지만, 또 한편 저승이

4 칸트의 『순수실천이성비판』 및 『이성의 한계 안에서의 종교』 등을 보라.
5 『기독교의 본질』.

아름답게 느껴지면 느껴질수록 이 세상은 더욱 더 추하고 고통스럽게 느껴지게 마련이다. 따라서 현대 기독교 신학에서는 이승의 삶을 긍정하면서 저승의 삶에 대한 희망은 심리적인 것이고 주관적인 환상에 불과하다는 것을 강조하였다. 그리고 그렇게 강조함으로써 이승과 이 세상의 문제에 대하여 기독교는 관심을 돌려야 한다는 것을 강조해 왔다.

저승의 문제, 천당과 지옥의 문제, 인간이 죽은 다음의 문제보다는 이승의 문제, 이 세상 안에서의 삶, 죽은 뒤의 문제가 아니라 살아 숨쉬고 있는 동안의 문제에 관심을 돌려야 한다는 것이 계몽주의 이후 자유주의 기독교 신학에서 강조하는 것이다. 그리고 천당과 지옥의 문제는 저승에 있는 것이 아니라 이승에 있는 것이고, 객관적인 어떤 장소에 있는 것이 아니라 우리 마음속에 있다고 설교한다. 양심에 거리끼는 일을 하거나 기독교의 가르침에 어긋나는 일을 하면, 양심의 가책과 고통을 받게 되는데 그것이 다름 아닌 지옥이라는 것이다. 지옥이 저승에 있는 것이 아니라 이승에, 그리고 우리 마음속에서 경험되는 것이라고 한다. 천당 역시 인간이 죽은 다음에 이 세상이 아닌 다른 장소에 가게 되는 것이 아니라 좋은 일을 했을 때, 행복감에 넘칠 때, 사랑과 평안을 경험할 때, 천당은 경험되는 것이다. 그렇기 때문에 인간은 죽은 뒤의 일보다는 이승의 삶에 관심을 돌려야 한다는 논리이다.

그리고 인간의 종말은 인간이 순간순간 살아 숨쉬는 동안 이미 와 있다고 말할 수 있다. 인간은 살아 있는 순간순간, 말하고 행동하고 있는 순간순간, 그 행동과 삶이 옳은가 그른가, 선한가 악한가 하는 판단을 스스로 내리거나 남의 판단을 받으면서 살기 때문이다. 그 순간, 불행과 고통의 순간은 어찌 보면 영원한 것이고, 그 행복의 순간 역시 불멸하는 영원한 순간으로 경험하는 것이라 하겠다. 인간 영혼의 불멸은 오래오래 시간과 공간 속에서 살아남는 것이라기보다는 한순간만이라도 행복의 극치와 의미를 찾았을 때, 바로 그 순간에 경험되는 것이라고 한다. 그런 뜻에서 불교에서 말하는 해탈이 참된 의미의 인간 구원이며 영혼의 해방이며 천국의 경험이라고 말할 수 있을 것 같다. 인간의 영혼이 이승에서 저승으로 윤회하면서 희로애락(喜怒哀樂)과 생로병사(生老病死)를 경험하는 것이 영혼 불멸이 아니라, 그 윤회의 사슬을 뛰어넘어서 해탈할 때, 바로 그 순간에 종말을 경험하고 인간 영혼의 영원함을 경험하게 되는 것이 아닌가 하는 것이다.

역사의 종말, 그리고 '하느님 나라'

미래에 대한 질문 그리고 종말에 대한 질문은 인간 개인의 문제나 인간 개인이 자신의 미래와 죽음에 대하여 하는 질문만이 아니다. 인간 자신이 내일 어떻게 될 것인가, 10년 뒤에는 어떻게 될 것인가 알 수도 없고 답답해서 손금도 보고 관상, 사주팔자, 혹은 토정비결 책자를 뒤적여 보고 점을 쳐 보기도 한다. 그리고 인간이 죽은 뒤에 어떻게 될 것인가 하는 문제 역시 종교에 묻고 있다는 것을 우리는 살펴보았다. 그러나 미래와 종말에 대한 질문은 인간 개인이 자신에 대해서만 묻는 질문이 아니다. 그리고 천당이나 하느님 나라 같은 죽은 뒤의 공간 역시 인간 개인만을 위한 종교적 대답이 아니라 인간 공동체 전체에 대한 질문이며 이에 대한 대답이기도 하다. 개인에게 역사가 있듯이 인간 집단과 민족 공동체 혹은 국가 공동체 또는 인류 전체에도 역사가 있다. 그래서 한 개인의 미래와 종말에 대하여 묻듯이 민족 공동체의 운명과 역사, 미래에 대한 역사와 종말에 대하여 묻게 되는 것이다.

기독교의 신약성서를 보면 예수는 이 세상에 출현하자마자, "하느님 나라가 다가왔다. 회개하라"고 외친 것으로 기록되어 있다(마태복음 4:17). 하느님 나라 혹은 하늘나라가 다가왔다는 말은 세상에 종말이 왔다는 말이고, 인간의 역사에 끝장이 왔다는 말로 들린다. 이 세상에 종말이 왔다는 말, 지금 살고 있는 이 역사에 끝장이 난다는 이야기는 지금 이 세상이 망하고 새로운 세상이 온다는 말과도 통한다. 이것은 극히 혁명적인 말로 들린다. 어떻게 보면 정치적인 말로 들린다. 지금 이 세상을 유지하고 있는 정치적인 질서가 끝장나고 새로운 정치 질서가 들어온다는 말이기 때문이다. 정치적인 말로 들리지 않으면, 철학적으로나 종교적으로 이 세상은 망하게 되어 있고 부패하게 되어 있으니까 이 세상에 마음을 두거나 이 세상 일에 집착하지 말고 저승과 저 세상, 영원히 변하지 않는 하늘나라에 마음을 두라는 말로도 해석할 수 있다. 그리스 사상의 영혼과 육체, 이승과 저승으로 갈라 놓은 이원론적 우주관을 받아들인 기독교는 오랫동안 하느님 나라를 저승으로 생각하고 그리스도를 믿고 구원받은 사람들이 영원히 살 곳으로 생각해 왔다.

기독교 안에서도 하늘나라를 이 세상의 종말과 인류 역사의 종말에 예수 그리스도가 다시 나타나서 죄인들과 예수 믿지 않은 사람들을 심판하고 선한 사람들과 예수 믿고 구원받은 사람들만이 영원토록 살게 하는 곳으로 믿는 사람들이 많이 있다. 하늘나라는 어디까지나 미래의 일이고 세상 끝날 때 일어날 일로서 신비에 속하는 일이기 때문에 지금 열심히 교회에 나가고 예수 믿으면 구원받고, 죽었다가도 세상이 끝나는 날 다시 부활해서 하늘나라에 들려 올라가 영원토록 살게 될 것이라는 막연하지만 확고한 믿음을 가진 사람들이 많다.

그러나 하늘나라는 저승의 문제가 아니라 이승의 문제이며, 역사 이후 종말의 문제가 아니라 역사 안에 일어나는 현세적인 문제라고 생각하는 사람들도 있다. 특히 서구 기독교의 종교개혁 이후 18세기와 19세기 역사 사상과 과학 사상을 받아들이면서 하늘나라나 하느님 나라에 대한 이해를 인간 역사가 발전하는 방향으로 생각했고, 역사 저편에 있는 이상향으로만 생각하는 것이 아니라 역사 안에서 실현될 수 있는 사회 질서로까지 생각하게 되었던 것이다. 그리고 오늘에 이르러서는 하느님 나라를 혁명적인 새로운 정치 질서로 인식하게 되고, 하느님 나라를 '나라'라고 하는 정치에 강조점을 두고 종교와 정치를 연결시키게 되었다. 그러므로 '하느님 나라'나 '하늘나라'는 다름 아닌 현세 안에서의 이상적인 정치 체제를 말하는 것이다. 따라서 '하늘나라가 다가왔다'고 하는 말은 그러한 이상적인 정치 체제가 곧 실현될 것이라는 예언이며 선포인 것으로 해석한다.

예수가 하늘나라가 다가왔다고 선포한 시대는 예수의 나라 유다가 로마제국의 식민지였던 시대이다. 유태 민족은 기원전 1000년경 다윗왕과 솔로몬 왕국으로 통일왕국으로서의 독립을 이룩하였으나 한 세기를 넘기지 못하고 남과 북으로 분열되고, 기원전 587년에는 바빌론제국에 정복되었으며, 기원전 538년에는 페르시아왕국에 짓밟혔다가 기원전 333년에는 그리스의 알렉산더 대왕에게 정복을 당하고 기원전 63년에는 로마의 식민지가 된, 불운의 약소 민족이었다. 9세기 동안, 유태 민족은 민족의 해방을 염원하였고, 민족의 해방을 가져올 메시아를 고대하였던 것이다. 식민지 피압박 민족으로서 정치적 억압과 경제적인 수탈을 당하고 수모받으며 살아야 하는 유태인들에게, 예수의 선포, "하늘나라가 다가왔다"는 소리는 놀라운 정치적 발언이 아닐 수 없었다. 예수가 선포한 그 하늘나라는 인간이 죽은 다음에 가서 평안히 살게 되는 저승의 나라가 될 수 없었다는 것이다. 처절한 정치적 억압과 경제적인 수탈 속에서 가난하고 억울하게 살아온 유태 민족에게 '하늘나라'는 다윗 왕조의 복권이며 독립된 조국 이스라엘의 영광을 말하는 것으로 이해될 수밖에 없다는 것이다. 기독교의 신약성서를 기록한 사람들은 예수는 하느님 나라와 함께 세상에 메시아로 왔으며, 이스라엘의 왕권을 회복할 정치적 해방자로 인식하였던 것 같다.

예수의 생애와 가르침을 기록한 신약성서의 마태복음에는 이러한 메시아로서, 혹은 왕으로서의 예수를 두드러지게 묘사하고 있다. 첫째로, 마태복음 기자는 그의 책 첫머리에 예수의 족보를 내어 놓으면서 예수는 유태의 첫 번째 왕 다윗왕의 후손이라고 밝히고 있는 데 주목하게 된다(마태복음 1: 1). 둘째로, 마태복음은 예수가 탄생하였을 때, 동방에 살던 점성학자들이 예루살렘에 나타나서 당시의 유태인 통치자 헤롯왕을 만난 자리에서 "유태인의 왕으로 나신 분이 어디 있느냐?"고 물었다는 것이다(마태복음 2: 2).

누가복음에서는 예수의 어머니 마리아의 입을 빌려 민족의 해방자가 될 예수를 노래하고 있다(이 노래는 기독교 세계에서 '마리아 찬가'로 사랑받고 있는 노래이다).

주님은 거룩하신 분
주님을 두려워하는 이들에게는
대대로 자비를 베푸십니다.

주님은 전능하신 팔을 펼치시어
마음이 교만한 자들을 흩으셨습니다.

권세 있는 자들을 그 자리에서 내치시고
보잘것없는 이들을 높이셨으며,
배고픈 사람은 좋은 것으로 배불리시고
부요한 사람을 빈손으로 돌려 보내셨습니다.

주님은 약속하신 자비를 기억하시어
당신의 종 이스라엘을 도우셨습니다.
우리 조상들에게 약속하신 대로
그 자비를 아브라함과 그 후손에게
영원토록 베푸실 것입니다.(누가복음 1: 50-55)

이 노래는 유태교의 경전인 구약성서에 나오는 시편(103: 13, 17)을 인용한 것으로서, 옛날부터 오랜 세월을 통하여 유태인들이 희구하여 온 민족의 해방을 예수의 탄생과 연결시킨 것이다. 새로운 정치 질서, 즉 권세 있는 자들이 그 자리에서 물러나게 되고, 보잘것없는 비천한 자들, 억압받고 착취당하던 사람들이 나라의 주인이 되고, 가진 자들이 빈손으로 살게 되고, 배고픈 사람들이 배불리 먹게 되고, 가난한 사람들이 인간답게 살게 되는 세상, 그런 세상인 하늘나라가 예수와 함께 오게 된다는 것이다. 그리고 그것은 이스라엘의 해방과 함께, 유태 나라의 독립과 아브라함의 자손, 유태 민족의 회복과 함께 이루어질 것이라는 정치적 희망이 담겨 있다.

예수의 하늘나라 선포는 새로운 정치 질서가 오는 것을 선포하는 것인데, 이것을 기독교에서는 복음(福音, gospel) 혹은 좋은 소식(good news)이라고 한다. 누가복음(4: 18, 19)에서는 예수의 첫 번째 설교에서, 구약성서에서 예언된 것을 인용한 것으로 보고하고 있다.

주님의 성령이 나에게 내리셨다.
주께서 나에게 기름을 부으시어 가난한 이들에게
복음을 전하게 하셨다.

주께서 나를 보내시어
묶인 사람들에게 해방을 알려 주고
눈먼 사람들은 보게 하고,
억눌린 사람들에게는 자유를 주며
주님의 은총의 해를 선포하게 하셨다.

예수가 선포한 복음은 역사의 종말에 예수 믿는 사람들만 모여서 천당에 올라간다는 이야기가 아니었다. 예수가 살던 역사의 한가운데, 오늘의 현실 속에 이루어질 사건, 즉 해방의 사건을 선포한 것이었다. '가난한 사람들에게 좋은 소식'이라는 것이었고, '묶인 사람들에게 해방'의 기쁜 소식을, 그리고 '억눌린 사람들에게 자유'라는 기쁜 소식을 가져왔다는 것이다. 하늘나라의 기쁜 소식은 바로 해방의 소식이며, 그것은 인간 영혼만의 해방이 아니라 노예되고 식민지 국민된 약하고 천대받는 모든 사람의 해방을 의미하는 것이었다.

누가복음서는 하느님 나라의 주체가 되고 주인이 될 수 있는 사람들을 말한다. 예수의 입을 빌려 누가복음의 저자는 하느님 나라를 다스릴 사람들, 하느님 나라의 자격자들을 다음과 같이 밝힌다.

> 가난한 사람들아, 너희는 행복하다.
> 하느님 나라가 너희의 것이다.
> 지금 굶주린 사람들아, 너희는 행복하다.
> 너희가 배부르게 될 것이다.
> 지금 우는 사람들아, 너희는 행복하다.
> 너희가 웃게 될 것이다.
> 사람의 아들 때문에 사람들에게 미움을 사고 내어쫓기고
> 욕을 먹고 누명을 쓰면 너희는 행복하다.
> 그럴 때는 기뻐하고 즐거워하라.
> 하늘에서 너희가 받을 상이 클 것이다.(누가복음 6: 20-23)

지금까지 가난하고 굶주리고 억울한 일로 울고 있는 사람들, 부패하고 부조리로 가득 찬 억압과 착취의 정치·경제 질서에 대하여 비판적 발언을 서슴지 않고 용감하게 나섬으로써 고통을 당하는 사람들이 바로 하느님 나라의 주인공이 된다는 것이다. 이것은 가히 혁명적인 발언이다. 누가복음은 이어서 '부요한 사람들', '지금 배불리 먹고 지내고', '웃고 지내는 사람들' 그리고 '모든 사람에게 칭찬을 받는 사람들', 이 땅의 기득권자들은 하느님 나라를 차지하지 못할 것이라고 선언한다(누가복음 6: 24-26).

예수는 하늘나라의 정치 질서를 말할 때, 이 세상의 억압적인 정치 질서와 대조적이며 오히려 대립되는 질서를 말하고 있다. 마태복음(20: 20-28)과 마가복음(10: 35-45)에서 제자들이 예수가 정치적으로 집권하게 될 때, 누가 어떤 자리를 차지할 것인가 하는 문제를 놓고 논쟁을 벌이는 것을 보고 예수는 하느님 나라의 체제의 혁명적 특이성을 강조

하였다. "너희도 알다시피 이방인들의 통치자로 자처하는 사람들은 백성을 강제로 지배하고 또 높은 사람들은 백성을 권력으로 내리누른다"(마가복음 10: 42). 이러한 억압적인 정치 체제를 비판하면서 예수의 하느님 나라의 통치자를 말한다. "너희 사이에 누구든지 높은 사람이 되고자 하는 사람은 남을 섬기는 사람이 되어야 하고, 으뜸이 되고자 하는 사람은 모든 사람의 종이 되어야 한다. 사람의 아들(예수)도 섬김을 받으러 온 것이 아니라 섬기러 왔다"(마가복음 10: 43, 44)고 한다. 통치자가 백성을 억누르고 업신여기는 것이 아니라 백성을 섬기는 통치를 하느님 나라의 대안적 통치로 제시하고 있는 것이다.

예수의 선포와 비유와 연설을 통하여 예수가 말하는 하느님 나라는 저승의 이야기도 아니고 추상적인 유토피아를 그리는 것이 아니라 구체적인 정치 체제를 놓고 부패하고 억압적인 정치 체제에 대한 비판적 대안으로서 하늘나라와 하느님 나라를 제시하고 있다는 것을 알 수 있다. 하느님 나라는 구체적인 내용이 있을 뿐 아니라 이 세상에서 자행되고 있는 정치를 비판할 수 있는 기준으로서 그 나라의 비전을 제시하고 있는 것이다. 하느님 나라는 하나의 희망 사항이 아니라, 포이에르바흐가 말하는 식의 욕망의 투사가 아니라, 오늘의 부패한 정치 체제를 비판하고 개혁할 수 있게 하는 준거의 틀로서 제시되는 것이다. 그리고 그 하느님 나라에 대한 신념은, 그 비판적 준거의 틀로서, 오늘의 부패한 정치 체제를 개혁해 나갈 수 있는 힘을 만들어 나간다. 하느님 나라에 대한 신념과 신앙 그리고 하느님 나라에 대한 희망은 하느님 나라를 이 땅에 구현하게 하는 힘이 된다. 그리하여 하느님 나라에 대한 신앙은 하느님 나라 건설의 실천으로 구현된다. 하느님 나라 건설의 실천은 바로 기독교인들의 정치 참여와 정치 활동으로 전개된다는 것이다.

第17장 종교와 정치

종교와 정치의 관계, 혹은 종교와 정치 권력과의 관계는 역사적으로나 이론적으로 혹은 법적으로 명확하게 구분지어지지 않는다. 고대 사회의 경우, 정치적 최고 권력자인 왕이나 부족의 수장이 그 사회의 종교적 지도자 역할을 하였고 종교적 의례를 행사하기도 하고 종교적 가르침으로 백성을 다스리기도 하였다. 정치적 권력을 초월적인 신의 이름으로 주장하여 그 권위와 정당성을 주장하는 일은 현대 민주주의 국가의 출현 이전까지 상식적인 것이었다. 18세기 서구 사회에 이르러서는 프랑스 시민혁명과 미국의 독립선언 등에서 정치 권력과 종교 권력을 분리시킨다. 민주주의 헌법을 제정하는 과정에서 국가는 모든 종교적 신앙의 자유를 보장한다고 명기하고 국가는 어떤 특정한 종교를 국교로 삼거나 우대하거나 억압하지 않는다고 약속한다. 이것을 민주주의 국가에서의 '정교 분리 원칙'이라고 말한다.[1]

종교와 정치의 권력 관계에서 종교 기관이나 종교인들이 정치 권력에 복종하여야 한다는 입장은 오래된 입장이고, 이러한 입장은 정치 권력의 입장이다. 다른 한편, 종교의 입장에서는 정치 권력에 항상 어떤 경우에라도 복종하여야 하는 것이 아니라 앞에서(16장) 말한 대로 종교적인 신념에 따라 정치 권력에 대하여 비판할 수도 저항할 수도 있다는 입장을 내세운다. 정치 권력이란 하느님이 주신 것인데 하느님의 뜻을 거역하고 인권을 유린하는 정부, 정의로운 재판을 하지 못하는 권력, 신앙과 신념의 자유를 억압하는 정부에 대하여 종교는 신앙과 양심의 이름으로 비판하고 규탄하고 저항하여야 한다는 것이다. 그러다 보면, 종교적 담론이 정치적 담론이 되기도 하고 종교적 활동이 정치 활동으로 전개되기도 한다. 종교와 정치의 한계가 모호해지고, 정교 분리의 원칙이라는 것은 상황에 따라 해석이 달라지고 평가하기도 모호해진다.

이 장에서는 기독교와 유교 그리고 불교의 정치 사상, 정치 이념, 이상적인 정치 형태 등을 논하고 종교의 정치 권력 관계에 대한 입장을 살펴보기로 한다.

하느님의 뜻과 왕도 정치

앞의 장에서 기독교인들 가운데 종교의 정치 비판 내지는 하느님 나

1 종교와 정치 권력의 관계에 대해서는 많은 문헌이 있다. 그 중 베네트(C. Bennet)의 『교회와 국가』(김재준 옮김)와 요더(John H. Yoder)의 *The Politics of Jesus* (1972)는 고전이라 하겠다. 한국에서는 2008년 한국기독자교수협의회와 한국교수불자연합회 공동 주최로 열린 학술대회에서 발표한 논문들을 게재한, 『현대 사회에서 종교 권력, 무엇이 문제인가』(동연, 2008)가 있다.

라 건설을 위하여 정치에 참여해야 한다고 생각하는 신앙인들이나 정치신학자들이 있다고 하였다. 그러나 이와는 정반대의 입장을 취하는 신앙인들이나 신학자들이 더 많이 있다. 예수가 선포한 하느님 나라는 현세의 사회 문제나 정치 문제와는 아무런 상관이 없는 문제이고 오직 역사의 종말에 기적적으로 구원받은 사람들의 영혼만이 들어가는 신비로운 곳이라고 말하는 사람들이 많이 있다. 따라서 하느님 나라를 말하면서 종교인들이 현세의 정치에 간여하거나 비판하고 개혁하려는 운동을 반대한다.

그러나 예수의 선포와 언행과 그의 죽음을 보면서 예수의 종교 활동은 좁은 의미에서, 인간의 영혼만을 구원하는 차원을 넘어서 인간 전체의 삶, 인간 관계와 새로운 나라의 비전을 제시하는 것이었다고 생각하는 신학자들이 많이 있다. 특히 예수는 하느님 나라라고 하는 인간 해방 운동을 벌이다가 십자가형으로 사형당한 해방 운동가로 보는 사람들도 있다.[2] 가장 설득력 있는 주장으로 예수는 종교 지도자로 죽은 것이 아니라 로마 제국의 반란죄를 다스리는 극형인 십자가형을 받은 정치범으로 처형되었다는 것이다. 따라서 기독교의 종말론이라든가 역사 이해는 이 세상의 현실 정치 체제 안에서 구체적이며 현실적인 정치 참여 혹은 역사 참여로서 논의하고 이해해야 한다는 것이다.

종교가 정치에 관여해서는 안 된다는 생각은 종교는 영원한 영혼의 문제를 추구하고 정치는 이 세상에서의 일시적인 육체적 문제를 다루는 것이기 때문에 종교가 관여할 바가 못된다는 형이상학이 전제되고 있

2 유겐 몰트만 지음, 김균진 옮김, 『십자가에 달리신 하느님』 (한국신학연구소, 1979). 특히 pp. 118-64 참조.

다. 하늘나라와 땅의 나라는 질적으로 다른 것이라는 그리스적 이원론이 전제되어 있는 것이다.[3] 그렇다고 해도, 하늘나라는 땅의 나라의 비판적 기준이 된다는 논설은 설득력이 있는 것이고, 그 하늘나라 역시 인간의 희망이며 이상향이 된다는 데는 다를 바가 없다는 반론이 제기된다. 다만 영적이고 추상적이고 피안적인 종말론을 이 세상 안으로 끌어들이고 구체적인 정치 문제와 연결시키고 물질적이며 영적인 인간 전체의 문제를 하느님 나라의 문제로 제시하는 데 차이가 있을 뿐이다. 이렇게 볼 때 기독교는 이 세상의 정치 문제와 역사 문제를 종교적인 종말론, 즉 종말에 대한 희망과 신앙의 문제와 떼어놓고 생각할 수 없게 된다는 것이다.

유교에서도 역사의 문제를 중요하게 다루었고, 유교는 종교이면서도 정치 윤리라고 생각할 정도로 사회와 국가에 대한 가르침이 그 대부분이라고 할 수 있다. 유교에는 종말론이 없다. 기독교는 하느님 나라라고 하는 역사의 종말에 일어날 일을 말하고, 그 미래의 기준에 의하여 오늘의 정치 질서를 비판하고 개혁해 나가자는 실천 운동인 반면, 유교에는 '하늘의 뜻'은 있으나 그것이 역사의 종말과 관계되는 것이라고 생각하지 않았다. 공자는 예수와는 달리 자신의 모국에서 법무장관까지 지낸 실천적 정치인으로서 이 나라 저 나라를 돌아다니며 군주들이 자신의 정치 이념을 받아들이고 고문으로 채용해 줄 것을 희망하기까지 한 사람이었다. 유교의 정치 윤리는 기득권 정치 세력을 옹호하는 어용 논리로 악용당해 왔다는 비판이 없지 않지만, 공자와 맹자 이후에도 유교의 전통은 현실 정치에 대한 비판적 성격을 견지해 왔다고 보아야 한다. 그

3 아우구스티누스와 루터의 2개 왕국설이 그 대표적인 예이다.

것은 정치는 윤리와 도덕적 기반이 있어야 한다는 도덕적 원칙과, 요순(堯舜) 시대의 이상적 전통으로 돌아가야 한다는 복고주의적 전통이 있었기 때문이다. 기독교가 종말이라고 하는 역사의 미래를 기준으로 하여 현실 정치를 비판했다고 한다면, 유교는 역사의 과거를 기준으로 하여 정치적 비판을 지속했다고 할 수 있다.

기독교에서는 하느님 나라와 하느님의 통치를 말하면서 다윗 왕국의 복권을 희구하면서 고대 유태의 왕도(王道)는 정의를 구현하는 일이라고 예언자들은 선포하였다.[4] 그런데 유교에서는 통치자인 왕의 위치와 책임을 특별히 강조한다. 왕은 하늘의 아들[天子]이고 하늘의 힘과 땅의 사람들 사이에 선, 하늘과 땅의 중재자로 인식한다. 왕은 하늘의 뜻, 즉 천명(天命)에 따라서 통치하고 왕의 행위는 하늘이 하고자 하는 바에 따라서 이루어진다는 것이다. 왕이 하늘의 뜻을 거역할 때, 하늘은 백성들을 벌한다고 생각하였다. 그리고 백성들이 하늘의 뜻을 거역할 때, 왕은 천벌을 받게 된다는 것이다. 왕은 개인으로서의 왕이 아니라 집합적인 백성으로서의 왕이라는 것이다. 왕은 개인 한 사람, 즉 자신만을 위한 것이 아니라 백성 전체를 위한 통치자라는 뜻이다. 그래서 백성들이 천재지변을 당할 때, 왕은 백성 전체를 대신해서 하늘 앞에 제사를 지내고 기우제를 지내야 한다는 것이다. 그리고 그 천재지변은 왕의 그릇된 통치로 해서 백성들이 고통을 당하게 된다는 신념이 있다.

유교가 발생한 고대 국가에서는 군주의 천명 이론을 가지고 군주는 하늘의 명에 따라서 통치해야 한다는 정치 이념이 있었다. 통치자의 권위와 권력은 하늘로부터 받은 것인데 그 권력은 백성들의 복지를 위하

4 특히 구약성서의 이사야서와 아모스서에서 사회 정의의 구현을 강조하고 있다.

여 쓰여져야 한다는 것이다. 만약 통치자의 부도덕이나 백성들의 복지에 역행하는 실정(失政)을 함으로써 하늘의 뜻을 어기면 그 천명은 좀 더 정의로운 사람에게로 이양되어야 한다는 것이다. 그 하늘의 뜻이란 무엇인가? 이 질문에 대한 형이상학적인 설명이 따로 없으나, 결과적으로 볼 때 백성들의 복지를 위하여 일하고 백성들을 섬기는 일이 바로 하늘의 뜻임을 짐작할 수 있다. 즉 백성들의 뜻을 어기는 것이 바로 하늘의 뜻을 어기는 것이라는 것이다.

유교의 천명 이론은 혁명을 정당화하는 데 사용된다. 혁명을 일으킨 자는 부패한 왕권을 천명에 따라서 전복했다고 주장하고, 부패한 왕자는 백성을 괴롭히고 억압하고 착취한 포악한 왕권이었다고 주장한다. 압제로부터 백성을 건져내는 것은 천명이며, 천명에 의하여 혁명은 정당화된다는 것이다. 이러한 혁명은 기독교에서 말한다면 종말론적 하늘나라의 실현이라고 할 수 있고, 새 하늘과 새 땅의 구현이라고 말할 수 있을 것이다.

불교의 정토 사상과 미륵 신앙

불교에서는 정치 문제라든가 세속의 문제보다는 개인의 구원 문제에 더 관심을 쏟고 탈세간(脫世間)하여 속세의 문제들로부터 은둔하는 것을 이상으로 한다고 생각해 왔다. 아마도 영원히 윤회하는 속세에서 해탈하는 것이 바로 구원이며 해방이라고 생각하고 그것이 바로 번뇌로 가득 찬 윤회의 쇠사슬에 종말을 고하는 것이라고 생각해서 그러는지도 모른다. 윤회의 역사에 종말을 고하는 것은 바로 그 윤회의 역사로부터의 도피이며 탈피이기 때문일 것이다.

그러나 불교에서는 이 세속과 역사 속에서의 삶에 대하여 논한 바가 없지 않다. 특히 보살의 개념은 자신이 열반을 경험하고 구원을 얻었지만 중생을 제도하고 구원하기 위하여 끝까지 이 세상에 남아서 전도와 교화에 전력을 다한다는 이상적 사상은 불교의 사회적 관심을 제시하고 있는 훌륭한 예라 할 것이다. 불교에서 생각하는 이상 사회를 불국(佛國) 또는 정토(淨土)라고 말한다. 불국 정토의 사회상을 불경에서는 다음과 같이 그리고 있다.

> 정토 세계는 평안과 평화가 넘치며 원수도 도둑도 없고 도시나 마을에 문을 잠그지 않고, 수해 · 화재 · 전쟁 · 기근의 재난도 없고 착취도 없고 일체의 계급적 차별도 없으며, 사람들은 서로 사랑하는 마음을 갖고 공경 · 화합 · 겸손하며 살생하지 않는다. 물질은 풍요로워서 모든 거리는 보배로 되어 있고, 맛있는 과일이 풍성하게 달린 수많은 과일나무가 있으나 탐욕이 없어 거들떠보는 사람이 없다. 정토에 사는 사람들은 먹고 마시는 것보다는 언제나 발심하여 수행하는 것을 일과로 삼는다.(미륵하생성불경)

불국 정토의 이상향은 기독교에서 말하는 하늘나라와 다를 바가 없다. 하늘나라의 첫째 내용이 평화와 정의인 것처럼, 불국 정토의 중요한 내용은 '평안과 평화'이다. 그리고 계급 제도와 신분 제도가 엄격하였던 인도 사회에서 불경 역시 평민들이 사용하고 알아듣는 말과 글로써 기록한 것을 보면 사회 정의를 불교의 사회 사상의 기본으로 삼았던 것이 분명하다. 경제적 정의로써 이루어지는 물질적 풍요를 강조하고 있는 것은 사회 문제 중에서도 경제 문제를 중요시한 것이 눈에 띈다 하겠다.

더욱이 돋보이는 사상은 자연에 대하여 과일이 풍성하게 열린 과일나무를 그리고 있는 것이나 살생이 없는 것을 지적한 것들이라 하겠다. 이것은 자연과 인간이 공생(共生)하는 모습을 그린 것이다. 현대인의 무차별한 산업화와 경제 발전이 가져온 자연 파괴와 생태계의 훼손에 대응하여 자연과 인간의 새로운 관계를 정립하려는 데에는 생명을 존중하고 자연과의 공생을 강조하는 불교의 사회 사상이 다시 한 번 강조되어야 할 것이다.

경제적 정의의 구현에 대해서는 생산 기회의 확대와 제공, 그리고 공정한 분배를 제의하고 있다.『육방예경(六方禮經)』에서는 노동과 생산에 대하여 다음과 같이 가르치고 있다.

> 첫째, 능력에 따라 일을 하게 하며,
> 둘째, 노력에 따른 대가를 받고,
> 셋째, 병이 나면 치료해 주고,
> 넷째, 맛있는 음식을 나누어 주며,
> 다섯째, 적당한 휴식을 취하도록 한다.[5]

불교의 승가 공동체의 경제 생활은 공동체가 다 함께 노동을 하고 그 노동의 결과로 얻은 생산물과 재산은 공동으로 소유하고 공동으로 사용한다는 것이다. 그러므로 사유재산이라는 것은 있을 수 없고 승가 공동체의 일원이 된 승려는 누구나 평등하게 사용할 수 있다는 것이다. 출가한 승려들에 의하여 형성된 승가 공동체의 경제 생활을 세속 사회의 모

5 조성렬,「불교의 정치사상」,『실천불교』 제4집 (일월서각, 1987), p. 119.

범으로 생각했던 것이다. 승가 공동체가 바로 불교의 이상 사회인 불국정토를 구현한 것이라고 생각하였기 때문이다. 기독교에서도 초대 교회의 경제 생활은 함께 나누어 가지고 사유재산 없이 공유한 것과 공통점이 있으며(사도행전 4: 32-37), 중세 수도원의 생활은 승가 공동체를 방불케 하는 것이었다. 개신교의 청교도적 경제 생활 역시 중세 수도원의 생산을 위한 노동과 근면을 세속 사회에서 이룩하려는 것이었다는 것을 상기할 필요가 있다. 불교에서는 승가 공동체의 경제 생활을 세속 사회에서도 구현하는 것을 그 이상으로 삼았던 것이다.

불교 학자들은 승가 공동체의 정치 생활을 모델로 하여 세속 사회의 민주주의를 표방한다. 승가 공동체의 운영은 '민주적 합의제'라고 하여 승려 지도부의 의사 전달과 함께 대중들의 의견을 수렴하여 합의에 도달한다는 것이다. 불교적 의미에서의 민주적 결정이라는 것은 다수결에 의한 것이 아니라 합의와 만장일치에 의한 것이라고 한다. 물론 만장일치의 합의에 이르지 못할 경우에는 투표에 의하여 결정할 수밖에 없는데 비밀 투표를 은밀(隱密) 작법이라고 하고, 공개 토론을 거친 공개 투표를 현로(顯露) 작법이라고 하고, 막후 교섭에 의하여 대세를 몰아 결정하는 방법을 이어(耳語) 작법이라고 한다. 승가 공동체의 지도부는 이러한 민주주의적 의사 결정에 따라서 공동체를 운영하며, 지도부 역시 공동체에 의하여 산출되는 민주적 지도 체제를 구성하고 있다는 것이다. 그리고 공동체의 모든 운영은 민주주의적 합의에 의하여 운영되며 지도부는 공동체 전체에 대하여 책임을 진다는 것이다. 기독교의 성직 제도가 권위주의적이고 일방적인 독재가 가능한 데 비하면, 승가 공동체의 민주적인 운영 방식의 특이한 점을 볼 수 있다. 유교에서는 볼 수 없는 제도적 민주주의를 불교의 승가 공동체에서 발견하게 된다 하겠다.

불교의 정토 사상(淨土思想)은 인간 개인이 죽은 후의 극락세계만을 생각하는 것 같으나, 불국 정토는 저승의 문제가 아니라 이승의 문제이며, 인간 개인의 극락과 지옥의 문제가 아니라 이 사회의 공동체적인 문제라는 것을 알 수 있다. 기독교나 유교와 마찬가지로 불교 역시 이 세상의 정치 문제와 경제 문제와 동떨어지거나 무관심할 수 없다는 것을 알게 된다.

> 보적아, 중생의 국토가 곧 보살의 정토이니 무슨 뜻이겠느냐? 중생을 구제하려는 목적으로 불국토를 세우려 하나니, 불국토 세우기 원하는 이는 허공에다 할 것이 아니라 중생 가운데서 할 것이니라.(유마경[維摩經])

기독교의 하늘나라는 저승의 문제가 아니라 이승의 문제이며 우리의 역사적 현실 속에서의 정치적 문제이며 경제적 · 사회적 문제라는 것과 공통된 관심을 보이고 있는 것이다. 종교는 정치적 문제와 분리해서 존재하는 것이 아니라 구체적인 역사적 문제와 이 세상의 현실 정치 문제에 관심을 가지고 개입하여 평화롭고 정의로운 사회를 구현하려는 기능과 역할을 가지고 있는 것이다.

불교에도 기독교와 마찬가지로 우주의 종말에 모든 중생을 구제하는 미래불(未來佛)이 있다는 것을 믿는다. 불교의 종말론적 보살을 미륵(彌勒)이라고 한다. 미륵보살은 산스크리트어에서는 마이트리아(Maitreya)라고 불리고, 중국에서는 자씨(慈氏) 혹은 자존(慈尊)이라고 번역한다.[6] 미륵은 석가가 살아 생전에 가장 사랑하던 10대 제자 중의 한 사람이었는데, 젊은 나이에 요절한 청년 보살로서 그 이루지 못한 중생 제도의 일을 이 세상 마지막 날 하도록 당부하였다는 것이다. 그리하여 미륵불이 먼 훗날 역사의 종말에 나타날 미래불이라는 것이다.

이 미륵불은 석가 이후 56억 7천만 년에 도솔천(兜率天)에서 이 속세로 내려와 용화수(龍華樹) 아래서 성불하여 용화 교주(龍華敎主)로서 용화 세계를 이룩하여 석가가 구제하지 못한 중생을 구제하고 새로운 세계를 이룩한다는 것이다.[7] 미륵불이 56억 년,[8] 그러나 이것은 인도교의 우주 순환 연대에서 따온 것일 수도 있지만, 그 우주적 시간과 인간이 정한 기계적 시간과의 관계를 따지기보다는 미륵이 나타나는 시기가 종말론적 시간이며, 미륵이 나타나기까지 57억 년 동안 인간이 겪어야 할 무명(無明)의 혼탁한 고(苦)의 세계를 인식하게 한다.

미륵불이 출현하여 용화 세계를 이룩하면 그때는 억압받는 민중이 그 세계의 주체가 된다는 것이다. 기독교의 하느님 나라와 같은 민중적 종말론을 제시하고 있다 하겠다. 미륵불의 용화 세계가 되면, 가난하고 굶주렸던 백성들이 그렇게도 소원이던 고봉 쌀밥을 먹게 된다는 것이다. 농사를 지어도 쌀밥을 먹지 못했던 한국 농민들의 한맺힌 소원이 미륵불의 종말론적 신앙과 연결되어 있다. 미소년의 모습을 한 미륵불 앞에서 합장하며 염불하는 신앙심에는 미래에 대한 개인적인 희망도 있겠지만 미륵이 이룩할 용화 세계를 위하여 일어나는 혁명적 원동력이 있었

6 김삼룡, 『한국 미륵신앙의 연구』(동아출판공사, 1983), p. 31.

7 표일초, 「미륵신앙과 민중불교」, 한종만 편, 『한국 근대 민중불교의 이념과 전개』(한길사, 1980), p. 340.

8 표일초의 윗글에 의하면, 경전에 따라서는 57억 6백만 년설도 있고 5억 년설 등 경전에 따라 조금씩 다르다고 한다. 같은 책, p. 341.

던 것이다. 특히 조선조 말기에 민중 봉기의 신앙으로 나타나서 동학혁명에까지 이르게 하였던 것이다. 동학혁명의 발상지가 한국의 미륵 신앙의 중심 지역이었다는 사실과 동학 농민의 일부가 증산(甑山) 강일순(姜一淳)의 증산 교도였다는 사실을 주목하여야 하는데, 증산교는 주역(周易)과 미륵 신앙의 혼합 신앙이었기 때문이다.[9]

한국의 미륵 신앙은 종말론적 신앙이라는 데 주목하게 된다. 미륵불이 어떠한 연유로 어떻게 숭배되었던 간에 미륵 신앙의 중심에는 새로운 세상, 새로운 정치 질서에 대한 희망이 있다는 것이 중요하다. 미륵이 용화수 아래에 실제로 오게 될 것이냐 하는 것이 문제가 아니고 미륵불이 57억 년 후에 온다는 것이 시간적으로 맞는 말인지가 중요한 것이 아니라, 세상의 종말에 오게 된다는 미륵불에 집약된 역사적 의미가 중요한 것이다. 그것은 이 땅에 가난하고 억눌린 민중들이 새 세상을 이룩하겠다는 의지가 신앙으로 집약된 것이기 때문이다. 한국의 미륵 신앙은 오랜 세월을 두고 왜곡되기도 하고 미신화되기도 하였으나 '민중불교'라는 새로운 의식으로서 역사적 신앙으로 승화되고 미래 지향적인 정치적 이상으로서 전개될 수 있는 가능성을 제시하고 있다 하겠다.

하느님의 정치와 민주주의

기독교 신학자들 가운데 "하느님은 정치를 한다"고 선언하면서 이른바 정치 신학을 설파하는 이들이 있다. 폴 레만(Paul Lehmann, 1903-1994)[10]이라는 미국 신학자가 그랬고, 『희망의 신학』이라는 책으로 유

9 표일초, 앞의 책, p. 358.

명해진 독일의 신학자 몰트만(Jürgen Moltmann, 1926-)[11]이 그 대표적인 신학자들이다. 레만은 "하느님의 정치는 인간을 인간화하는 정치다"라고 하면서 인간이 인간답게 살아가게 하려는 것이 유태교와 기독교의 하느님 야훼의 정치 이념이며 하느님 나라 정치의 역사라고 설파한다.

몰트만의 정치 신학의 근거는 첫째 유태교와 기독교가 전수하는 십계명의 제1계명과 제2, 제3계명이라고 한다. 첫째 계명, 나, 야훼 하느님 이외에 다른 신을 두지 말라. 다른 신을 섬기지도 말고 절하지도 말라는 것이다. 유태교와 기독교는 이로써 배타적인 유일신 종교가 된 것이다. 둘째 계명은 우상을 만들지 말라. "위로 하늘에 있는 것이나 아래로 땅에 있는 것이나 땅 아래 물 속에 있는 것의 아무 형상이든지 만들지 말며, 그것들에게 절하지 말며, 그것들을 섬기지 말라." 유태교와 기독교는 철저하게 우상 타파적인 종교이다. 그리고 제3계명은 하느님의 이름을 함부로 입 밖에 내지 말라고 한다. 하느님의 거룩한 이름을 망령되고 경망스럽게 언급하지도 말고 핑계로 삼지도 말라는 것이다.

대부분의 기독교인들은 이 세 가지 계명을 좁은 의미로 이해해 왔다. 한국과 같이 불교나 유교, 무속과 같은 여러 가지 종교가 더불어 공존 공생하고 있는 사회에서, 이 계명의 뜻은 기독교로 개종해서 믿는 사람은 결코 다른 종교를 동시에 믿어서도 안 되고 알려고 해도 안 된다는 다른

10 폴 레만은 *Ethics in a Christian Context* (1963)에서 그의 정치 신학을 개진한다.

11 몰트만은 이 책의 앞부분에서도 소개하였지만, 1946년 '희망의 신학'으로 전 세계 신학계에 널리 알려진 정치 신학자이다. 1975년 첫 방한을 시작으로 2009년 봄까지 여덟 번에 걸친 초청을 통하여 공개 강연과 신학자들과의 접촉을 가진 그는 한국의 신학계와 기독교계에 잘 알려진 신학자이다. 그의 유명한 저서로는 우리말로 번역된 책들로 『십자가에 달리신 하나님』, 『성령의 능력 안에 있는 하나님』 등이 있다.

종교에 대한 배타적인 금기로 알고 그대로 실천해 왔다. 기독교의 입장, 십계명을 지켜야 하는 입장에서는 불교의 불상에 절하는 것도 우상숭배이고 다른 신을 섬기는 것이고, 유교의 가르침대로 조상 제사를 모시는 것 역시 우상 앞에 절하는 것이고, 무당굿을 한다는 것은 더 없는 파계(破戒)라는 것이다. 그러나 사실 기독교가 이웃 종교에 대하여 배타적이 된 것은 서구 기독교 선교사들이 여러 가지 다른 종교들이 이미 성행하고 있는 아시아와 아프리카 사회에 들어와서 포교하는 과정에서 기독교의 독특함과 독선 그리고 우월성을 강조한 데서 온 것이고, 기독교 자체가 배타적인 것이 아니라는 생각이 지배적이다. 종교적으로 기독교 신앙인들은 자신의 신앙에 철저한 헌신을 해야 한다는 뜻의 계명이며, 자기가 믿고 섬기는 하느님에 대한 충성과 더불어 이웃 종교에 대하여 열린 마음으로 배우고 이해하고 대화하며 사회적인 공존과 공생을 도모하는 것이 바람직하다. 이웃 종교에 대하여 이해와 관심이 깊으면 깊을수록 자신의 종교에 대한 이해도 깊어지고 신실해진다는 것이다. 자기 자신의 신앙과 종교에 대한 충성심과 함께 열린 마음으로 이웃 종교를 대하는 태도는 성숙한 신앙인의 바람직한 마음가짐이라 하겠다.[12]

정치 신학자들은 위의 세 가지 계명을 종교적 배타주의를 위한 것이 아니라고 선언한다. 십계명의 제1, 2, 3 계명은 종교적 계명이 아니라 정치적 계명이라는 것이다. 즉 하느님 이외의 다른 정치적 우상을 만들지 말고 절하지 말고 섬기지 말라는 것이다. 하느님의 정치적 절대 권력을 선포한 것이라고 한다. 그러니까 이 세상의 모든 정치 권력은 하느님

12 십계명의 제1,2,3 계명에 대한 정치 신학적인 해석과 기타 종교와 정치에 관한 논의는 서광선, 『한국 기독교 정치 신학의 전개』 (이화여대출판부, 1996) 참조.

앞에 절대 권력을 주장해서는 안 된다는 것이다. 이 세상의 모든 정치 권력은 상대적이다. 특히 셋째 계명은 하느님의 이름으로 지상의 정치 권력을 절대화하지 말라는 것이다. 이 계명은 왕권과 같은 절대 권력을 정당화하거나 정통성을 주장하기 위하여 하느님의 이름을 남용하는 것을 금하는 정치적 계명으로 읽어야 한다는 것이다. 종교의 이름으로, 종교의 권위나 세력으로 정치 권력을 장악해서도 안 되고 절대화해서도 안 된다는 것이다. 이것이 현대 민주주의 헌법에서 정교 분리 원칙의 기본 정신이다.

하느님 이외에 다른 신을 두고 섬기지 말라, 우상을 만들지 말라는 것은 정치 권력을 잡고 휘두르는 사람들이나 권력 그 자체를 숭배하지도 말고 우상처럼 섬기지 말라는 명령이다. 인간 어느 누구도, 아무리 강력한 권력을 행사하는 사람이라도 신의 자리를 차지할 수 없다는 것이다. 정치 권력자들 역시 하느님 앞에서는 한 인간이며 권력이 없는 사람들과 평등한 인간이며 다 같이 하느님 앞에 평등한 인간이라는 것이다. 정치 권력자들 역시 다른 인간들과 마찬가지로 하느님 앞에서는 모두 죄인이라는 것이 기독교의 인간 이해이다. 따라서 아무리 강력한 권력자라 해도 하느님의 자리를 차지하고 인간들 위에 군림해서는 안 된다는 정치적 계명으로 인식해야 한다는 것이다. 결국, 인간 위에 인간 없고 인간 아래 인간 없다는 말이다.

이 말은 민주주의의 기본 명제이다. 따라서 기독교의 제1, 2, 3 계명은 민주주의의 정치적 계명이다. "모든 권력은 하느님에게서 온다"[13]는

13 로마서 13장 1절. 이 구절에 대한 해석과 논의는 서광선, 앞의 책, 제5장 「교회와 국가, 종교와 정치」, p. 104 이하 참조.

선언은 모든 권력은 신이 주신 것으로 절대적이고 신성불가침하다는 뜻이 아니다. 오히려 이 말은 모든 권력을 하느님의 절대적이고 신성한 자리에 올려놓아서는 안 된다는 말이다. "모든 권력은 하나님의 것이다"라는 말이 맞는 말이다. 한 인간의 절대적인 주권을 부정하고 하느님의 주권을 내세우는 이 계명은 민주주의의 기본 이념이 된다. "모든 권력은 하느님에게서 온다"는 말은 한 나라의 국민들에게서 온다는 말로 대치된다. 국민들의 뜻이 하느님의 뜻이라는 생각은, 민심이 곧 천심이라는 유교와 한국의 동학 사상과 일맥 상통한다 하겠다.

민주주의는 정치적 우상을 만들지 않는다. 민주주의는 절대 권력을 용납하지 않는다. 민주주의는 어떠한 정치 권력에 대해서도 절대화하거나 신격화하지 않는다. 민주주의의 주권은 국민들에게 있고, 그 주권을 일부 통치자에게 위임하는 정치 제도를 만들고 그것을 사수한다. 따라서 민주주의 정치 제도는 정치 권력을 스스로 절대화하거나 국민 위에 군림하고 국민들의 사상과 의견과 생각을 억압하고 제한하게 되면 이에 저항한다. 권력의 절대화는 하느님의 뜻이 아니기 때문이다. 하느님의 정치는 민주주의적인 정치이며 이것은 인간의 주체적인 정치 참여의 길을 열어 놓았으며 인간의 기본 권리를 천명하는 기본 전제가 되어 온 것이다.

하느님의 정치와 민주주의는 정치적 우상 타파의 정치이다. 어느 누구도 어느 정권도 스스로 절대화해서는 안 되고, 스스로 하느님의 자리에 앉아 국민들 위에 군림해서, 국민들을 노예화하고 국민들의 인간적 기본 권리를 박탈해서는 안 된다는 것이다. 우상 타파의 계명은 국민들에게 하는 명령인 동시에 통치자가 된 정치 권력에 대한 경고라고 하는 것이 타당할 것 같다. 민주주의와 하느님의 정치는 정치적 우상과의 끈질긴 투쟁이며 인간의 기본 권리를 지키고 민주주의 사회에서의 권력의 주체는 국민이라는 것을 거듭 밝히는 것이다. 민주주의는 그 정치 제도와 절차를 통하여 꾸준히 인간의 기본 권리를 지키고, 정치 권력이 자기 우상화하고 절대화하려는 유혹과 싸우는 것이다.

미국의 16대 대통령 링컨(Abraham Lincoln, 1809~1865)의 말대로 민주주의적 정치 권력은 "국민에 의한, 국민을 위한, 국민의 것"이다. 그런 의미에서 민주주의 정치 권력은 하느님에게서 온 것이며 하느님의 것이라 할 수 있는 것이고, 하느님 나라를 표방하는 데에 인간들이 만든 정치 제도로서 하느님 나라와 가장 가까운 모습을 가지고 있는 것이 아닌가 생각한다. 따라서 기독교는 민주주의를 긍정적으로 수용하고 이를 수호하고 민주주의 시민 의식을 가르친다. 그리고 모든 종교는 인간을 인간답게 살도록 축복하고 기원하기 때문에 인간 중심의 민주주의에 대하여 긍정적일 수밖에 없다.

정의와 사랑의 정치

둘째로 기독교의 하느님은 정의로운 정치를 한다고 한다. 정의로운 정치가 바로 하느님의 정치라는 것이다. 기독교에서는 하느님을 정의와 사랑의 하느님이라고 말한다. 그러므로 하느님의 정치는 사랑과 정의의 정치라는 것이다. 이 말은 이 세상에 정의로운 정치가 실현되어야 한다는 말이다. 기독교의 구약성서를 통하여 야훼 하느님이 이 세상에서 하신 정치가 사랑과 정의의 정치라는 것을 보여 주었다. 야훼 하느님은 이스라엘의 역사를 통하여 부단히 그 사회의 불의, 정치적 불의와 대항해서 외치고 싸웠다. 하느님의 사자 혹은 대언자인 선지자들의 입을 통하여 불의한 사회에 정의로운 정치를 부르짖게 하였다.

사마리아의 선지자 미가는 이스라엘의 정치 권력자들을 신랄하게 비판하며 고발한다.

> 야곱 가문의 어른들은 들어라.
> 이스라엘 가문의 지도자들은 들어라.
> 무엇이 바른 일인지 알아야 할 너희가
> 도리어 선을 미워하고 악을 따르는구나!
>
> 내 겨레의 가죽을 벗기고
> 뼈에서 살을 발라내며,
> 내 겨레의 살을 뜯는구나.
> 가죽을 벗기고 뼈를 바수며
> 고기를 저미어 냄비에 끓이고
> 살점은 가마솥에 삶아 먹는구나……[14]

좀 더 구체적으로 말하자면, "예루살렘의 어른이라는 것들이 돈에 팔려 재판을 하고/ 사제라는 것들은 삯을 받고 판결을 내리며/ 예언자라는 것들은 돈을 보고야 점을 친다……"는 것이다.[15]

하느님의 정치는 "정의를 강물처럼 흐르게 하고, 서로 위하는 마음 개울같이 넘쳐 흐르게 하는"[16] 정치이다. 그리고 그 정치는 가난한 백성들의 편에 서서 그들을 위하여 하는 정치를 말하는 것이었다. 정치적 권력

14 미가서 3: 1-3.
15 미가서 3: 11.
16 아모스 5: 24.

을 남용하여 자기 배만 채우는 정치 지도자들과 권력자들의 정치적 불의를 고발할 뿐만 아니라, 정의로운 정치, 바람직한 정치는 바로 가난하고 힘없는 사람들을 위한 정치라는 것을 예언자들은 외치고 있다.

하느님의 정치는 정치 지도자들이 정의 앞에 도덕적으로 올바르게 서는 것이다. 하느님의 정치는 정치 공학의 기술이나 기교나 정략이 아니라 정의의 하느님 앞에 옳게 서는 것이다. 따라서 하느님의 정치는 윤리적인 정치이다. 한 나라의 정치는 정치 권력자들이 윤리적으로 옳고 바르게 생활하며, 백성들 편에 서서 그들을 위하여 생각할 때, 그리고 그들을 착취하고 억압하고 업신여기지 않을 때 가능해진다는 것이다. 정의로운 하느님의 정치는 인간 중심이고 국민을 위한, 국민을 주인으로 모시고 섬기는 정치라는 것이다. 이러한 정치는 국민 누구도 억울하고 불공평하게 대할 수도 없고, 법정에서 재판은 더욱 엄정하게 진행하도록 해야 한다. '유전무죄, 무전유죄'라고 하는 억울한 말, 법정을 비웃는 불공정하고 불공평한 재판은 하느님의 정의로운 정치, 민주주의 정치를 배반하는 것이다. 하느님의 정의는 법정에서 재판할 때만이 아니라, 국회에서 국민을 대표하는 대의원들이 법을 입법할 때에도 마찬가지이다. 종교 지도자들과 신앙인들이 민주주의 사회에서 국민이 주인이 되고, 정의로운 정치, 하느님의 정치가 구현되도록 노력하는 것은 오히려 당연하다 하겠다.

셋째로, 기독교에서 말하는 하느님의 정치는 사랑의 정치이다. 구약성서의 야훼 하느님은 이스라엘 백성들을 사랑하여 이집트에서 노예 생활을 하는 데서부터 해방시켜 가나안 복지에 새로운 나라를 건설하게 했다는 것이다. "이스라엘이 어린아이일 때에, 내가 그를 사랑하여 내 아들을 이집트에서 불러냈다"고 예언자는 말한다.[17] 그리고 이스라엘 백성을 원수의 손에 내어 줄 수 없고, 아무리 죄가 많아도 버릴 수 없다는 것이다. 예언자 호세아는 말한다.

> 내가 어찌 너를 버리겠느냐?
> 이스라엘아,
> 내가 어찌 너를 원수의 손에 넘기겠느냐?
> ……
> 너를 버리려 하여도,
> 나의 마음이 허락하지 않는구나!
> 불길처럼 강하게 치솟아 오르는구나
> 아무리 화가 나도, 화나는 대로 할 수 없구나……[18]

사랑으로 백성을 노예 상태에서 해방하는 정치가 하느님의 정치라는 것이다. 제국주의 침략으로 식민지 생활을 해본 국민은 자유와 해방과 독립이 얼마나 소중한 것인지 잘 알고 있다. 모든 외세로부터 자유로워지고 스스로 국가의 운명을 결정하고 다스리는 정치, 국가의 안전과 국민의 안정을 지키는 정치가 바로 하느님의 정치이다. '국가의 안보'도 중요하지만, '국민의 안정을 보장하는' 정치가 바로 하느님의 사랑의 정치인 것이다.

사랑의 정치는 국민을 돌보는 정치이다. 하루 세 끼 제대로 먹고 살아가도록 백성들의 경제적인 사정을 돌보는 정치이다. 그 나라에서 자라

17 호세아서 11: 1.

18 호세아서 11: 8-9.

나는 아이들이 제대로 교육을 받고 건강하게 자라는지 염려하고 연구하고 보살피는 정치이다. 국민들이 보람 있는 직업을 가지고 생업을 이어나가는지 살피고 실업자가 나지 않도록 산업을 육성하는 정치, 남녀노소가 건강하게 살고 있는지 돌보고, 병들었을 때 적절한 치료를 마음놓고 받을 수 있는 병원과 보험 제도가 제대로 되어 있는지 배려하는 정치이다. 사회적 약자들, 신체적 약자들, 장애인들과 기탁할 데 없는 노인들이 마음놓고 편안하게 인간답게 살 수 있도록 제도적으로 사회 안전망을 구축하는 정치가 사랑의 정치이다.

하느님의 정치는 백성들의 아우성을 경청하고 백성들의 아픔을 치유하는 정치이다. 이스라엘의 하느님은 해방자 모세에게 말하기를, "나는, 이집트에 있는 나의 백성이 고통받는 것을 똑똑히 보았고, 또 억압 때문에 괴로워서 부르짖는 소리를 들었다. 그러므로 나는 그들의 고난을 분명히 안다"고 하였다.[19] 하느님의 사랑의 정치는 백성들의 사정을 보고, 그들의 아픔과 고난 때문에 울부짖는 소리를 듣고, 치유하는 정책을 세우고 이를 자상하게 시행하는 정치이다. 하느님의 나라, 하느님의 사랑의 정치가 구현되는 새 하늘과 새 땅에는 "백성들 눈에서 모든 눈물이 없어지고, 다시는 죽음이 없고, 슬픔도 울부짖음도 고통도 없어질 것"[20]이라는 정치적 비전이 있다. 요한은 새 하늘과 새 땅의 비전을 보는 자리에서 천상의 음성을 듣는다. "보아라, 내가 모든 것을 새롭게 한다."[21] 이것이 기독교 신학자들이 말하는 하느님의 정치이다.

19 출애굽기 3: 7.
20 요한계시록 21: 4.
21 요한계시록 21: 5.

종교와 경제 제18장

실존적 질문과 종교적 해답

종교는 인간의 궁극적인 관심, 인간은 어디서 와서 무엇을 하며 어떻게 살다가 어디로 가는가, 육체를 위하여 먹고 입고 건강을 지키는 일이 인간의 전부인가, 인간에게는 영혼이 있는 것인가, 영혼이 인간을 지배하는 것인가, 인간이 죽은 다음에는 천당이나 저승에 영혼만이 가서 영원토록 살게 되는 것인가, 살아 있는 동안에 인간이 인간답게 산다는 것이 무엇인가, 옳고 바르게 산다는 것이 무엇인가, 인간의 행복이라는 것, 인간 구원이란 것이 무엇인가, 도대체 인간의 삶이란 것은 헛된 것인가, 허무한 것인가, 아니면 무슨 의미가 있으며, 인생은 결국 절망의 연속인가 아니면 희망이 있는 것인가?

종교는 이러한 인간적인, 가장 인간적인 질문들에 대한 답변, 혹은 인생의 수수께끼들에 대한 해답을 모색해 온 것이라고 한다. 이러한 질문들은 심각하고 깊이 있는 질문들이다. 인간이 가장 순수하게 가장 깊이 자신을 성찰하고 인생에 대하여 고뇌할 때, 절망의 벼랑 끝에서 던지는 질문들이다. 그래서 종교는 심각하고 깊이가 있는 대답을 시도한다. 종교인들, 동서고금의 성현들은 이러한 인간적인, 가장 인간적인 인간들의 궁극적인 관심들에 대하여 스스로 고민하고 스스로 절망하고 스스로 절망의 절벽에서 희망의 길과 구원의 길을 찾아 헤맨 이야기를 우리에게 들려 주고 물려 주어 왔다.

이 책에서 우리는 세계의 몇 가지 종교들이 제시하는 해답들을 찾아보면서 인간 구원의 길과 종교인들이 더듬어 온 발자취를 살펴보았다. 고된 길이었다 하겠다. 그러나 이 책에서 우리 인간들의 궁극적인 관심사에 대하여 종교인들과 성현들이 모색한 답변들을 모두 다루었다고 할 수 없다. 더 많은 질문들이 있고 더 다양한 많은 답변과 모색의 시도들이 있어 왔다. 그러나 초보적인 시도에 불과하지만, 이 책을 읽는 이들이 앞서 간 종교인들과 성현들이 하는 말들이 선명하게 다가오고 설득이 되었다면 다행이고, 나름대로 인생에 대한 깨달음과 희망과 구원의 길을 찾을 수 있었다면 더욱 다행한 일이다. 그러나 이 책 한 권으로 그 모든 질문들이 풀렸다고 하기에는 종교적인 질문들은 너무 심오하고, 그 해답들은 너무 심오한 해답들이고 아직도 갈 길이 멀다고 통감하게 될 것이다.

이 책의 마지막 장인 이 장에서는 인간의 가장 기본적인 문제, 인간이 나서부터 죽을 때까지 먹고 살아야 하는 문제인 물질적 문제, 즉 경제 문제에 대하여 종교는 무슨 말을 해 왔고 오늘의 우리의 경제 문제에 대하여 어떤 해답을 모색해 왔는가 하는 것을 살펴보기로 한다. 어떤 사람들은 먹고 사는 문제는 종교의 문제가 아니라 경제의 문제이고 정치의 문제이니 경제학자들이나 정치가들에게 맡기면 된다고 한다. 종교는 영혼의 문제만 다루면 된다고 강변하는 사람들도 있다. 그러나 종교는 인간의 모든 문제, 인간이 질문하는 모든 질문을 무시하거나 소홀히 할 수 없다. 경제를 다루는 경제학자나 정치인들도 옳고 바른 정책을 세우기 위해서는 종교인과 성현들의 생각과 경제 사상을 귀를 기울여 들어야 하고 배워야 한다. 사실, 종교인들은 그들의 종교적인 질문을 바로 이 경제 문제, 일상의 먹고 사는 문제, 부자 되는 문제, 빈곤의 문제 등 개인의 경제 생활에 대한 가르침과 정치하는 사람들의 경제 정책에 대하여 나름대로 모색하고 설파하고 제시하고 선포해 왔다. 종교는 정치에 대하여 그리고 경제에 대하여 침묵을 지키지 않는다.

경제적 축복에 대하여

종교를 가지고 있는 사람들에게 초월적인 존재 즉 하느님에게나 부처님에게 의지하고 부탁하고 기도하는 것 가운데 가장 절실한 것이 무엇인가 물으면, 가장 많은 대답이 건강하게 오래 살고 집안 우환 없이 부자로 잘살게 해달라는 소원일 것이다. 부자만 되면 이런 소원들은 모두 이루어진다고 생각한다. 그런데 인간의 마음대로 건강하게 잘살고 부자가 되지 못하니까 하늘의 힘 초월적인 존재에 부탁하고 기도하고 매달리게 된다. 그래서 경제적인 성공이 인간의 노력뿐만 아니라 하늘의 축복으로 가능한 것이라고 믿게 되고, 잘살고 부자가 되기 위해서라도 종교를 믿어야 한다고 생각하며 하늘의 힘에 매달리게 된다. 결국 경제적 성공은 인간이 받을 수 있는 하늘의 축복 가운데 가장 중요한 축복으로 믿게 된다.

이러한 종교적 신앙을 기복 신앙, 복을 비는 신앙이라고 한다. 종교 가운데 기복 신앙으로 가장 대표적인 것이 무속 신앙이라고 하는 민간 신앙이라고 할 수 있겠다. 물론 무속 신앙이 돈 벌게 해달라는 경제적 축복만을 위하여 생겨난 것은 아니고 이것만을 위하여 존재하는 것도 아니다. 무속 신앙은 원시 민속 신앙으로서 인간의 생사화복의 모든 문제에 대하여 종교적인 역할과 기능을 수행해 왔고, 또 하고 있다. 그러나 무속 신앙의 대표적인 것, 그리고 무속 신앙이 하는 '굿' 가운데 '재수굿'이라고 하는 굿이 가장 빈번히 행해지는 것을 보면 무속 신앙이야말로 대표적인 기복 신앙이라고 해도 과언은 아닐 것이다.

무속 신앙만이 인간의 욕구 충족, 특히 경제적 욕구 충족을 기원하는 기복 신앙인가 하면, 그렇지도 않다. 거의 모든 종교가 인간의 생사화복을 맡아 보고 있지 않은가, 특히 인간이 잘살고 부요하게 사는 문제를 위하여 기원하고 축복하지 않으면 종교가 할 일이 무엇인가라고 반문할 것이다. 그래서 종교는 '고상하게' 영혼의 문제이니 하늘의 문제이니 죽은 다음의 문제 같은 추상적이고 난해한 이야기를 하기보다는 이 세상에서 잘살고 부자 되고 성공하게 도와 주기만 하면 된다는 가장 세속적이고 현실적이고 실용적인 문제를 해결해 달라고 한다. 왜냐하면 경제 문제는 절실한 오늘의 삶과 죽음의 문제이기 때문이다.

이러한 절실한 문제를 가지고 재수굿을 하는 무당을 찾아가고, 무당이 시원치 않으면, 기독교의 교회를 찾아가게 된다. 교회에서는 새벽 기도회에서부터 일요일 낮에 드리는 예배와 한 주일에 두 번 세 번 드리는 예배의 설교와 기도는 주로 신자와 가족들의 건강과 잘살게 해달라는 물질적 · 경제적 축복을 위한 기도와 기원으로 가득 메워진다. '고등종교'라고 자처하는 기독교 역시 기복 신앙의 틀을 벗어나지 못한다. 우리

나라의 기독교가 우리의 민속 종교인 무속 신앙에 습합하고 토착화하였기 때문에 그렇게 된 것도 있겠지만, 기독교 역시 기본적으로 인간의 가장 기본적인 문제, 즉 경제적인 문제에 대하여 '하나님의 축복'을 내세울 수밖에 없는 것이다. "기독교의 하나님만 믿고 교회에 열심히 나가면, 하나님의 축복을 받아 이 세상에서도 잘살고, 죽어 천당 가서도 잘 살게 될 것이다"라는 단순한 믿음으로 교회에 나가는 사람들이 많다.

그러나 여기서 종교의 기능이 경제적 욕구 충족을 위한 것인가 하는 질문을 던지게 된다. 종교를 믿는 사람들이 이 세상에서 잘살고 부자 되기 위한 목적으로만 종교를 가지게 되는 것인가? 종교의 힘을 빌려 부자가 될 수 있는가? 종교가 인간의 경제적 탐욕을 축복하는 것으로 그 역할을 다했다고 할 수 있는가? 종교의 참기능은 무엇인가? 종교가 물질적인 경제 문제와 밀착하게 될 때 종교 그 자체가 부패하게 되는 것이 아닌가? 경제 문제가 인간의 궁극적인 관심사인가? 우리는 지금 종교의 기본적인 질문을 하고 있고, 인간의 궁극적인 질문을 던지고 있는 것이다.

예수의 경제 사상

기독교에서 '구세주'로 '선생'으로 신봉하는 예수의 경제 문제에 대한 가르침은 '기복 신앙'과는 차이가 있었다. 기독교의 경전인 신약성서에 기록되어 있는 예수의 언행에는 일관성 있게 종교의 기능이 잘 먹고 돈 잘 벌고 잘사는 데 있지 않다는 것을 분명히 하고 있다. 예수는 오히려 가난한 사람들을 축복하고 있고 부자들을 저주하다시피 하였다. 누가복음에 기록되어 있는 그의 어록은 다음과 같다.

가난한 사람들아, 너희는 행복하다.
하느님 나라가 너희의 것이다.
지금 굶주린 사람들아, 너희는 행복하다.
너희가 배부르게 될 것이다.
지금 우는 사람들아, 너희는 행복하다.
너희가 웃게 될 것이다……[1]

그러나 부요한 사람들아, 너희는 불행하다.
너희는 이미 받을 위로를 다 받았다.
지금 배불리 먹고 지내는 사람들아, 너희는 불행하다.
너희가 굶주릴 날이 올 것이다.
지금 웃고 지내는 사람들아, 너희는 불행하다.
너희가 슬퍼하며 울 날이 올 것이다.[2]

가난한 사람들, 경제적인 약자들에 대하여 예수는 편파적이었다. 예수의 비유 가운데 "부자와 거지 나사로"[3] 이야기는 그 대표적인 예이다. 이 이야기의 주인공 나사로는 부잣집 대문간에 붙어 사는 종기투성이의 병든 거지였다. 부자 주인은 "화사하고 값진 옷을 입고 날마다 즐겁고 호화로운 생활을 하였다"[4]고 한다. 거지 나사로는 부자의 식탁에서 떨

1 누가복음 6: 20-21.
2 누가복음 6: 20-26. 표준 새 번역에서는 "복이 있다" 그리고 "화가 있다"로 번역. 부자들의 경고는 예수의 이야기만이 아니라 그의 제자 야고보도 말한 바 있다. 야고보서 5: 1-5.
3 누가복음 16: 19-31.
4 누가복음 16: 19.

어지는 음식 부스러기로 굶주린 배를 채우려 하였고, 그 집 개들은 나사로의 종기를 핥아 먹는 지경에 있었다. 그런데 나사로가 죽어서 천당에 올라가 아브라함 할아버지[5] 품에 안기게 되었다. 나중에 부자도 죽어서 땅에 묻히게 되었는데, 지옥에서 하늘을 우러러보니 거지 나사로가 아브라함의 품안에 앉아 행복하게 지내고 있지 않은가. 부자가 아브라함에게 소리를 질러 "아브라함 할아버지, 저를 불쌍히 보시고 나사로를 보내어 그 손가락으로 물을 찍어 제 혀를 축이게 해 주십시오"[6] 하고 간청한다. 아브라함은 그 간청을 냉정하게 거절한다. "얘야, 너는 살아 있을 동안에 온갖 복을 다 누렸지만 나사로는 불행이란 불행을 다 겪지 않았느냐? 그래서 지금 그는 여기에서 위안을 받고 너는 거기에서 고통을 받는 것이다."[7] 부자 된 것이 하늘의 축복이라느니, 거지 나사로에게 자기 식탁에서 떨어지는 부스러기라도 주워 먹게 했다느니 하는 말이 통하지 않는다.

예수는 부자들에 대하여 더 심한 말도 서슴지 않았다. "부자가 하느님 나라에 들어가는 것보다 낙타가 바늘귀를 빠져 나가는 것이 더 쉬울 것이다"[8]라고 말할 정도였다. 이 말을 하게 된 것은 어떤 부자 청년이 예수를 만나러 와서 "영원한 생명과 하늘의 축복을 받기 위하여 무엇을 할 것인가?"라는 질문을 했을 때였다. 이 부자 청년은 품행이 단정한 종교적인 청년으로 유태 종교가 가르쳐 준 계명을 실제로 잘 지키는 모범적

5 유태교와 기독교에서는 아브라함을 믿음의 조상이라고 존경하여 할아버지의 인상을 부여한다.

6 누가복음 16: 24.

7 누가복음 6: 25.

8 누가복음 18: 25; 마태복음 19: 16-26; 마가 10: 17-27.

인 청년이었다. 그러나 그것으로 충분하지 않다는 것이 예수의 대답이었다. "있는 것을 모두 다 팔아 가난한 사람들에게 나누어 주어라. 그리고 와서 나를 따르라."[9] 그 청년은 심히 고민하다가 그만 돌아갔다는 이야기이다.

'있는 것'을 혹은 '가진 것'을 다 정리해서 가난한 사람들에게 나누어 주라는 예수의 말은 모든 부자들에게, 가진 것이 있는 사람들에게 하는 말이다. 이 명령은 예수의 계명이라고 하는 "네 이웃을 네 몸과 같이 사랑하라"는 말과 일맥 상통한다. 그리고 이것은 가진 자들이 명심해야 할 '부자들의 경제 윤리'이다. 기독교의 경전인 신약성서를 보면, 예수가 하느님 나라를 선포하는 전도를 시작하기 이전에 나타난 세례 요한은, 군중들이 구원의 길을 물을 때 역시 경제적 '나눔'의 실천을 강조하였다. "속옷 두 벌을 가진 사람은 한 벌을 없는 사람에게 주고, 먹을 것이 있는 사람도 이와같이 나누어 먹어야 한다."[10] 그리고 당시 유태 백성들에게서 세금을 받아 로마제국에 바치는 직업으로 부를 축적한 세리들이 구원받는 길을 물었을 때 세례 요한의 대답은 "정한 대로만 받고 그 이상은 받아 내지 말라"[11]는 아주 상식적인 충고였다. 군인들의 질문에 대해서는 더욱 더 상식적인 충고로 답하였다. "협박하거나 속임수를 써서 남의 물건을 착취하지 말고 자기가 받는 봉급으로 만족하여라."[12] 요한

9 누가복음 18: 22. 서구 기독교는 중세 시대에 발전한 수도원의 청빈 생활을 실천하고 개신교에서는 청교도 윤리를 가르쳤지만, 아우구스티누스의 신학, 즉 "부와 가난은 하나님에 의하여 만들어진 자연적 질서의 한 부분"이라는 말로써 기독교 경제 윤리에 "불행한 유산을 남겼다"고 한다. 장윤재, 「부와 가난에 대한 신학적 성찰: 성 아우구스티누스가 남긴 불행한 유산」, 『한국조직신학논총』 제18집 (2007.6.).

10 누가복음 3: 11.

11 누가복음 3: 13.

의 대답은 이 오늘의 시대에도 통하는 말이다. 군인들뿐만 아니라 정치 권력자들, 공무원들에게 할 수 있는 극히 상식적이지만 잘 지켜지지 않는 말이다.

예수의 '이웃과의 나눔'에 관한 가르침 가운데 가장 극적인 가르침은 이야기 형식으로 전해진다. 마태복음 25장[13]에 기록되어 있는 '최후의 심판' 이야기이다. 최후의 심판 날에 심판관인 왕이 사람들을 두 무리로 갈라 놓고 "마치 목자가 양과 염소를 갈라 놓듯이",[14] 오른편에 있는 사람들에게 말하기를 "너희는 내가 굶주렸을 때에 먹을 것을 주었고 목말랐을 때에 마실 것을 주었으며 나그네 되었을 때에 따뜻하게 맞이하였다. 또 헐벗었을 때에 입을 것을 주었으며 병들었을 때에 돌보아 주었고 감옥에 갇혔을 때에 찾아 주었다."[15] 그러니까 이 사람들은 하늘나라를 차지할 자격이 있다고 극구 칭찬하였다.[16] 이 사람들은 반드시 부자가 아니었을 수도 있다. 그러나 가난한 사람들에게, 사회적 약자들에게, 병들고 헐벗은 사람들, 이민 노동자들과 죄수들에게 나누고 사랑과 돌봄을 베푼 사람들이었다. 그러나 자기들이 한 일을 잊고 있었고 '최후의 심판 날'에 하늘의 상을 받을 것이라고는 기대하지도 않았던 사람들이다. 더구나 자기들이 예수에게 한 일은 더더욱 모르고 있었다는 것이다.[17] 이처럼 예수의 경제학은 철저한 '나눔의 경제학'이었다고 해도 과언이 아니다.

12 누가복음 3: 12.
13 마태복음 25: 31-46.
14 마태복음 25: 32.
15 마태복음 25: 35-36.
16 마태복음 25: 34.
17 마태복음 25: 37-40.

이 '나눔의 경제학'은 가진 것이 많은 부자들에게나 권력 있는 공무원들 또는 세금을 거두는 세무 관계자들에게만 해당되는 것이 아니다. 크고작은 것들을 적게 또는 많이 가지고 있는 모든 사람들에게 해당되는 것이다. 예수의 이야기 가운데 기적을 행한 이야기가 많은데 그 중에 '오병이어(五餠二魚)' 즉 떡 다섯 덩이와 물고기 두 마리 이야기[18]는 오늘날 황당하게 들릴지도 모르겠지만, '나눔의 경제학'을 가장 잘 나타내는 이야기로 들린다. 예수의 이야기를 들으려고 5천 명이 넘는 사람들이 모여서 하루 종일 아무것도 먹지 않고 예수의 이야기를 듣다가 저녁이 되었는데, 먹을 것이 없었다. 제자들이 먹을 것을 찾아보았지만 보이지 않았다. 그러던 중, 한 소년이 자기가 먹으려고 가지고 온 물고기 두 마리와 빵 다섯 덩어리를 예수에게 맡기고 나누어 먹기로 하였다. 예수의 기적은 그 작은 먹거리로 5천 명의 사람들을 배불리 먹게 했다는 것이고 먹다 남은 부스러기가 열두 광주리나 되었다는 이야기이다. '나눔의 경제학'은 빈곤한 가운데 나눔으로써 넉넉함과 풍요함을 가져온다는 지혜를 가르치려는 것일 것이다. 나눔은 경제적 기적을 만들어 낸다는 이야기일 것이다.

부처의 금욕주의

불교는 인간의 경제적 욕구를 최대한으로 만족시키는 종교가 아니라고 단정할 수 있다. 불교의 기본 가르침인 사성제만 보더라도, 이미 이

18 이 이야기는 신약성서의 4복음서에 모두 다 기록되어 있다. 마태 14:13-21; 마가 6:30-44; 누가 9: 11-17; 요한 6: 1-14.

책의 13장에서 밝힌 것처럼 인간은 태어나서 죽을 때까지 병들고 늙어서 죽어 가는, 고통의 연속체로 보았다. 그런데 그 인간 고통의 근본 원인은 다름 아닌 인간의 탐욕과 집착에 있다고 갈파한 것이다. 결국 인간 구원을 위해서는 그 욕심과 세상에 대한 집착을 버려야 한다고 가르친다. 인간의 욕심 가운데는 돈에 대한 욕심, 잘 먹고 잘살고 싶은 욕심, 즉 물질적인 욕심이 대부분인데 경제적 탐욕, 부자 되고 싶은 욕심을 버려야 한다는 것이다. 이런 뜻에서 불교의 가르침은 기본적으로 금욕주의라고 단정할 수 있다.

부처 자신이 젊은 나이에 호화로운 궁전 생활을 버리고 아내와 부모와 자식을 떠나 금욕 생활을 하면서 깨달음에 이르렀던 것처럼, 불교의 생활 윤리는 금욕이며 세상에 대한 집착을 버리는 것이라 하겠다. 부처의 가르침의 중심에는 세 가지 깨달음이 있었는데, 그 첫째가 세상의 존재 자체가 허구이며 무상하다는 것이고, 그 두 번째는 인간의 정체성이나 자아라는 것도 존재하지 않는다는 것이다. 그러니 세상에 마음 붙이고 산다는 그 자체가 허무하다는 것이다. 이토록 허무한 세상과 자아에 집착한다는 것은 괴로움뿐이고, 따라서 인생사는 오로지 괴로움뿐이라는 것이다. 그러므로 번뇌로 가득 찬 세상으로부터 해탈하면 모든 것이 조용해지고 깨끗해진다는 것이다. 이러한 세 가지 가르침을 삼법인(三法印)이라고 한다.

불교에서 말하는 연기(緣起)는 세상의 모든 것이 독자적으로 존재하는 것이 아니라 모두 연결되어 있다는 깨달음이다. 무슨 존재든 독자적인 것이거나 절대적인 것이 아니라 의존적이고 상대적이라는 것이다. "이것이 있으므로 저것이 있고, 이것이 생기므로 저것이 생긴다"는 말이다. 그리하여 모든 것이 상존하고 상생하고, 공존 공생한다는 것이다.

사회적으로는 모든 인간이 모든 인간에게 의존해 있고, 우주적으로 말하면, 인간은 자연 안에서 자연에 의존해서 상생하고 공존한다는 것이다. 인간은 사회의 한 부분으로 사회적 존재이며 자연의 한 부분으로 자연과 함께 태어나고 살아간다는 뜻이다.

따라서 한 개인이 자신의 욕심만 채우기 위하여 애쓰고 수고하는 것이 모두 허망하다는 결론이 나온다. 한 인간의 행복은 그 욕심을 버리는 것이고, 혼자서 잘살겠다고 몸부림치는 것은 모두 부질없는 일이라고 말한다. 우주론적으로 개인이 유아 독존하는 개인주의나 이기주의가 통하지 않는다. 이웃과 사회와 자연과 공생하고 상생하는 길만이 행복의 길이라고 가르친다. 참행복은 인간의 탐욕으로부터 자유로워지는 것이지 물질적 탐욕을 충족시키는 성공에서 얻어지는 것이 아니라는 것이다. 결국 무아(無我)의 깨달음에서 자신을 비우고, 무소유(無所有), 소유하지 않는 것이 행복의 첩경이며 깨달음의 경지에 이르는 길이고, 구원과 해방의 길이라는 것이다.[19]

그러나 사바세계에 살면서 부처는 중생들이 살아나가는 여덟 가지 바른 길, 팔정도(八正道)를 제시한다. 그 중에 경제적 삶의 옳고 바른 길은 두 가지, 정업(正業), 즉 옳은 직업을 가지는 것이고, 정명(正命), 옳고 바른 삶을 살도록 노력하라는 것이다. 더 구체적으로 이탐법(離貪法)이란 가르침이 있는바,[20] ① 자기 힘으로 정당하게 합법적으로 얻은 재산을 소유한다, ② 정당하게 합법적으로 얻은 재산을 사용하면서 살아야

19 이 부분은 진월의 논문, 「불교의 생명 중심적 경제 이념」(2006년 4월 18일 등재)에서 도움받은 바 크다. http://cafe.daum.net/nicecafe312, 개혁진보시민모임.

20 이 부분은 추심행자 난다라타나의 논문 「불교의 이탐법」(2009년 3월 24일 등재)에서 인용한 것임. http://cafe.daum.net/snakesmeeting, '65년 친구들의 소중한 만남.'

한다, ③ 남에게 빚을 지지 않고 산다, ④ 죄 짓지 않고 올바른 생활을 해야 한다 등이다. 이렇게 살다 보면 행복한 삶을 영위할 수 있다는 것인데, 이것은 현실적으로 과도한 욕심과 집착에서 벗어나 옳고 바른 삶과 직업을 가지고 일하다 보면 안전하고 안락한 삶을 살 수 있으며 가난의 괴로움에서 벗어날 수 있다는 것이다. 이러한 가르침과 함께 불자들이 지켜야 할 경제적 금기 사항으로는 독을 판다든지, 무기 거래를 하거나 술 파는 일, 인간을 포함한 살아 있는 생물을 사고파는 일, 도둑질과 위조지폐 만드는 일, 약을 속여 파는 일 등을 금하고 있다. 소비의 지혜까지도 언급하면서 소득의 4분의 1은 생계비로 사용하고, 4분의 2는 재투자하고, 나머지 4분의 1은 저축하거나 장래의 불상사로부터 보호하기 위하여 보험에 드는 등 준비를 하라고도 가르친다.

불교 윤리는 자비의 윤리라고 해도 지나친 말이 아닐 것이다. 자비는 나눔으로 실천한다. '보시(布施)'라는 말에 포함되는 자선과 베푸는 일과 나누어 가짐은 불교의 금욕적 경제 윤리와 쌍벽을 이룬다 하겠다. 이러한 불교의 경제 윤리는 기독교의 그것과 공통된 것으로서 자비와 사랑, 금욕과 절제는 두 종교가 한결같이 추구하는 이상적 경제 생활이라 하겠다.

종교와 경제: 경세제민

> 너희는 어찌하여 그렇게도 믿음이 약하냐? 오늘 피었다가 내일 아궁이에 던져질 들꽃도 하느님께서 이처럼 입히시거든 하물며 너희야 얼마나 더 잘 입히시겠느냐? 그러므로 무엇을 먹을까 무엇을 마실까, 또 무엇을 입을까 하고 걱정하지 말라. …… 하늘에 계신 아버지께서는 이 모

든 것이 너희에게 있어야 할 것을 잘 알고 계신다. 너희는 먼저 하느님의 나라와 하느님께서 의롭게 여기시는 것을 구하여라. 그러면 이 모든 것도 곁들여 받게 될 것이다.[21]

누가복음에는 "너희 아버지께서는 하늘나라를 너희에게 기꺼이 주시기로 하셨다" 보다 적극적인 약속으로 예수는 이 말을 마친다.[22] 개인의 일상적인 살림살이, 경제 생활에 대하여 금욕과 절제, 그리고 나눔을 가르치는 종교는 개인의 경제 생활에 대한 걱정 근심에서 풀려나라고 권한다. 그리고 하늘과 자연에 맡기라고, 마음을 비우고 근심과 욕심과 집착에서 자유로워지라고 충고한다. 그리고 더 큰 문제, 하느님 나라와 하느님의 정의를 위하여, 더 넓은 인간 공동체의 정의로운 정치와 경제에 대하여 생각하고 정의 사회 구현을 위하여 간구하라고 고언한다. 정치와 경제를 구분할 수 없다는 것이다. '하느님의 정치경제학', '경세제민(經世濟民)'—세상을 경영하고 민생을 구원하는 경제 문제는 모든 종교의 큰 관심사가 될 수밖에 없다.

이 세상에서 날마다 먹고 마시고 자고 입고 하는 개인의 경제 생활은 한 개인의 문제를 넘어서 이웃의 문제이고 그가 속한 공동체의 문제이기 때문에 정치와 밀접한 관계가 있다는 것은 강조할 필요가 없을 정도이다. 경제 문제, 먹고 사는 문제는 한 사람만의 문제가 아니라 한 가족의 문제인 동시에 이웃과 사회 전체, 나아가서는 나라와 세계화되어 가는 지구촌의 문제와 연결되어 있다. 불교에서 가르치는 '연기(緣起)' 사

21 마태복음 6: 30-33; 누가복음 12: 28-31.

22 누가복음 12: 32.

상의 깊은 뜻이 여기에 있는 것이다. 개인의 경제 생활은 한 나라와 그 나라를 다스리는 통치자와 기업들, 그리고 소비자들과 경제와 산업을 지탱하는 자원인 자연과 떼어놓고 생각할 수 없다. 현대 종교는 이 모든 경제 주체의 연대와 이를 운영하는 정치 주체에 관여하고 참여하지 않을 수 없게 되었다.

공자는 나라를 통치하는 제왕의 경제 정책에 대하여 기본적인 것을 가르친다.

> 일과 보수를 진심으로 약정하여 [정부 고관을] 신임하는 일, 이것이 통치자가 공역에 종사하는 사람에게 일을 맡기는 방법이다. 부역의 시간을 엄중히 제한하고 모든 조세(租稅)를 될 수 있는 한 가볍게 하는 일, 이것이 통치자가 서민을 장려하는 방법이다. 매일 점검을 하고 매달 검사를 해서 그 성적에 따라 공정한 보수를 주는 것, 이것이 통치자가 직공을 장려하는 방법이다. …… 끊어진 가계를 다시 잇게 하고 망한 나라를 다시 일으키고 질서를 회복하여 약자를 보호하고 강자를 억제하며, ……[23]

기원전 6세기에 공자가 한 말은 오늘날 현대 국가의 통치 이념과 크게 다를 바가 없다. 특히 사회적 · 경제적 약자를 보호하라는 말은 오늘의 복지 정책을 권장하는 말이고, 강자를 억제하라는 말은 부자들에게 세금을 부과하여 사회에 공헌하게 하고 돈과 권력이 밀착하여 횡포를 부리지 않게 하라는 경고로 들린다. 경제적 약자들을 보호하는 방법으로 모든 조세를 가볍게 하라는 것 역시 현대 국가의 경제 정책 입안자들이

23 이 책 제12장, p. 180에서 재인용.

귀담아들어야 할 대목이고, 업적에 따라 공정한 보수를 지불하라는 것 역시 현대 기업인들에게 던지는 소중한 화두이다.

18세기 서구 계몽주의 사회의 출현과 19세기 산업혁명을 일으킨 현대 사회에서, 자본주의가 팽창하고 제국주의 시대가 등장하는 과정에서 국가의 경제적 기능 역시 변화를 겪어 왔다. 여기에서 그 과정을 모두 다 설명할 지면도 부족하지만, 이 책과 이 장의 목적도 아니다.[24] 다만 이러한 과정에서 서구의 종교라고 할 수 있는 기독교의 영향과 가르침이 무엇인가를 살펴보도록 한다.

자본주의 시장경제의 원리는 인간의 경제 활동이 국가나 정치의 규제나 통제에 의하여 이루어지는 것이 아니라, 인간 개인의 물질적 욕구와 이익을 충족시키려는 본능에 의하여 자율적으로 전개된다는 것이다. 이 말은 18세기 영국의 철학자이며 경제학자인 스미스(Adam Smith, 1723~1790)가 저술한 『국부론*Wealth of Nations*』(1776)의 요지이다.[25] 시장경제는 상품의 공급과 소비의 활동이 전개되는 교환의 장인 바, 공급과 소비에 의하여 상품의 가격이 정해지고 공급과 소비의 균형이 지속되면서 시장은 유지된다는 것이다. 이 물품의 공급과 소비의 균

24 서구 경제 변화의 시대 구분을 대충 고전적 자유주의 시대(1776~1929 (스미스의 『국부론』에서 미국의 경제 공황), 공산주의의 시대(1917~1989), 케인스주의 시대(1929~1971) 그리고 신자유주의 시대(1971~2008)로 나눈다(장정수, 「미국 월가 파산의 교훈」, 한겨레신문, 2008년 9월 22일). 1929년 경제 공황에 직면한 미국의 루스벨트 대통령의 '뉴딜' 정책은 국가의 시장에 대한 강력한 개입으로 회생할 수 있었고, 제2차 세계대전 이후까지 지속되었다. 미국의 경제학자 크루그먼(Paul Krugman)이 쓴 *The Conscience of a Liberal*(New York: Harper & Row, 2008)는 미국과 서구의 경제 변천사라 할 수 있다.

25 스미스는 윤리 철학자이기도 하다. 그의 철학적 인간 이해는 『도덕감성론*The Theory of Moral Sentiments*』(1759)에 명기되어 있다.

형은 외부적인 간섭이나 통제나 규제에 의하여 유지되는 것이 아니라 자율적으로 간섭 없이 진행된다는 것이다. 국가의 눈에 보이는 강압적 규제에 의하여 시장이 유지되는 것이 아니라 '보이지 않는 손'에 의하여 시장은 그 균형이 이루어진다는 것이다. 시장의 원리는 이 '보이지 않는 손'이다.

그런데 이 보이지 않는 손이 누구의 손인가 하는 것이 경제학의 수수께끼처럼 되어 왔다. 종교인들은 쉽사리 '하느님의 손'이 아니면 '하늘의 손'이라고 단정하기도 한다. 그러나 시장경제의 현대 자본주의는 현대적 인간 이해에 그 뿌리를 두고 있다 하겠다. 자본주의 시장경제에 영향을 미친 그 첫 번째 인간 이해는 17세기 기독교 종교개혁 사상에 그 뿌리를 두고 있다. 종교개혁 사상의 기본 이념은, 인간 개인의 신앙은 교황이나 사제의 중재나 개입에 의하여 이루어지고 운영되는 것이 아니라 신앙인과 하느님과 직접 관계를 가지면서 성숙한다는 것이다. 인간 개인은 신과 직접적인 관계를 유지할 수 있는 자율적 신앙을 가질 수 있다는 종교적 개인주의, 혹은 자율과 자유의 사상이다. 이러한 개인주의 혹은 자유주의 사상은 종교적 각성에서 발전된 것이지만 18세기 계몽주의 운동과 민권 사상, 프랑스 시민혁명이나 미국 독립운동과 민주주의 혁명에 강력한 영향을 미쳤다. 종교개혁자들이 주창한 인간과 신의 직접적인 관계 설정이 현대적 개인주의와 자유주의 이념으로 확대되어 우리 시대의 시대 정신으로 정착하게 되었던 것이다. 인간의 자율적인 경제 활동에 기반을 두고 있는 자본주의 시장경제는 이러한 종교적 인간관에서 태어난 것이다.[26]

스미스가 수수께끼로 남긴 시장경제의 '보이지 않는 손'은 하느님의 손이 아니라 결국 인간의 이윤 추구의 욕망, 탐욕이라고 보는 견해가 지배적이다. 물건을 많이 만들어서 돈을 많이 벌려고 하는 공급자의 본능적 탐욕과 더 좋은 물건을 많이 사서 소비하고 싶어하는 소비자들의 끝없는 인간적인 너무나 인간적인 욕심들이 아우러져 시장경제는 영위된다는 것이다. 인간의 탐욕, 자비나 사랑이 아니라 인간의 자연적인 본능이 이를테면 시장경제를 운영하는 '보이지 않는 손'이라는 것이다. 종교개혁자들의 두 번째 인간 이해는 인간은 모두 죄인이라는 것이다. 인간은 근본적으로 신의 명령과 계율에 불복종한 죄인이며 탐욕으로 인간 사이에 갈등과 증오를 일삼는 '죄인'이며 근본적으로 악하다는 '원죄'가 현대 자본주의의 원동력이 되었다는 것이다. 현대 자본주의는 인간의 원죄로부터 태어난 죄악의 산물이라고 해야 할 것 같다.

아마도 그렇기 때문에 모든 종교적 선구자들과 성인들은 금욕을 한결같이 제창했는지도 모른다. 불교에서는 무소유를 최고의 덕목으로 삼았고, 기독교에서는 '맘몬'이라고 하는 경제적 우상을 섬기지 말라고 가르친다.[27] 초기 기독교에서는 모든 소유를 하느님과 공동체와 공유하는 원시적 공산주의 사회를 이상화하기도 하였다.[28] 그런데 역사의 아이러니는 중세 기독교 수도원의 금욕주의 생활 철학과 이를 세속화한 개혁주의자들의 청교도적 금욕주의 경제 윤리가 현대 자본주의의 정신적 기초가 되었다는 것이다. 서구 기독교의 금욕주의가 인간 탐욕의 극대화를 부추기는 자본주의 정신으로 둔갑했다는 아이러니이다. 이러한 역사적 철학적 혹은 종교적 아이러니를 지적한 사회학자가 독일의 베버(Max

26 이 부분에 대해서는 미국의 여성 신학자 샐리 맥페이그(Sallie McFague)의 『풍성한 생명 *Life Abundant*』(2001), 장윤재 · 장양미 옮김 (이화여대출판부, 2008), p. 126 이하 참조.

27 마태복음 6: 22-23; 누가복음 11: 34-36.

28 사도행전 4: 32-37.

Weber, 1864~1920)이다. 그의 책, 『개신교 윤리와 자본주의 정신(*The Protestant Ethic and the Spirit of Capitalism*)』(독일어판 1904, 영어판 1930)은 현대 자본주의와 기독교 개신교와 청교도 윤리의 관계를 명쾌하게 설파한 고전이다.

베버의 해석을 이해하는 일은 그리 어렵지 않다. 간단히 말해서 인간이 종교적 교훈을 따라 열심히 일하고 술과 담배, 도박과 놀이를 삼가는 단순하고 절제된 생활을 하다 보면 자연히 돈이 벌리게 되고, 그 돈을 저축하면 부가 증가하고, 증가한 부를 재투자하면 결국 부자가 된다는 것이다. 금욕의 열매는 곧 부자가 되는 것이다. 물론 여기에는 정직한 삶, 청렴하고 절제 있는 생활, 재화를 허비하지 않는 경제적 생계 운영, 정직한 상거래, 건전한 은행 제도 등이 전제되어 있다. 깨끗한 경제 생활이 만들어 낸 부를 청부(淸富)라고 한다. 이렇게 축적된 부를 하느님의 축복이라고 개혁주의자들은 칭찬했다. 그리고 부자가 된 것은 구원받은 증거라고 종교적인 확신을 주었다. 베버가 말하는 '천민 자본주의(賤民資本主義)'는 수단과 방법을 가리지 않고 사기와 협박 공갈로 착취한 부를 가리키는 말이다. 개신교의 기독교 윤리는 시장 자본주의의 '정신'에 불과한 것이고, 실제 세계 자본주의의 전개는 청교도 윤리를 지키지도 않았고 그 정신을 따라서 팽창한 것도 아니었다.

인간의 억제할 수 없는 본능적 탐욕으로 시작한 자본주의 시장경제는 지난 500년 동안 서구 지역에 민족을 단위로 한 민족국가를 형성해 나가게 하였다. 현대적 민족국가는 그 형태나 이념, 형식과 언어가 다를 뿐 봉건적 부족 사회와 그 추구하는 바가 별로 다를 바 없이 발전하였다고 하겠다. 영토를 분명하게 제정하고 그 안에 거주하는 사람들을 '국민'이라 칭하고 그 영토와 국민들을 보호한다는 명목으로 법률을 만들고 경찰을 훈련하고 군대를 소집하여 국방을 강화한다는 것이다. 국가는 그 자체의 경영에 필요한 재원을 위하여 국민들에게 세금을 징수한다. 국가는 조세 제도를 만들어 법률로 세금을 강제로 징수하고 탈세자를 엄벌한다.

서구 국가들은 거둬들인 돈으로 군대를 양성하고, 영토를 개발하여 국민들이 산업을 일으키고 자본을 축적하게 도와 준다. 산업 자본가들은 점점 좁아지는 시장을 팽창해 나가기 위하여 자기 영토 안의 자원과 산업 시설로 만족하지 않고 영토 밖의 다른 나라 영토에 욕심을 내어 진출한다. 이를 막는 나라를 꺾기 위하여 자국의 군대를 파견하여 전쟁을 일으켜서 식민지를 쟁탈하고 영토를 확장하여 새로운 시장을 개발한다. 이것이 현대 서구 제국주의의 발효이며 식민지의 팽창 과정이다. 1492년 남아메리카 대륙 발견이라고 하는 스페인의 콜럼버스의 영토 침략 이래 서구 자본주의는 제국주의를 낳고 식민지 전쟁을 통하여 남아메리카를 비롯하여, 아프리카 대륙과 아시아 대륙을 침략하고 노략질하고 살육을 서슴지 않았다.

서구 제국주의는 시장을 확장하고자 하는 군사적 침략을 피식민지의 근대화와 서구화 그리고 세계화라고 미화하고 찬양하기도 한다. 서구 기독교는 서구 제국주의의 식민지 시장 팽창과 침략의 물결에 앞서거니 뒤서거니 하면서 선교 사업을 전개해 왔다. 이러한 의미에서도 종교와 경제는 밀접한 관계가 있는바, 서구 자본주의의 팽창은 서구 기독교의 세계적 전파에 크게 기여하였던 것이다.

전 세계를 전쟁터로 만들고 전 지구를 식민지로 분할하는 식민지 분쟁으로 터진 제1차 세계대전과 제2차 세계대전은 마침내 원자폭탄이라는 가공할 살상 무기를 창출해 냈고 그것을 생명 파괴의 방편으로 쓰기에 이르렀던 것이다. "인간의 욕심은 죄를 낳고, 죄가 자라면 사망을 낳는다"[29]라고 하는 기독교 성경의 경고는 시장 자본주의를 제국주의와 세계 전쟁으로 몰고 간 현대인에 대한 종교적 경구가 아닐 수 없다. 인간의 탐욕이 절제되고 통제되지 않으면 결국 핵전쟁으로 인류의 멸망을 가져오게 된다는 엄중한 경고로 들어야 한다.

평화와 생명을 위한 경제와 종교

현대 서구 자본주의 이념을 전면적으로 비판하고 나선 경제학자는 독일 태생 마르크스(Karl Marx, 1818~1883)이며, 그의 경제 이념은 정치 이념으로 발전하여 공산주의 혁명으로 발전되어 1917년 제1차 세계대전의 종말과 함께 제정 러시아에 노동자 농민 중심의 계급혁명을 일으키기에 이르렀다. 마르크스는 자유 시장경제 자본주의의 몰락과 멸망을 예언하면서 역사적 필연성으로 공산주의 사회로 발전하여 결국 무정부 사회로 진전할 것이라고 내다보았다. 그러나 그의 이상 사회의 실험은 70년을 넘기지 못하고 실패로 끝나고 말았다. 공산 국가는 노동자들과 농민 · 민중의 복지 향상과 행복을 약속하였으나, 그 약속은 지켜지지 않았고 국가 권력이 집중되면서 오히려 민주주의를 역행하고 인권을 억압하는 폭력적이며 반민중적인 통치 형태로 타락하게 된 것이다. 공산주의 국가 소련은 전체주의와 독재 체제의 압정과 공산주의 경제 정책의 실패로 멸망했으나, 마르크스의 자본주의 비판은 아직도 살아 있고 유효하다 하겠다. 한마디로 사회주의가 지향하는 복지 정책, 노동자와

29 야고보서 1: 15.

사회 경제적 약자를 보호하는 경제 정책과 국가가 시장을 규제해야 한다는 민주주의적 국가책임론은 경청해야 하고 종교적인 관점에서도 수용할 수 있는 부분이라고 할 수 있다.

그러나 경제 활동을 정부가 나서서 관리하거나[30] 시장의 자율에 방치하거나,[31] 고전적 자유주의 시장경제이든 금융 자본주의의 발전을 도운 이른바 신자유주의 경제이론이든, 인간 개인의 경제적 탐욕을 최대한도로 만족시키는 지속적인 경제 성장은 이제 불가능해졌다. 산업혁명 이후 인류는 문명과 발전이라는 이름으로 지하자원을 파 내고, 바다와 산과 강물과 땅을 훼손하고, 물과 공기를 오염시켜 왔다. 지구의 온도는 계속 상승하여 이제 인류가 마음놓고 숨쉬고 물 마실 수 있는 공간이 협소해지기 시작했다는 경고를 듣고 있다. 산업화와 자본주의의 지속적인 성장을 추구하다 보면, 창조주가 지어 주신 이 지구의 멸망의 날이 멀지 않았고 따라서 인류의 역사는 종말을 초래할 것이라는 경고는 다시금 종교의 문제, 종교의 경제 윤리로 돌아가게 된다.[32]

세계의 모든 종교는 창조주가 지으신 자연과 생태계와 인간과 모든 생명을 평화롭게 지속시켜 나가기 위해서는 생명 중심의 경제학, 생태경제학을 개발하고 있다.[33] 그러나 그 기본에는 종교가 가르치는 금욕

30 케인스(John Maynard Keynes, 1883~1946)는 스미스의 고전적 자유주의 자유 시장 경제이론을 비판하고 국가의 시장 개입을 주장함.

31 1973년 노벨경제학상 수상자 하이에크(Friedrich A. von Hayek, 1899~1992)는 시장개방을 주장하는 이른바 신자유주의 경제이론을 제창하여 2008년 미국발 금융 위기까지의 세계 경제를 지배한 바 있다.

32 샐리 맥페이그의 책 『풍성한 생명』을 보라.

33 '생태경제학'은 '지속 가능한 성장' 이론을 비판하며 생태 위기에 대응하는 새로운 경제학을 모색하는 경제신학적 시도로서 Herman Daly, "The Steady-State Economy," in *Toward a Steady-State Economy*(San Francisco, W.H. Freeman, 1973) 및 Daly and

사상이 있다. 경제 성장에는 한계가 있고, 자유 시장경제에도 한계가 있고, 산업과 생산을 위한 자원에도 한계가 있고, 따라서 소비에도 한계가 있다는 것을 명심해야 한다는 것이다. 그 한계를 인식할 때 시장 근본주의적 자본주의에 대한 비판과 함께 인간과 모든 생명을 살리는 대안적 경제 정책을 모색하고 실천에 옮겨야 한다.[34] 인류와 국가 사이의 평화는 인간과 자연과의 평화로 확장되어야 한다. 그 대안적 생명 평화를 지향하는 정치 경제는 새 하늘과 새 땅의 하느님 나라를 새롭게 창조하는 종교적 경제가 되어야 한다. 그것은 인간이 인간답게 살아남는 길이며 세계 모든 종교적 신앙과 희망과 비전의 완성이라 하겠다.

Kenneth N. Townsend, *Valuing the Earth: Economics, Ecology, Ethics* (Cambridge, Mss.: MIT Press, 1993) 등 참조. 장윤재의 논문 「정의로운 경제를 위한 한국 교회의 역할」(2008년 10월 23일) 45쪽 이하에 소개(한국기독교교회협의회 선교훈련원 제3회 에큐메니칼 아카데미 심포지엄 자료집, 『한국 경제와 교회, p. 45 이하).

34 생태경제학을 주장하는 신학자들은 "유한한 에너지와 지구 자원의 한계에 조응하고 …… 한마디로 경제 성장을 제한하고" 소비를 제한하라고 한다. 장윤재, 위의 논문, 자료집 p. 46.

찾아보기

종교와 인간(제2 증보판)

편낸날 | 초판 1쇄 1975년 6월 25일
제1 증보판 1쇄 1994년 4월 30일
제2 증보판 1쇄 2009년 9월 10일
3쇄 2016년 3월 15일
지은이 | 서광선
펴낸이 | 김훈순
펴낸곳 | 이화여자대학교출판부
주소 | 서울특별시 서대문구 이화여대길 52(우 03760)
등록 | 1954년 7월 6일 제9-61호
전화 | 02) 3277-2965(편집), 02) 362-6076(마케팅)
팩스 | 02) 312-4312
전자우편 | press@ewha.ac.kr
홈페이지 | www.ewhapress.com
책임편집 | 정경임
디자인 | 정혜진
찍은곳 | 한영문화사

ISBN 978-89-7300-847-6 03200

값 12,000원